기생,
작품으로
말하다

기생, 작품으로 말하다

초판 1쇄 인쇄 | 2010년 7월 23일
초판 1쇄 발행 | 2010년 7월 27일

지은이 | 이은식
펴낸이 | 최수자

주간 | 고수형
디자인 | 곤지
인쇄 | 청림문화사
제본 | 문종문화사
ISBN 978-89-94125-04-6 03900

펴낸 곳 | 도서출판 타오름
주소 | 서울시 은평구 녹번동 38-12 2층 (122-827)
전화 | 02)383-4929
팩스 | 02)3157-4929
전자우편 | taoreum@naver.com
        http://blog.naver.com/taoreum

2009 문광부 우수교양도서에 선정된 이은식 작가의 신작

기생, 작품으로 말하다

이은식 지음

타오름

차례

제2부 조선조의 여성 시관詩觀과 기녀들의 수준 높은 시작詩作

한 사람에게 순정을 바친 기생들

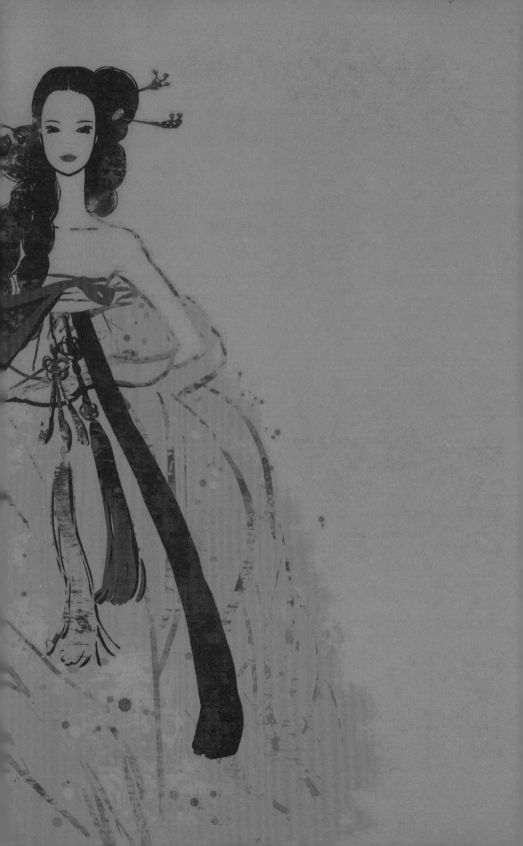

작가의 말

우주 만물의 창생은 그 누가 초대하지 않아도 이루어져 왔다. 모든 생명체는 과연 어디에서 왔으며 그리고 어디로 가는지 알고 있는 사람은 누구인가. 동녘의 붉은 태양과 같이 축복 받으며 이 땅에 온 우리들 모두는 태어난 순간부터 자신도 모르는 암흑 같은 길을 피할 수 없다. 이 세상에 태어남이 선택이 아니었다면 우리가 살아가는 먼 길도 선택이라고는 할 수 없을 것이다.

넓고 넓은 들판에 곡물의 씨앗을 뿌리는 농부의 손과 같다고나 할까. 씨앗은 농부의 손에 잡히는 그 순간 기름진 땅, 척박한 땅의 구별 없이 뿌려진다. 한번 뿌려진 씨앗은 생명의 싹을 틔우기 쉽지 않은 바위틈이나 모래 언덕에 자리 잡게 되더라도 옥토로 자리를 옮겨 주는 이는 없다.

우리 인간에게도 그와 같은 길은 예외가 아니라서 지배하는 자와 지배 받는 자의 구별이 생겼고 고귀한 자와 천박한 신분으로 태어남을 운명이라는 이름으로 받아들여야 했다. 운명은 우리들의 행복과 불행을 거대한 힘으로 갈라놓는 듯 보이고, 시작도 끝도 모르는 길을 걷게 하다가 마지막엔 죽음이란 길을 보여준다. 이 땅에 온 모든 생명체가 겪게 되는 타고난 불변의 운명이라는 것이다.

특히 신神이 내린 특별한 선물인 여성들의 운명 앞에서조차 연약함이나 강인함은 구별되지 않았다. 지독히 자기중심적이었던 무지한 지배층 벼슬아치들은 기녀, 기생, 관기 등의 이름을 문신처럼 못 박고 그들의 괴로움인 눈물과 아픔을 안주 삼아 평생을 방탕하게 살다갔다. 이기적인 그들이 마구잡이로 이 땅에 뿌리고 간 씨앗들이 얼마만큼 고통의 세월을 살았는지 돌아보아야 할 것이다.

특히 조선의 여인들은 신분의 선택은 물론 인간의 권리마저 족쇄에 묶인 채, 갖은 억압 속에서 살아야 했던 것은 분명한 사실이다. 그러한 처지에서도 신으로부터 타고난 재능을 발휘하여 돌덩이 같았던 사내들의 심중을 뒤흔들어 놓았던 그들을 세상의 역사에선 기녀라 일컬었다.

스스로 그들을 천박하다 지칭하던 남성들도 그 유능함과 미색에 도취되어 때로는 참된 인간미를 배우기도 하고 그 지혜와 인내에 손을 놓지 못한 채 정인情人이라 이름하고 이 세상 무엇과도 바꿀 수 없는 연인으로서 기쁨도, 가슴 아픔도 함께 누리며 살다간 선인先人들도 허다하다.

천한 신분인 그들이 취했던 순간, 세월은 타오르는 불꽃이 되어 긴 시간이 흐른 오늘날도 생명력을 잃지 않고 그 빛을 쏘아 내고 있다.

그들이 토해 놓은 가락과 시맥詩脈 그리고 곧은 정절은 한두 줄의 흔적으로만 남기기에는 너무도 안타깝다. 그 구절구절은 다만 문자로 기록된 것만이 아니라 가슴에 쌓였던 피멍을 풀어 모은 먹물로 한恨이란 단어를 떨리는 손끝으로 종이 위에 절절이 남긴 애환의 열매였을 것이다.

　필자가 이러한 사연의 조각들을 모으고 그들의 흔적과 체백體魄을 찾아 가는 여정에는 어떤 장애물도 필자를 포기하게 만들지는 못했다. 국토 사방을 걷고 뛰면서 기록과 사실을 대조해 가며 한 점의 흔적도 가벼이 여기지 않았으며 계절과 시간을 저울질하는 일은 더더욱 없었다. 혹시나 놓칠세라 백결 선생의 기운 옷처럼 역사의 숨겨진 보석을 남겨 보리라 마음을 다잡던 희망이 힘든 시간을 이길 수 있도록 했다.

　신에게 감사드린다. 그리고 역사란 무엇인가 스스로에게 질문을 던져 본다. 몇 백 년 전 사람들도 현대의 우리들과 흡사한 고민과 아픔을 견디며 살아왔고 그러한 과정에서 선조가 쌓아 올린 오욕과 영광, 빛나는 정신이 우리 역사이다. 역사를 되돌아보며 좋은 것은 더 좋게, 안 좋은 것은 반성의 계기로 삼아 우리 삶을 변화 발전시키자는 것이 필자가 역사에 매달려 이런 글을 쓰는 이유라고 할 수 있겠다.

　선인들의 역사를 되짚어 본다는 것은 옛날이야기를 구전으로 전하는 것과는 다를 것이다. 낡고 빛바랜 역사가 아니라 내일을 맞이하는 우리 모두에게 지혜와 능력을 얻게 해 주는 길잡이가 된다는 믿음을 굳히며 또 한번의 여정을 마감한다.

2010년 6월

신선이 노니는 동네 삼선동에서

제1부
기생이란 신분은 타고 나는가

　화류계의 기생妓生이라고 하면 이 꽃 저 꽃 찾아다니며 꿀을 찾는 나비와 같이 여러 사람과 노니는 것을 즐기는 사람이라는 생각이 우선할지도 모른다. 하지만 그녀들이 남긴 시에는 신분과는 상관없이 한 사람을 기다리며 평생을 사랑한 절절한 마음만이 읽힌다. 살고 죽는 일은 쉽지만 살아내는 일은 죽음과 비교할 수 없는 고통스런 과정을 겪어내야 하는 일이라고들 한다. 부용의 「부용상사곡芙蓉相思曲」을 보면

　〈은장도로 장을 끊어 죽는 일은 어렵지 않으나.〉

라고 말하고 있지 않은가.

　수많은 남자들을 상대해야 했던 기녀의 신분이었지만 그녀들이 꿈꿨던 건 온 생을 다해 기다리고 또 기다리더라도 자신의 마음을 줄 '임' 한 사람이었던 듯하다. 의심을 넘어서고, 생의 견디기 어려운 고독과 쓸쓸함을 넘어서서 말이다.

기생들은 글과 그림, 음악, 춤 등을 할 줄 알아야 했기 때문에 예술적 재능이 뛰어났고 그만큼 감성 또한 풍부했을 것이다. 특히 조선 시대 여인들의 덕목은 가정을 잘 다스리는 일이 우선이었기 때문에 그 외 여성들의 재능을 드러낼 수 있는 환경은 분명 아니었다. 그런 면에서 본다면 기생들은 오히려 자신들의 예술적 감성을 끌어내고 표현해야 하는 환경에 있었다는 점에서 과거의 예술사를 이야기할 때 빼놓을 수 없는 계층이라 할 것이다.

기생재상 妓生宰相

기생재상이라는 말이 있다. 본시 기생은 천인으로 쳤으니 최하의 기생을 최상의 재상이라 일컫는 것은 당치도 않을 것이나, 기생이란 비록 그 본색은 천인이지만 수가 좋으면 하루아침에 재상의 애첩도 될 수 있다는 데서 비롯된 말일 것이다.

조선조 5백 년만 놓고 따진다 하더라도 무수한 재상들이 허다한 명기名妓를 사랑하여 가지가지의 이야기 거리를 남겨 놓았다. 이로 미루어 볼 때 천인 출신이기는 하나 기생이라는 존재는 예부터 무시할 수 없는 존재로서 우리 사회에 군림해온 것을 알 수 있다.

기생의 기원에 대해 무녀의 타락에서 찾는 견해가 있으며, 신라 때의 원화源花를 기생의 시작으로 풀이하는 경우도 있다. 한편 이익李瀷은 그의 『성호사설』에서 기생이 양수척揚水尺에서 비롯되었다고 말하고 있다.

우선 무녀의 타락을 이유로 설명하는 경우는 고대 제정일치祭政一致 사회에서 사제司祭로서 군림하던 무녀가 정치적 권력과 종교적 권력이 분화되는 과정에서 기생으로 전락하였다는 것이다.

성호 이익 묘비, 경기도 안산시

그리고 원화는 신라 시대 젊은 인재들을 선발하기 위한 목적으로 구성된 단체로서 576년(진흥 37) 귀족 출신의 남모南毛와 준정俊貞이라는 두 미인을 선정하여 단체의 우두머리로 삼고 3백여 명의 젊은이를 거느리게 한 것이었다. 그 둘의 임무는 젊은이들의 행실을 보고 필요한 인재를 등용하는 것이었는데 서로 아름다움을 다투기 시작하더니 준정이 남모를 자신의 집으로 유인하여 술에 취하게 한 뒤 강물에 던져 죽여버리고 말았다. 이 일로 준정은 사형을 당하였으며 용모가 아름다운 남성을 우두머리로 하는 화랑花郎으로 바뀌었다.

양수척은 무자리라고도 하는데, 이들은 유기장柳器匠(고리장이)으로서 고려가 후백제를 공격할 때 가장 다스리기 힘들었던 집단이었다. 무자리들은 대개 여진의 포로나 귀화인의 후손들로 관적貫

籍과 부역이 없었고, 소속이 없었기 때문에 부역에 종사하지도 않았다. 이들은 떠돌이 생활을 하면서 버드나무로 키나 소쿠리 등을 만들어 팔고 다니는 무리였다. 후에 무자리들이 남녀 노비로서 읍적邑籍에 오르게 될 때 용모가 고운 여자를 골라 춤과 노래를 익히게 하여 기생을 만들었다고 한다. 기생을 비롯해 광대나 백정도 무자리 출신이 대개였다고 한다.

따라서 '기妓'와 '비婢'는 원래 같은 것으로 보아야 하고, 그중 비가 기보다 먼저 발생했다고 보아야 할 것이다. 결국 비나 기는 한 사회의 계급적 분화 과정에서 비롯되었다고 할 수 있다.

왕을 모신 첩과 기생들

고려조에 이르러서는 왕이 기생을 이끌고 순수巡狩를 나가기도 하고 궁중에 불러들여 옹주翁主로 봉하기도 하였으니, 이때는 기생의 세도가 극에 이르기도 하였다. 고려 말에 공민왕恭愍王은 연쌍비燕雙飛라는 기생을 남장시켜 강화에까지 놀러갔다가 돌아오는 길에 여주로 쫓겨난 일도 있었다.

이렇게 위로는 군왕君王으로부터 아래로는 토서인土庶人에 이르기까지 기생 오입은 예사로 알고 있었을 뿐더러 명기를 가까이 함을 하나의 자랑거리로 삼는 분위기였다.

조선으로 들어와 이태조李太祖만 하더라도 왕의 자리에서 물러나 태상왕太上王이 되면서부터 수많은 미인들을 가까이 하였는데, 그중에서도 그가 가장 총애한 기생은 칠점선七點仙으로 이태조는 그녀를 총애하던 나머지 옹주로 봉하기까지 하였다.

그러나 그 아래로 내려와 태종太宗은 기생의 폐단을 염려하여 기생 제도를 폐하려 하였으나 당시의 정승 하륜河崙의 반대로 끝내 실현되지 못하고 말았다.

당시 반대하던 하륜의 이유가 그럴 듯하였다.

"만일에 기생을 없이 하면 뭇 사나이들이 양가良家의 부녀를 기웃거릴 것이니 그것을 막으려면 기생을 두는 것이 가합니다."

한편 세습되어 내려온 기생 이외에도 비적婢籍으로 신분이 추락해 기생이 되는 경우도 있었다. 대표적으로 알려진 경우를 들면 역신逆臣의 부녀자들로서 고려 시대에 근친상간의 금기를 범한 상서예부시랑 이수李需의 조카며느리를 유녀遊女의 적에 올린 경우와 조선 초기 사육신의 처자식들을 신하들에게 나누어 준 것이 그 예이다. 또한 조선 광해군 때 인목仁穆 대비의 친정어머니를 제주 감영監營의 노비로 삼았다는 이야기는 유명하다.

왕의 정식 왕후가 되면 친정아버지는 부원군의 봉작을 받았지만 반대로 왕비나 세자빈이 그 직위를 잃었을 때는 부원군도 봉작을 빼앗기게 되었다. 심지어 사사되는 일도 있었고 아니면 스스로 목숨을 끊는 일도 허다하였다. 후궁의 경우를 또한 살펴본다면 후궁으로서 빈이나 귀인 혹은 아무런 칭호도 받지 못한 여성도 간혹 있었다. 사실 정실 왕후보다 첩에 해당되는 후궁이 더 많은 왕의 사랑을 받기도 했으며 때로는 정치적인 세력을 크게 부린 때도 있었다.

조선을 개국한 태조 이성계

이성계李成桂는 1392년(고려 공양 4) 34대 475년 반천 년의 세월 동안 유지되었던 고려왕조를 무너뜨리고 조선왕조를 건국하였다.

태조에게는 아들 6형제와 두 딸을 낳아준 신의神懿 왕후 한韓씨와 무안撫安 대군과 의안宜安 대군, 그리고 경순慶順 공주를 낳아준 신의神懿 왕후 강康씨 등 두 왕후만이 있었던 것이 아니다.

성비 묘비, 서울시 도봉구

당시 태조太祖 이성계의 나이 58세로 그때까지만 해도 그의 무사다운 기상은 젊은 사람들을 능가할 만하여 후궁에는 항상 많은 여성들이 대기하고 있었다.

특히 태조는 사랑하던 왕후 강씨가 승하하자 후궁에 많은 궁녀를 두어 위로와 위안을 받고자 했다. 1397년(태조 6) 9월에는 유준柳濬의 딸을 후궁으로 삼고 다음 해 유씨를 정경貞慶 옹주로 봉하였으며 원상元庠의 딸 또한 후궁으로 두고 성비誠妃로 승격하였다.

강씨 왕후가 승하한 뒤 양갓집의 자녀를 후궁에 넣을 때 유준의 딸이 뽑혀 들어갔기 때문에 아버지인 그는 검교참찬 문하부사가 되었고 다시 고흥백高興伯의 작까지 받았다.

한편 원씨의 친정아버지 원상은 조선이 개국된 뒤 태조가 그의 덕망을 아껴 여러 차례 불렀으나 응하지 않았다. 그러나 딸이 후궁이 됨으로서 공조참의가 됐으며 1435년(세종 17) 판중추원사가 되었고, 이듬해 궤장几杖을 하사받았다.

태조는 그 밖에 후궁 이李씨를 덕숙德淑 옹주로 봉하였으며 그래도 부족하다고 느낀 태조는 앞서 밝혔듯 김해 출신의 기생 칠점선을 김金씨라 하여 태상궁인太上宮人이라 하고, 화의和義 옹주로 봉하였다. 당시까지만 해도 고려 시대에 왕의 애첩을 옹주로 봉하던 풍습이 그대로 남아 있었던 것이다.

정종定宗의 짧았던 재위 기간

이방과李芳果(정종)는 무슨 생각이었는지 몰라도 즉위한 바로 직후 유柳씨를 후궁으로 맞이하였다. 유씨는 정종이 왕자로서 사저에 있을 때의 첩으로 대사헌 조박趙璞의 족매族妹가 된다. 그녀는 일찍이 남에게 출가하여 불노佛奴를 낳았는데, 정종이 등극할 때 죽주(안성)에서 살고 있다가 조박이 다시 모셔다가 궁중에 바쳤고 정종은 유씨를 가의 옹주로 봉하였다. 동시에 자식을 하나도 낳지 못한 정안定安 왕후 김金씨를 대신하여 옹주의 소생을 원자로 삼도록 결정하였다.

그 밖에도 정종은 기씨, 문씨, 이씨, 윤씨, 성빈 지씨 등을 첩으로 얻어 15군과 8옹주를 슬하에 두었다. 이들은 성씨만 기록되어 누구의 딸인지 알 수 없으므로 평민 출신이거나 기생 출신이지 않았을까 짐작할 뿐이다.

조선 시대 여성관의 일대 변환

조선조 이전 고려 시대의 가족제도는 여성이 중심이라 해도 충분할 정도였다. 고려 시대까지만 해도 여성들은 활달하고 적극적으로 활동하였는데, 우리나라의 상고上古시대에는 가족제도가 모계 중심이었기에 가정과 사회에서 여성들의 위치가 확고하였다.

한 예를 들면 고구려 제9대 왕 고국천왕故國川王이 197년 서거한 후 왕후인 우후于后는 왕의 죽음을 감추고 밤중에 고국천왕의 동생인 발기發岐를 찾았다. 고구려의 관습은 형이 죽게 되면 형수를 아내로 삼을 수 있었는데 이를 형사처수兄死妻嫂라 하였다. 당시 왕후 우씨는 자식이 없었기 때문에 왕후가 재빨리 다음 남편에 대해 관심을 갖는 것이 자연스러운 분위기였다 하겠다. 그런데 이 일을 맞아 왕제王弟인 발기는 왕비 우씨를 냉대하며 관심에 두지 않았다. 때문에 우씨는 그 다음 동생인 연우延優를 찾아가 뜻을 통하게 되니 서로 의기가 잘 맞음으로써 선왕이 남긴 유명遺命에 의

하여 연우가 즉위하게 되었다. 그 연우가 바로 고구려 제10대 왕 산상왕山上王이 되어 왕위를 승계함과 아울러 그는 형수 왕후를 그대로 왕비로 삼았다.

신라대에 있어서도 제27대 선덕 여왕은 자신을 사모한 역졸 지귀志鬼의 낮은 관직에도 불문하고 스스럼없이 상대하여 주었고 그 외에도 고구려나 신라 시대에는 남녀의 애정 생활이 자유분방하였다.

그러나 이처럼 고구려, 신라, 고려 때까지 자유롭고 주체적이었던 여성들의 생활에 일대 전환이 시작된 것은 조선왕조의 문이 열리던 때부터였다. 조선이란 나라가 개국함과 동시에 이李씨 왕가는 주자주의朱子主義의 엄숙한 가부장적 분위기에 따라 조선 여성을 겹겹이 좁은 뜰 안으로 몰아넣었다.

다시 말하면 이씨 왕가는 제왕으로 하여금 절대의 권위를 갖추고 신하와 백성들과의 간격을 확실히 하였고 동시에 가정은 작은 기초로서 가부장은 작은 국가, 그 가장은 군주로 임하면서 여인들의 손발을 묶게 하였다. 즉 여인은 남녀가 서로 인사하지 않는 내외법과 아내는 반드시 남편의 뜻을 따라야 하는 여필종부女必從夫에 얽매여야 했다. 또 학문에 힘쓰는 것 또한 인정되지 않았으며 바깥세상을 알아서도 안 되며 남편이 죽은 후라도 개가를 하여서는 아니 되었다. 이와 같이 조선 시대의 여성은 남편을 위시한 시댁을 위하여 살고 죽고 하였다 해도 지나친 표현은 아닐 듯하다.

여성은 자녀 교육과 부모 봉양, 길쌈이나 봉제사奉祭祀 등의 일에만 전념하게 되었고 그러다 보니 과장된 표현인지는 모르나 내훈內訓에서조차 노임 없는 남편의 여노女奴로서 봉사해 왔을 뿐이다.

이렇게 남녀 관계가 극단적이었던 조선 시대에는 남의 부인이 다른 남자의 옷소매나 손, 팔꿈치를 스치는 일만 생겨도 그 부모는 자신의 딸자식을 죽이거나 또는 남편이 부인을 죽이는 일도 있었다. 그 딸이나 부인이 자결까지 한 사실이 있었음도 사기史記에 기록되어 있다.

이렇게 엄격했던 조선 시대의 여성관은 대조적인 두 갈래의 흐름이 있었다. 하나는 관계官界를 중심으로 한 사대부 집안의 여성들과 또 하나 기생들이 그것이다.

일반 사대부가나 고관 사회의 여인들은 양반이란 명분과 귀족이라는 그늘에 가려 세상의 시정詩情을 올바르게 노래할 수 없었다. 이들은 시가를 창작한다 하더라도 집안의 체면이나 남편의 지위 등으로 인하여 겨우 세정世情을 노래한 것이 규방가閨房歌나 내방가사內房歌辭 등이었다. 이 정도가 당시 여성들에게 가능했던 한 맺힌 노래나, 그나마도 가장하거나 서사시에 없는 미담을 작위적으로 조작한 작품들이 많았으며 아름답고 우아한 문장을 다듬으려고 애쓴 면이 역력하다.

그러나 이러한 전반적인 제도 아래서도 자유분방하게 살아온 기녀들의 시가는 전연 다르다. 기녀들은 신분이 낮은 관계로 올바른 대접을 받고 살지는 못하였지만 주자학적인 가부장주의나 엄숙주의의 영오領悟 속에서 자유로이 애정 생활을 영유할 수 있었다. 기녀들은 사대부나 높은 벼슬아치들과 터놓고 희롱하고 정담하며, 애정담이나 농담 어린 시화詩話 가사를 마음껏 뿜어내며 웃음 어린 유흥을 부릴 수 있었다. 조선조 명기와 명창의 이와 같은 자유로움은 5백 년의 시간 동안 수준 높은 예술 세계를 구축하도록 만들었다 하겠다.

제도로 존재한 특수 전문직

기생은 전통 사회에서 잔치나 술자리의 흥을 돋우기 위해 제도적으로 존재했던 특수 직업여성을 일컬었다. 일종의 사치한 노예라고도 할 수 있는데 '기녀' 또는 말을 할 줄 아는 꽃이라는 뜻에서 '해어화解語花', 또는 화류계花柳界 여자라고도 하였다.

조선왕조 때에는 천민 중 사천私賤에 속한 여덟 천민이 있었는데 이는 곧 사노비私奴婢, 승려, 백정, 무당, 광대, 상여꾼, 기생, 공장工匠으로 팔천八賤이라 불리었다.

기생은 노비와 마찬가지로 한번 기적妓籍에 올라가면 천민이라는 신분적 굴레에서 벗어날 수 없었다. 기생과 양반 사이에 태어난 경우라도 천자수모법賤者隨母法에 따라 아들은 노비, 딸은 기생이 될 수밖에 없었다.

그러나 때로는 기생이 양민으로 되는 경우도 있었다. 속신贖身 또는 속량贖良이라 하여 부유한 양민이나 양반의 소실이 되는 경우, 재물로 그 대가를 치러줌으로써 천민의 신분으로부터 벗어나는 것이었다.

기생

한편, 기생이 병들어 제구실을 못하거나 늙어 퇴직할 때 그 딸이나 조카딸을 대신 들여놓고 나왔는데 이를 두고 대비정속代婢定屬이라 했다. 작자 미상으로 전하는 조선 시대의 고전소설 『채봉감별곡彩鳳感別曲(추풍감별곡秋風感別曲)』에는 양반의 딸이 아버지의 빚을 대

필암서원 문서 중 노비안. 필암서원 소장

신 갚아 주기 위해 기녀가 되는 얘기도 있다.

이렇게 기생은 조선 사회에서 양민도 못되는 팔천의 하나로 분류되었는데 다만 그들에게 위안이 있다면 첫째, 양반의 부녀자들과 같이 비단옷에 노리개를 달 수 있었던 점이고 둘째, 직업적 특성에 따라 사대부들과 자유로운 연애가 가능했다는 점이며 셋째로, 고관대작의 첩으로 들어가면 친정까지 살릴 수 있었다는 점이다. 그러나 신분적 제약으로 인해 이별과 배신을 되풀이 당하는 경우가 많았다.

수청을 드는 것은 기생의 의무라 했으니

조선 시대 팔도에는 360여 개의 고을(군郡)이 있고 고을에는 각각 수령이 있어 일읍一邑의 관장官長으로 위세를 뽐내었다. 이 수령은 불과 1백여 년 전까지만 해도 존속하던 것으로 읍에는 반드시 공자孔子를 모신 문묘文廟가 있고 전패殿牌를 간직한 망배청望拜廳이 있었다. 게다가 수도 한양에서 내려온 귀객貴客들을 위한 숙박소인 객사客舍라는 것도 있었는데 지금으로 치면 관영官營 호텔 정도로 설명할 수 있을 듯하다. 당시는 그런 시설이 민간에는 전무하였고, 물론 숙박비는 관에서 부담하였다.

전패는 대개 객사에 모셨는데 이는 왕을 상징하고 왕의 궁전을 의미하는 것으로 매월 삭朔일(음력 초하루), 망望일(음력 보름) 날이면 군수가 사모관대紗帽冠帶로 정장을 하고 전패 앞에 나아가 절을 하였다. 이것은 당시 제도화되어 있었는데, 궁궐을 향해 배례하는 것이라 하여 망궐례望闕禮라 일컬었다.

이 망궐식 때 거행을 하는 것이 바로 관비官婢들이었다. 어느 고을이든지 인물이 곱고 맵시 좋은 관비는 기생으로 뽑혔는데 『춘향전春香傳』에서 기생 점고點考를 할 때 나오는 기생 또한 관비였다.

이들 관비는 군수의 명령에 절대 복종해야 했다. 귀빈이 객사에 머무르면 으레 수청 기생이 전령傳令을 했는데, 명목은 거행이지만 실상 내용은 동침이었다. 객관에서 쓸쓸하게 밤을 보내는 사나이에게 아리따운 여인으로 대접을 하는 관행은 지금이나 옛날이나 별반 다름이 없었던 모양이다.

그래서 문장이나 도덕이 높은 사람일지라도 수청 기생을 물리쳤다는 소리는 없는데, 율곡栗谷 이이李珥 같은 분도 동침은 하지 않았다 할지라도 시를 읊어 정을 표하며 그들과 인연을 맺었다.

벽촌과 오지의 정황이 이미 이러하였으니 한양은 더 말할 나위가 없었다. 재색을 겸비한 기생 또한 거의 한양으로 데리고 오도록 국법에 정해져 있었던 것이다.

폭군 연산군燕山君은 임사홍과 임숭재 부자를 앞세워 전국을 돌면서 얼굴이 반반한 여인이라면 신분이고 나이고 가릴 것 없이 빼앗아 와서 자신에게 바치는 채홍사採紅使까지 만들었다.

똑같은 사람으로 태어나서 신분이란 올가미를 씌워 놓고 마음에도 없는 상대에게 옷고름을 풀도록 하는 제도를 만들었으니 인간의 권력이란 이런 것인가. 세상을 바로 잡고 다스려 백성들이 평온을 누리도록 하는 것이야말로 수청 기생이 수청 동침을 거절할 수 없다고 하는 말이나 의무이니 하는 제도보다 선행되어야 옳았을 것이다.

세종世宗 때 이징옥李澄玉의 반란이나 세조世祖 때 이시애李施愛의 반란, 순조純祖 때 홍경래洪景來의 반란 때에도 반란군을 막기 전에 동침하고 있던 기생을 껴안고 도망했다는 수령도 적지 않았다 하니, 왜놈들이 항상 노략질을 하러 쳐들어오고 병자호란丙子

胡亂 같은 병화를 막지 못했음은 어찌 보면 당연한 결과라고 봐야 하겠다.

한편 하급 기생들은 예쁜 외양만으로 남자들을 상대하는 것에 그쳤을지 모르나, 왕이나 사대부들을 상대해야 하는 기생은 외형적인 아름다움보다 더 뛰어난 예술성과 지략을 겸비하지

이귀 초상

않고는 불가능한 일이었다. 하기에 현재까지도 불후의 시조 시인으로 꼽히는 송도松都(개성開城)의 명기 황진이黃眞伊는 시조뿐 아니라 한시에도 뛰어난 작품을 남겼으며, 특히 서경덕徐敬德과의 일화는 유명하다. 부안 명기 이매창李梅窓은 당시 문인과 명신들인 허균許筠, 이귀李貴 등과 교분이 두터웠으며, 중종中宗 때는 선비들이 그녀의 시비를 세워주기까지 하였다. 그밖에 송이松伊, 소춘풍笑春風 등 시조 시인으로 이름을 남긴 시기詩妓들이 많다.

기녀들이 국문학에 끼친 영향 중 가장 큰 것은 고려가요高麗歌謠의 전승이라 하겠다. 오늘날까지 전해지는 짙은 정한情恨의 고려가요는 대부분 그들의 작품으로 보여진다.

한편 진주晉州의 기생 논개論介는 조선 시대의 대표적 의기義妓로 꼽히며 평양平壤의 계월향桂月香은 기녀였으나 자신의 정절을

목숨으로써 지킨 여인이다. 천대와 무시를 받는 현실 속에서 이들과 같은 기생이 존재하였다.

이들의 삶과 그들이 남긴 작품에 대해서는 뒤에서 자세히 살펴보도록 하겠다.

기생에게도 등급과 계급이 있었다

조선 말기에 이르면 기생에도 계급이 생겨서 일패牌, 이패, 삼패의 3등급으로 나뉘었다.

일패기생은 관기를 총칭하는 것으로 예의범절에 밝고 대개 남편이 있는 유부기有夫妓로서 몸을 내맡기는 일을 수치스럽게 여겼다. 이들은 우리 전통 가무의 보존자이며 전승자로서 뛰어난 예술인들이었으며 왕의 어전에 나아가 가무를 하는 최고급 기생이었다.

이패기생은 각 관가나 재상의 집에 출입하는 기생으로 은군자隱君子나 은근짜라고 불리었으며 밀매음녀密賣淫女에 가까웠다. 이들은 개화기가 강요한 이중생활의 변태적 갈보라 할 수 있는데 일제 때는 젊은 여자가 미치면 대개 은근짜가 미친 것으로 인식하였다. 당시 미친년이란 말은 천하다 하여, 입에 올리기 싫은 점잖은 이들 사이에서 은근짜는 미친년으로 통하였다.

이패기생이 많이 미친대서 생긴 말인데, 은근짜가 많이 미친 데는 충분한 이유가 있었다. 그들의 생활 자체가 복합적이어서 강박

관념을 지니지 않을 수 없었다. 이들은 외형이나 법도, 기례妓禮 일체를 일패 기생처럼 해야 했으나 속은 삼패기생과 다를 것 없이 매음을 하는 패로서 일패에서 삼패로 향하는 도중에 놓인 갈보였다.

이패기생들은 겉모습 때문에 속을 위장해야 했고 실제 모습 때문에 또한 겉을 위장해야 했다. 위장과 현실 틈에 생겨나는 공백 때문에 이들 중 정신을 놓은 이들이 많았다.

은근짜는 타락한 일패 기생일 때도 있지만 개화 이후 영락하여 가난을 감당할 길 없는 양반, 한말 관리들의 아내나 딸들이 생자生資를 얻기 위해 은밀히 매춘을 한 데서도 비롯되었다고 한다. 그러기에 은근짜의 손님은 언제나 단골이게 마련이었다.

개화기 쇠락해 가던 세력 중 하나인 이 은근짜는 그들이 지닌 복합적 여건 때문에 무리한 정신 상황을 감당해야 했고, 감당하지 못하면 미치기라도 해야 했던 것이다.

삼패기생은 이른바 창기로서 아무에게나 몸을 파는 이들로 매춘부라고 할 수 있다. 그래도 삼패의 다방머리(탑앙모리塔仰謀利)는 지금의 창녀보다는 품위가 있었다. 대개 닷새 내지 열흘 동안이나 정을 들여야 삼패기생의 몸을 살 수 있는 것으로 되어 있었다.

기생은 가무로 접객을 한 데 비해 삼패기생은 잡가雜歌로 접객을 하였다. 기생은 각기 독립된 기가妓家를 지니고 있는 데 비해, 삼패인 다방머리는 포주 아래 집단으로 소속되어 화대를 포주와 나누어 가졌다.

시내 각처에 분산되어 있는 다방머리를 서울 남부 시동詩洞으로 집단 이주시킨 것은 풍속 단속에 수완을 보인 신태휴申泰休 경무관이었다. 이 집단화 된 다방머리를 단합시켜 조직한 것은 신창조합新彰組合으로 주로 일본 사람들을 고객으로 삼았다.

이 다방머리의 집을 '상화실賞花室'이라 불렀는데, 당시 한국에 온 외국인들은 "상화실에 가자"하면 화원이나 온실 구경을 하러 가자는 것으로 알고 따라나서곤 했다 한다.

말을 아는 꽃이라 하여 기생을 해어화라 하기도 했으나 매음 비용을 화대花代라 부르는 것처럼 한국인 특유의 사유방식이 음방陰房을 그렇게 부르게 했던 것이다.

다방머리보다 천하다 하여 패하牌下로 통했던 색주가는 매음하는 주모를 뜻한다. 처음에는 서울의 해운 집산지인 마포 나루거리, 남도 손이 집산하는 남대문 밖, 북도 손이 집산하는 동대문 밖, 그리고 한말의 광산 붐에 따른 광산촌에만 있었던 것이 차츰 번져 나가 술을 파는 목적은 약화되고 온전히 매음을 위한 수단으로 술을 팔게 되었다.

전파력이 강한 색주가의 풍조는 삽시간에 시골까지 파고들어 겉보리 한 되로까지 꽃값이 하락되어 남도에서는 색주가가 '보리꽃'으로 통하기도 하였다. 따라서 남도에서는 오입한다는 말을 "보리 볶아 먹는다"고 하였다.

한편 궁중에 들어가 거행하는 기생에는 두 부류가 있었다. 하나는 약방藥房기생이요 또 하나는 상방尙房기생이다.

약방기생은 내의원에 속한 의녀로서 내외법內外法이 극심하던 당시 왕비나 공주가 병이 나면 그들의 진찰을 맡아 하였다. 궁중 전문의가 있어 항상 내의원에 출사出仕는 하였지만 남자인 까닭에 여자의 몸에는 손을 댈 수가 없었고, 얼굴도 대하지 못하였다. 그러면서도 병은 고쳐야 했기에 이런 때 약방기생이 나섰으며, 더욱이 침을 놓을 때는 약방기생이 아니고서는 할 사람이 없었다. 그래서 약방기생은 언제나 옷고름에 침통을 차고 다녔으며 그들은 그것을 명예롭게 여겼다.

그 다음 상방기생은 왕과 왕비의 의복을 지어 바치는 일을 하였다. 철철이 고운 옷으로 갈아입고 때만 조금 묻어도 벗어 놓는 옷을 때맞추어 지어 바치려면 손이 백이 있어도 모자랐다. 게다가 수를 놓고 누비고 하는 데는 솜씨가 좋아야 하니 뽑히기도 어렵거니와 일하기도 어려워서 상방기생들의 손가락에는 바늘에 찔린 자국이 일 년 열두 달 아물 때가 없었다.

지방에서 뽑아 올리기 바빴던 명기名妓

그러면 기생은 어디에서 뽑았으며 누가 찬성을 하고 통과시켰는지, 또 기생의 출세 길은 어떻게 열렸는지를 알아보자. 이상은 궁중과 연속되는 제도로 명목은 어디까지나 궁비宮婢로서 봉공奉

供하는 데 있었으나, 예조禮曹에서는 정식으로 가무를 전공하는 기생을 길렀다. 그것이 곧 장악원掌樂院이었다. 장악원은 정삼품 당하관正三品堂下官의 아문衙門으로 음악을 가르치는 일을 하였는데, 거기에는 무용도 곁들이게 되어 있었다. 즉 나라의 큰 행사인 진연進宴이나 제행祭行이 있을 때면 주악奏樂도 하고 춤도 추기 위하여 그 재주를 가르치는 것이 목적이었다. 악사는 남자니까 별걱정이 없었으나 여악女樂에는 기생이 필요하여 늘 지방에서 기생을 뽑아 올리기에 바빴다.

이러한 상방에서도 간혹 임금의 총애를 받아 후궁이 되어 옹주나 군君을 낳은 경우도 있었다. 세종으로부터 많은 사랑을 받은 딸 제1서녀庶女 정현貞顯 옹주를 낳은 후궁이 바로 상침尚寢 출신인 송宋씨이다.

지방에서 서울로 선발돼 오는 기생은 선상기選上妓라 해서 본인에게는 출세요 명예이지만, 선상기 중에서도 특출한 자는 그냥 한양에 머물도록 하였으므로 명기를 잃은 지방에서는 몹시 애석해 하였다. 바탕은 천인이요 신분은 관비인지라 아무리 천하의 명기라 해도 정승이나 판서의 첩이 되지 못하면, 그야말로 고관대작의 노리개에 불과했으니 그들의 처지는 매우 가여웠다. 때로는 먹고입는 것만이라도 해결하기 위하여 남의 하인이나 심부름꾼으로 남기도 했다 한다.

중종도 포기한 장안長安 기생

　연산군이 한창 난봉을 피울 때 장안(한양) 천지에는 미인이 들끓고 기생들이 들어찼다. 중종은 반정을 마친 뒤 기생들로 인한 폐를 없이 하려고 영슈을 내려 여악을 폐지하라 하였으나 미희美姬의 매력을 원하는 대신들의 요구에 끝내 중종도 손을 들고 말았다.

　대신들은 여악은 이미 조종조祖宗朝 때부터 있어 왔으니 지금 와서 폐하면 궁신宮臣의 예연禮宴에 무엇으로 대신하겠느냐고 아우성이 났다. 여자 대신 남자를 쓰자는 대안도 나왔으나 관복을 지어 입히는 일이 또한 수월치 않았고 이리하여 여악은 그냥 이전과 같이 남게 되었다.

　지금까지 말한 기생은 전부 관기로 기생방妓生房이라는 것은 조금 다른 것이었다. 기생방도 두 가지로 나눌 수 있는데 하나는 관기로서 쉬는 날과 밤을 이용하여 집에서 손님을 받는 것과 또 하나는 몸값(속신)을 바치고 자유의 몸이 되어 자신의 집에서 기생 노릇을 하는 길이 있었다. 사대부가의 잔치나 놀이터에 불려 가는 기생은 이와 같이 해서 나오게 된 것이다.

　본시 기생은 천인이고 또 뭇 사나이들의 노리개가 되는 직업이라서 이들은 동족同族의 결혼이 엄금되어 있는 국법을 범할 염려가 있었다. 따라서 애초부터 성을 감추도록 하여 표면상으로는 동성동본同姓同本 간의 관계가 드러나지 않도록 조치를 하였다. 그야

말로 동가식서가숙을 해도 아무도 시비를 하지 않았으며, 남편을 몇 번씩 바꾸어도 책을 할 이가 없었다. 자유치고는 큰 자유라 생각될 수도 있으나 인간적인 예우는 받지 못한 셈이다.

새로 부임한 사또가 와서 전임자가 수청들이던 기생을 계속 임용해도 무방하였으니 정절을 숭상하는 나라에서 천인의 신세가 얼마나 가련했던가를 알 수 있는 대목이다.

기생을 감독하는 기생 서방

기생들은 관이나 기생방에 속해 있었기에 이들을 감독하는 사람이 있었다. 일명 기생 서방으로 이 기생 서방은 점차 기생에게 빌붙어 살며 금전적인 문제를 해결하는 것으로 전락해 기둥서방이라는 말이 생기게 되었다.

서방은 남편을 일컫는 말이지만 기생 서방은 서방은 서방이되 양반이 불러서 동침을 청하면 제 계집이더라도 분단장 곱게 해서 바쳐야 하고, 만일에 빈객賓客이 와서 잘 때는 아궁이에 불까지 때 주어야 했으니 서방치고는 최하등 서방이었다. 거기다 혹 기생이 손님에게 실수를 저질러 문책을 당하게 되면 그 벌은 반드시 기생 서방이 대신 받게 되어 있었으니 일반적이지 않은 관계임에는 분명하다.

"네 이놈, 기생 서방으로 계집을 얼마나 잘못 가르쳤기에 손님

앞에서 이렇듯이 방자한 것이냐."

하는 호령이 내려지면 기생 서방은 볼기를 맞기 일쑤였다.

그러나 자신이 데리고 있던 기생이 수가 좋아서 재상의 첩이 되어 들어가면, 기생 서방은 몸값을 받았고 기생은 마나님의 자리에 앉게 되는 것이었다.

양반의 첩이 되면 호강이 시작되고 천인 노릇도 하지 않게 되니 그래서 여자의 신세는 뒤웅박 팔자라고 했는지도 모른다.

모갑某甲이란 무엇인가

경성京城(서울) 창기들의 탈바꿈 놀이에 다음과 같은 것이 있었다한다.

남촌南村 대감보다 높은 건
광교廣橋 음방陰房의 모갑某甲

남촌 대감이란 남산 아래서 많이 산 총독부 고관들을 뜻하며 모갑은 음방의 주인으로 현재의 포주 격이다. 한편 구한말 세도가들은 북촌 대감이라 불렀다.

모갑은 자신들을 청루 성주青樓城主라 했으나 남들은 기생 대장이라 불렀다. 모갑은 수십 명 씩의 창기를 거느리고 있었으며 다섯 명에 하나 꼴로 일하는 사람을 두어 손님과 창기들의 잔심부름을 맡게 하였다. 인기 있고 품위 있는 창기는 파자라고 불리던 심부름하는 사람을 혼자서 둘씩이나 거느리기도 했는데. 파자는 중간 심부름꾼을 뜻하는 것이다. 경성 창가娼街의 모갑, 파자의 조직은 극히 근대화된 것의 하나였으며 이전에는 기부妓夫라 하여 기생마다 기둥서방이 있어 그들의 의식주를 돌보았다.

이제신 초상

청강 이제신李濟臣이 지은 수필집 『청강쇄어淸江瑣語』를 보면

〈성명이 이세린이란 자가 있어 지방에 드나들새, 하루는 기부에 붙잡힌바 되어 귀 하나를 잘리었다.〉

는 기록이 보인다. 이세린이란 자가 지방에 드나들며 기둥서방이 있는 유부기를 건드렸던 모양이다.

당시 유부기는 바로 외관外官들이 데리고 온 천첩賤妾들이었는데, 지방의 부임지에 두고 거느렸던 관기나 관비 등 천첩을 전근과 더불어 서울로 데리고 와서는 딴살림을 시킨 것이 유부기의 발생 시점이다. 한편 의녀라 하여 침을 가지고 간병차 환자가 있는 집을 돌아다니던 천인들이 창기로 전락하여 유부기가 되기도 하였다.

1629년(인조 7)에 헌부憲府에서 올린 계언啓言을 보면 나라에서 관기를 따로 두는데 이 기생들만은 남편을 못 얻게 했다고 되어 있다. 조선에서는 청나라 사신들이 오면 방기房妓라 하여 기생들로 환대해 왔는데 점차 방기를 구하고자 찾아다니면 모두 남편이 있는 여염 아낙이니, 무녀이니 하여 기피를 하기 시작했다. 그리하자 하는 수 없이 방기들을 별도로 모아 남편이 없는 무부기無夫妓를 따로 둔 일도 있었다 한다.

조선 숙종肅宗 때의 기록인『전록통고典錄通考』에 의하면 기생들에게 의무적으로 나오길 강요하였고 그 요건에 불응하면 기생을 관장하는 관청인 기부妓部에게 죄를 가하였다. 역시 1744년(영조 20)『속대전續大典』에서도 같은 기록을 볼 수 있다.

『전록통고』

이와 같은 기록을 볼 때 유부기들은 일부종사一夫從事하며 안정된 생활을 모색하려 하였으나 나라에서 징발 창업娼業을 강요하므로 본인들의 뜻을 제대로 펼 수 없었음을 알 수 있다.

국운國運과 함께 기울어진 기생 신세

1907년(순종 즉위) 순종純宗이 왕위에 오르고 경복궁景福宮에 들던 때부터 국운은 이미 기울어 갔다. 모든 관청이 폐지 내지 축소되면서 장악원도, 관기 제도도 모두 없어지게 되었고 갈 바를 모르게 된 기생들은 기생 서방들의 주선으로 '한성조합漢城組合'이라는 기생 조합을 만들기에 이른다.

기생이 직업전선에 첫 등장을 한 셈으로 그 조합이 있던 자리는 지금의 조선일보사 맞은 편 뒷골목이다.

조선 말이 되자 기생의 본산지로 알려진 평양에서도 감영에서 거느리던 관기가 모두 밀려나게 되었고 갈 바를 모르던 그들 역시 하나둘 한양으로 올라왔다. 한양의 기생들에게는 기생 서방이 있었지만 이때 평양의 기생들은 어머니를 따라서 상경하였고, 그들도 곧 조합을 조직하고 변화한 시대에 맞춰 새롭게 기생 노릇을 시작하게 되었다. 조합 자리가 현 서울시 중구의 다동茶洞에 있었기에 평양에서 내려온 기생들은 '다동기생조합茶洞妓生組合'이라 간판을 달았다.

그리고 다동조합의 기생은 서방이 없다 해서 무부기無夫妓라 부르고, 한성조합의 기생은 서방이 있다 해서 유부기有夫妓라 부르기 시작하였다.

국권을 강탈당하고 일제강점기가 시작된 다음 해인 1911년 일본인이 발행한 통계를 보면 당시 서울에는 71개소의 일본인 요정料亭과 일종一種 예기藝妓 127명, 이종 예기 347명의 일본인 기생이 있었으나 조선 기생에 못지않은 수라고 하였다.

요릿집에서 기생을 부르던 부유층은 대개 한말韓末 고관의 자질들이었지만, 삼일운동이 일어난 뒤부터는 감시의 눈을 피하려는 우국지사들이 모여 울분을 달래는 장소이기도 했다.

민족 항일기에 들어와서는 한말의 기생 학교와 기생 조합이 권번券番으로 바뀌었다. 권번은 서울, 평양, 대구, 부산 등 대도시에 있었고 입학생들에게 교양, 예기, 일본어 학습을 시켜 요릿집에 내보냈다. 일부 기생들은 권번의 부당한 화대 착취에 대항하여 동맹 파업을 일으키기도 하였다.

한편 나라의 위중한 형편에 따른 조국애는 누구나 마찬가지인지 기생 중에도 애국심에 불타는 이들이 있었고 화대는 받지 못하더라도 다투어 우국지사들의 곁에 앉기를 좋아하였다. 당시에 유명한 기생 중에 명사의 부인이 된 이가 생긴 것도 모두 당대 시대 상황 속에서 벌어진 로맨스 덕분이라 하겠다.

또 전해지는 유명한 일화가 있다. 을사오적乙巳五賊이었던 친일파 내부대신 이지용李址鎔이 거금을 주고 당시 이름난 요정인 서울 명월관明月館의 진주 기생 산홍山紅을 소실로 삼으려하자, 그녀는

"기생에게 줄 돈이 있으면 나라를 위해 피 흘리는 젊은이에게 주십시오."

하며 단호히 거절하여 의기의 맥을 이었다. 그 밖에도 민족 항일기에는 애국 충정과 관련된 기생들의 일화가 많다. 광복 이후 권번이 사라지면서 기생도 없어지는 듯했으나 1970년대에는 일본인을 대상으로 하는 요정에서의 기생 파티가 중요한 관광 상품으로 등장하여 사회문제로 대두된 적도 있었다.

흔히 기생과 같은 여성들을 두고 필요악적 존재라고 하거나 하

나의 직업여성으로 다루려고 하지만, 대부분의 여성 운동가들은 부정적 입장을 견지하면서 여성 자신이 주체적으로 분발할 것과 남성들의 각성을 촉구하고 있는 것이 현실이다.

꽃값 못 받은 평양 기생들의 삶의 터전

고종高宗 말년 잦았던 국경일마다 뽑혀 창덕궁을 메운 것은 미모가 뛰어난 평양 기생들이었다. 당시 창덕궁 궁지기의 말에 의하면 심할 때에는 한 번에 1백 명 이상이나 되는 평양 기생들이 징발되어 왔다고 한다.

연회가 끝나면 대개 노자와 명주 두 필씩을 주게 되어 있었는데 피폐한 궁의 사정으로 인해 기생들에게 꽃값을 주지 못하자 이들은 낙선재 앞 너른 뜰에서 꽃값을 달라고 외치며 철야 농성을 벌이기도 하였다.

그러나 대개는 궁 밖으로 강제로 몰아내었기 때문에 기적妓籍이 있는 평양으로도 돌아가지 못하고, 대부분의 기녀들은 그 길로 한양에 정착하게 된 것이다. 그리하여 사처소四處所 오입쟁이들에게 독점되었던 유부기 풍에서 무부기라는 새 기풍을 빚어내었다. 사처소는 조선 후기 한양의 기생이 소속되어 있는 관청 넷으로서 내의원內醫院, 혜민서惠民署, 상의원尙衣院, 공조工曹를 말하는 것이다.

가난하기는 하지만 한양의 창기보다 예쁘고 품위 있으며 노래,

글씨, 글, 그림 등 다재다능한 이들 평양 기생들을 두고, 근대 상업 정신이 배합되어 근대화된 모갑 기장 조직이 새로 형성된 것이다. 이후 평양 기생들의 다동조합과 서울 기생들의 한성조합은 서로 경쟁을 하였다.

또 자작의 칭호를 받은 모 인사가 순수한 창부 조합인 신창조합을 만들어 사람의 몸을 자본화 하였다. 뒤에 일본 출신 창기들의 풍조를 따라 기생조합과 소속청을 만들었으며, 모든 창기는 접대부 허가증을 갖고 어느 곳에든 소속되도록 하였다. 당시 한양에는 조선권번, 한성권번, 한남권번(신창조합 후신), 대동권번(다동조합 후신) 등이 유명하였고 각 권번에서는 재기才妓, 미기美妓, 가기歌妓 등 명기들을 끌어들여 자신들의 능력을 과시하기도 했다.

개화기 단발머리가 말해 주는 신 풍속

시대의 변화처럼 기녀들에게도 변화는 찾아 왔고 옛날처럼 평생 기생일 수 없게 되자 나이 서른이 가까워지면 그들은 곱고 아름답던 모습을 뒤로한 채 전업하기에 급급하였다.

이전 기둥서방의 첩이 되어 가정에 들어앉거나 술집을 차리거나, 재주가 있는 이들은 화방 또는 노래 교실을 차려 후진들을 가르치며 살아야 했다. 저명한 여류화가 오홍월吳紅月도 이같이 화방을 차려 나온 서울에 소속된 재주 있는 기녀였다.

오홍월은 지금 국전의 전신인 선전鮮殿에 해마다 계속 입선한 사군자四君子의 재원으로 그녀는 화방에서 당대 명사, 학자들과 교우하며 시와 노래 그리고 그림으로 여생을 보낸 고급 인사였다. 박학한 것으로 유명했던 우당于堂 윤희구尹喜求는 오홍월이 운영하는 살롱의 고객이었다 하며 아래의 홍월을 찬양한 한시를 쓰기도 했다.

> 腕下天然一種香 완하천연일종향
> 羞將脂粉斷人腸 수장지분단인장
> 見儂頭白休惆悵 견농두백휴추창
> 免逐東風柳絮狂 면축동풍유서광

화방의 주인 오홍월은 항상 난蘭을 쳤는데 난 중에서도 잎이 가느스름한 진란眞蘭을 쳤기에 그의 화방을 난방蘭房이라 부르기도 했다. 화방의 주인 오홍월은 항상 끝동이 없는 하얀 치마저고리에 진한 홍, 녹, 청 등의 원색 옷고름을 매어 복장에서부터 이색적이었는데 사람들은 오홍월을 가리켜 말하기를 이 나라에서 풍류의 가장 멋있는 대목을 가장 마지막까지 누린 재원이라고 했다.

그 외에 술장사로 전락한 기생은 하나의 유객誘客 수단으로 코머리라는 머리 모양을 하였는데, 이는 머리를 위로 휘감아 올려 마치 코끝처럼 결발結髮하는 매무새였다. 술장사로 전락한 평양 출신의 기생들이 주로 즐겨했던 이 코머리는 바로 개화기의 서울에 전파되어 기생 출신의 주모酒母를 코머리라 부를 만큼 보편화되어 갔다.

일제강점기에는 기생의 풍속도 외재의 영향을 많이 받았는데, 하나의 예를 들면 구미歐美의 영향으로 기생들 사이에 단발이 유행을 하였다. 이들은 댕기나 낭자를 대담하게 잘라 서양풍의 머리 모양으로 멋을 부렸다. 그래서 당시 단발은 창기들의 표시가 되었고 단발머리는 기생을 뜻하였다.

그 후 여자청년동맹에 가입한 신여성들이 단발을 하자 보수 세력에서는 기생과 같은 이들이라 하며 얕보았다 한다. 또한 개화문명이라는 것이 스스로 창기가 되려는 꼴이냐며 비난하기도 하고, 여학생을 모집하려는 경우 단발을 시키지 않는다는 조건으로 선교사들에게 딸을 내주는 부모도 많았다.

일본의 영향 가운데 가장 대표적인 것은 정사情死 풍조로 현세에서 사랑을 이루지 못하게 된 남녀가 미래의 행복을 꿈꾸며 자살하는 경우가 생겼다. 예부터 남편이 죽으면 따라 죽는 순사殉死는 있었으나 정사는 개화가 몰고 온 신종 애정 풍조였다. 당시 「동아일보」 1921년 5월 19일자에 실린 내용 한 면을 살펴보기로 하자.

〈신뎡新町 조선루朝鮮樓에서 二루에 있는 창기娼妓 김목단金牧丹 (21)과 황금뎡黃金町에서 리발소를 하는 리경셩李慶聖(28)은 작 9일 상오 8시에 조선루 이칭 목단방에서, 리발소에서 소독약으로 쓰는 호루마린을 한 곱보씩 마시고 자살을 하랴 하얏스나 마침 다른 사람에게 발견되야 즉시 약을 토하게 하며 일변 경찰서에 고발을 하야 응급수단을 베푼 결과 다행히 아직 죽지는 아니하얏스나 매우 위중하다 하며, 신뎡에서 정사情死가 나기는 그리 드믄 일은 아니나 조선 남녀의 정사는 별로 업든 일이엇으며 필경은 두 사람의 사랑이 집혀 일시도 떠나 잇슬 수가 업스나 오직 금전이 없서서 목단의 몸이 신정 바닥에서 버서 나갈 길이 업스며 리경셩도 이루 차저올 형편도 못됨으로 마침내 이와 가튼 악착한 정사를 하기에 이른 듯하다더라.)

면천을 위해 절에 머물다

개화기 이전 부녀자가 불공을 드리기 위해 절에 묵던 일(부녀상사婦女上寺)은 보통 아들 낳기를 기원하는 기자祈子와 방탕하게 즐기기 위한 목적으로 나누어 볼 수 있다. 특히 불교 억제 정책으로 퇴폐가 극심했던 19세기 초까지는 부녀자가 즐기기 위해 절에 묵기에는 너무 멀다 해서 서울역 뒤의 약종산藥種山 같은 야산에 여승들이 사는 이사尼寺가 세워져 그곳에서 음행을 자행하고는 했다.

그러던 것이 개화기에 접어들면서부터는 평등사상을 뒷받침하고 개화한 궁궐의 뭇 궁녀들과 관비官婢, 사비私婢, 관기官妓, 사기私妓들은 그들 자신을 구속하고 있는 기반을 벗어나 다투어 절을 찾아 들었다. 절에서는 귀천을 가리지 않는 불문의 문호가 열려

있어 원하기만 하면 손쉽게 평민으로 환속할 수가 있었는데 천민
에서 평민이 되는 손쉬운 길은 절에 머무르는 길 밖에 없었다. 따
라서 구속을 받으며 살아야했던 천민들은 다투어 절을 찾았던 것
이다.

한말의 여걸 배정자裵貞子는 천인으로서 절에 머물며 면천한 전
형적인 여인이었다. 세리稅吏였던 그의 아버지가 옥에 갇혀 패가
하자 그녀는 고향인 김해에서 밀양으로 옮겨 갔다. 나이 12살에
이르면 관기의 관첩官帖에 이름이 오르게 되고 기루妓樓에 들어가
지 않으면 안 되었는데 그것이 싫었던 그녀는 야심을 타고 도망쳐
나와 양산 통도사通度寺를 찾아가 몸을 숨겼다.

관주貫主 구연九淵 법사는 그녀를 득도시켜 우담藕潭이란 불명佛
名을 지어 주고 『금강경金剛經』을 가르쳐 주었다. 그녀는 목어木魚
의 소리, 백단白檀의 연기, 부처의 후광에서 불심을 닦았다. 배정
자는 불사佛寺에 놓아두기 아까울 정도로 요염했던 모양으로 보리
심菩提心보다는 사바심娑婆心이 더 강했으나 아무에게나 웃음과 몸
을 팔기 싫은 경우 택할 수 있는 방법이기도 했다.

그런데 배정자는 유명한 역관 출신의 총신 현영운玄暎運의 첩으
로서 일본 침략 정치의 촉수 노릇을 하였는데, 요란스런 양장에
보닛을 쓰고 궐문 출입을 자주 하였다.

근신 가운데는 이를 몹시 싫어했고 또 망국의 증세로 여기는 사
람도 많았다. 그리하여 고종에게 비기秘記에 대안문의 '안安' 자는

과거 대안문 사진(위)과 대한문으로 명칭을 바꾼 후의 모습(아래).

계집(여女)이 관을 쓴 형상이므로 관을 쓴 계집이 이문을 출입하면
나라가 망하니 조심하시라고 상소하였다.

이 말에 충격을 받은 고종은 즉시로 배정자의 궁문 출입을 금하
게 하고 궁문 이름이 불길하다 하여, 대안문大安門의 '안安' 자를
바꾸어 대한문大漢門으로 고쳤다 한다.

기생을 만나기 위해 동원한 수단들

기생들이 소속된 권번은 음성적이기는 했지만 엄연히 사회 계급화한 단체였다. 이 단체의 주인인 사처소 오입쟁이는 과도기에 옛 기풍妓風인 모갑을 모방한 현상으로 자못 흥미 있는 사실의 하나라 할 수 있다.

옛날에는 이미 15, 16세에 이르면 등과登科하여 일가를 이루었다. 즉, 소년에서 바로 성인이 되었다는 말이다. 그러던 것이 시대가 바뀌면서부터 소년과 성인 사이에 청년이라는 하나의 세대가 새로 자리하게 되었다. 개화 후기에는 이 청소년들이 학교로 흡수되어 갔지만 개화기 이전에는 가장 무료하고 허탈한 세대가 바로 이 청년 세대였다.

자연히 이들은 허랑방탕해지고 주색에 빠져 화류계에 심신을 던지는 일이 다반사였는데, 이들은 미성년으로 재산의 권리는 아버지나 형이 쥐고 있었기에 개화기의 폐습이 또 하나 탄생한 셈이다. 나이가 어린 이들은 자신이 임의로 할 수 있는 일이 없었기에 아버지의 인장을 훔쳐내어 서류를 위조하거나 혹은 아버지를 팔아 돈을 얻어 증서를 써주었으며, 심지어는 아버지 사후에 갚겠다고 약조하여 부자간이나 형제간의 송사訟事가 허다하였다.

이와 같은 과도한 사회적 양상은 돈은 없고 기생은 사랑하고 싶은데서 빚어진 일들이었다.

사처소 오입쟁이들의 횡포

일반적으로는 사처소 오입쟁이들의 횡포는 굉장하여, 기방 출입에 따른 인사법이니 하는 절차 등을 자기들 멋대로 까다롭게 만들어 놓고 이에 어긋나면 머리통을 깨거나 팔다리를 부러뜨리는 것쯤은 예사로 알았다.

또한 창기들에 대한 횡포도 심해 말을 듣지 않거나 잘못을 하면 옷을 벗기고 맨발로 종로 거리에 내쫓는 사형私刑을 가하였다. 가장 가벼운 벌이 버선을 벗겨 맨발로 내쫓는 것이고 심하면 속옷 바람으로 내쫓기도 했다 한다. 때로는 파방破房이라 하여 기방의 가구 등을 모조리 때려 부수어 마당에 내동댕이치기도 했다. 그때 기녀가 끝내 사과하지 않으면 그것으로 일은 끝나지만, 일단 사과하게 되면 다시 그 가구를 모두 맞추어 줄 수 있는 재력이 있어야만 파방을 할 수 있었다.

이 오입쟁이의 권력은 더 나아가 서자들은 연회 때 듣고 보는 기생의 노래와 춤 이외에는 임의로 기생을 끼거나 창녀를 품을 수 없도록 하는 규정도 만들었다. 혹, 궁전에서 일하는 천인들이 자신이 아는 별감이나 나장, 군관에게 말을 잘하면 몸값을 주고 일정 기간 동안 살 수는 있었다고 한다.

고종조에 들어와서는 기부妓夫가 은연중에 하나의 사회 계급으로 형성이 되었음을 알 수 있다. 박제형朴齊炯이 쓴 『근세조선정

감』을 보면

〈기부는 대개 각 전전殿의 별감, 포도청 군관, 각 정원政院의 사령, 금부
의 나장, 각 궁가의 청직이 그리고 무사들로서 그 밖의 사람들은 기
부가 될 수 없었다. 이에 대원군은 금부와 정원 소속 무인들에게만
창부를 허락하고 관기에게는 기부를 허락지 않았다.〉

고 되어 있다.

이들을 통칭 '사처소 오입쟁이' 라 불렀는데 오입쟁이란 말은
외렵장에서 나온 말로 집 밖에서는 엽색을 한데서 나온 말이라는
설이 가장 유력하다.

이 사처소 오입쟁이들은 자주 외방에 나갈 수 있는 직책을 기회
로 지방의 기비를 직업적으로 차출하여 경성으로 데리고 와 동료
들에게 나누어 주기도 하고 상관에게 올려 궁중의 여락을 위해 바
치기도 하였다.

또 궁에서 명이 내려면 선상기選上妓를 차출하기도 하였는데,
이것이 바로 의녀를 빙자한 약방기생이요 침녀를 빙자한 상방기
생이었다. 이들 기생의 대부분은 사처소 오입쟁이들을 기둥서방
으로 삼았다.

이희준李羲準의 『계서야담溪西野譚』의 기록을 보면 이들 사처소
오입쟁이들이 독점한 기방에서의 횡포가 어느 정도였는지를 알
수 있다.

〈병사兵使 이일제는 판서 이기상의 손자로 용역이 남달리 뛰어나 몸

이 빠르기가 나르듯 하였다 한다. 어릴 때부터 호방하여 공부는 전혀 않고 열네 살에 장가도 가지 않았으므로 관을 쓰고 다녔다. 하룻밤 기생의 집에 드니 대전의 별감들과 포도군관 등속이 마당에 늘어앉아 술잔을 기울이고 앉았다. 이당들은 조그마한 것이 혼자 앉아 기생을 농락하는 것을 같잖게 여겨, 여기가 어딘 줄 알고 젖 비린 것이 왔느냐면서 주물러 죽이겠다고 달려들었다. 이일제는 달려드는 족족 발을 들어 땅에 엎어 놓고 다른 한 손에 든 몽둥이로 쳐놓곤 지붕으로 뛰어 도망갔다는 이야기이다.〉

백인 창녀와 혼혈 창녀

개화기에는 '백창白娼' 또는 '감인甘人'으로 불린 서양인 창녀들이 있었다. 지금 그 자리는 서울시 중구의 태평로와 퇴계로이다. 백창은 주로 러시아 여인으로 유난히 키도 크고 살결도 희었다. 그들은 해만 지면 의자를 점포 앞에 내어놓고 앉아 손님을 끌었는데 깃에 수술이 달린 맥시스커트를 일부러 무릎 위까지 걷어 올리고 담배를 피우면서 "캄 인(Come in)! 캄 인!"하며 외마디 영어로 소리를 질렀다. 이들을 감인이라 한 것은 달콤하다는 뜻에서가 아니라 '캄인'의 영어 소리를 그대로 한문화한 것이다.

러시아계 말고도 중국 상해 등지에서 흘러온 유태인 혼혈 창녀들도 더러 있었다. 백러시아계가 일패의 신분이라면 혼혈 유태계는 삼패의 품위를 지녔다 하며 계급 좋아하는 우리나라 사람들은 일패 백창, 삼패 백창으로 그들에게 차등을 두었다.

그런데 우리나라에서는 서양 사람을 천대하고 기피하는 풍조 때문에 이들은 날이 갈수록 생활하기가 어려워져서 상습적으로 손님들의 시계나 지갑을 슬쩍하고는 하였다. 상대가 뻔히 훔쳐간 것을 알고 다그치면 백창에 들렀다는 소문을 내겠다고 협박하는 바람에 꼼짝 못하고 돌아나올 수밖에 없었고, 한 혼혈 창녀는 그런 수법으로 당시 5천 원의 큰돈을 모으기까지 하였다 한다.

품위 있는 기생에게 내린 정오품 벼슬

'갈嵑'은 빈대(벌레)라는 말로 갈보嵑甫는 빈대를 의인화한 말이다. 즉 빈대처럼 밤에만 기어 나와 피를 빠는 사람 벌레란 뜻에서 창녀를 가리키는 것이다. 한양에는 본래 빈대라는 것이 없었는데 1894년(고종 31) 갑오甲午년 이래로 빈대가 성하니 사람들은 이를 두고 나라가 망할 징조라고들 하였다.

고려 말기 개성에서도 나라의 쇠운을 타고 창녀들이 들끓었다. 이 창녀들은 '덕이德伊'라 불렀는데 덕이란 역시 피를 빠는 벌레 인 진덕이眞德伊의 준말이다. 고려 수도인 개성에 당시 이 벌레가 많았으며 그때도 이 진덕이를 망국의 전조로 알고 걱정들을 했다 고 한다.

나라가 망할 즈음이 되면 먹고 살기가 힘들어져 그런 것인지 창녀 또한 성하고, 인간의 피를 빨던 곤충 진덕이의 이름을 붙여 부르던 전통에서 다시 갈보란 말이 새로 만들어져 나온 것이다.

갈보라는 말은 그들의 지위나 품위에 따라 각기 이름이 달랐는데 역시 크게는 일패, 이패, 삼패로 분류되었고 근대로 오면서 다시 세분화 되었다. 흥선興宣 대원군 집권 때의 기록을 보면 사처소 오입쟁이들은 기생 서방이 되는 것을 허락하고 정원政院이나 금부의 지위가 낮은 이들은 기생 서방이 됨을 금하였다. 다만 다방 머리 서방이 될 수 있

흥선 대원군 초상

는 기회는 주었다고 한다.

일패 기생 가운데 가장 품위 있는 기생은 유품기有品妓라 하였다. 대개 궁기宮妓였던 유품기는 왕이나 대작들의 총애를 받았거나 각별히 조직에 기여하여 공이 있는 이들로서, 세자의 가례 등 경사가 있을 때 품작을 하사 받은 기생들이다. 또한 왕비의 편에서 왕에게 별입시別入侍 사은私恩을 입은 궁기들을 고자질하여 품작을 받은 기생도 있다.

이들은 최고 당상관인 정3품의 높은 작품을 받기도 하였다. 정3품이라면 지금의 차관급인 참판이나 도지사격인 관찰사와도 같은 지위이며 승지나 부승지 등과도 맞먹는 작위이다.

황실 개혁으로 궁기들이 궁에서 쫓겨났을 때 순종은 유품기들을 특별히 불러 석별의 하사금을 주고, 비록 살기 어려워 시정市井의 기생이 되는 일이 있더라도 품성을 간직하라고 간곡히 말하였다.

이 유품기는 반드시 '정3품 진주 옥란이', '정5품 경월계京月桂'라고 직품을 붙여 말하는 등 자부심이 컸다. 기생 조합이 생기면서부터는 자신들이 속한 조합을 선전하는데 조합에 소속된 유품기들을 크게 내세웠다. 1908년의 한 기록에 보면 당시 광화문에 있던 유일한 조선 요정 명월관明月館에 조선 최후의 유품기 다섯 명만이 있었을 뿐이라고 한다.

창기에게도 혈연은 있었다

사람들이 살아가는 데는 험악하고 무질서한 개인이나 집단이 있기 마련이다. 그래도 일정한 규정이 있고 수칙이 존재하기 때문에 인간 사회는 발전해 왔고 사회와 국가가 유지되어 왔다고 할 것이다.

비록 사회적인 최하급 천민 신분이거나 몸과 마음을 팔지 않으면 살아갈 수 없는 절박한 사정에 놓인 기생이나 창녀들에게도, 그 상대를 고를 때에는 한 가지 금기 조건이 있었다. 앞서도 잠깐 설명했지만 그것은 바로 동성동본과의 상대 행위였다.

동성동본과 관계를 갖는 것을 '생피 붙었다'라고도 표현하였는데 이보다 더 큰 욕은 없었다고 한다. 더욱이 생피 붙은 기생첩을 얻는다면 교우까지 끊을 정도였다.

처음에는 동성동본의 기생과 교정했을 때 생피 붙는다고 했지만 차츰 그 개념이 넓어져 동성同性끼리 교정할 경우에도 생피 붙었다 하여 상대를 기피하였다. 이것은 조선 사회의 혈연 지상주의가 낳은 하나의 금기였다.

이로써 대성大姓으로 김金, 이李, 박朴, 최崔, 정鄭 등의 성을 타고난 오입쟁이나 기생들은 거의 교정을 못한다는 비현실적인 형편에 처하였고 따라서 기생들에게는 성姓을 붙여 부르지 않았다. 한편 자신의 성을 밝히지 않던 풍조는 천인인 기생이 같은 성씨인 것을 꺼려하여 생긴 풍조이기도 하지만 동성동본 간의 관계가 만일에라도 드러나는 일이 없도록 하기 위해 생겨난 현상이라 하겠다.

왕조의 성인 이씨나 당대 세도가의 성을 가진 기생들은 개화 후기에도 성을 묻고 대는 것을 실례로 알았다. 한편 타인이 부를 때는 예명으로 불렀으나 자신이 자신을 말할 때는 또 예명만 말하는 것이 실례가 되었다 하며, 기부妓夫가 있는 기생은 기부의 이름을 먼저 대고 이어 예명을 대었다. 예를 들어 '박무경지기매월朴武卿之妓梅月'이라 말하는 식이었다.

모갑이라는 포주 제도가 생긴 이후로는 모갑의 이름을 대고 예명을 대기도 하였으며 조합이 생긴 이후로는 '대동 조합의 취련이', 권번이 생긴 이후로는 '한성 권번의 홍화'라 불렀다.

향기鄕妓는 남편이나 모갑이 없는 무부기이므로 어머니와 함께 살고 있으면 어머니의 성씨를 부르거나, 자신이 기숙하고 있는 집의 어머니 성씨를 소유주로 하여 예명을 붙여 불렀다.

그런데 서울에 모갑과 조합이 생기고, 권번으로 창기들이 집단화 되면서부터는 중복된 예명이 너무 많아 혼돈을 가져오기도 하였다. 그리하여 편의상 기적妓籍을 앞세워 부르는 풍조가 생겨났는데 이를테면 '진주기 영옥이', '평양기 월선이', '해주기 벽진이', '북관기 미옥이', '경기기 초록이' 하는 식이었다. 그 후로 새로운 기생 호명도 개화되어 단발머리 풍조가 생기면서부터는 자신의 본성을 말할 수 있는 분위기가 되었다.

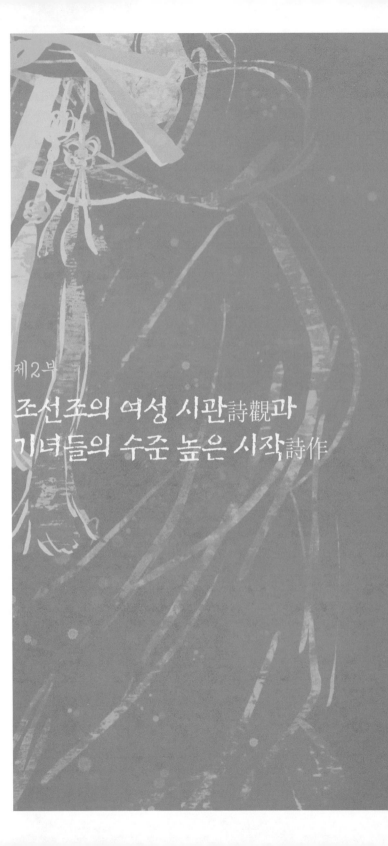

제2부
조선조의 여성 시관詩觀과
기녀들의 수준 높은 시작詩作

진솔한 감정을 표현한 고려가사_{高麗歌詞}

가시리

가시리 가시리잇고 나난버리고 가시리잇고

날러는 엇디 살라하고 바리고 가시리잇고

잡사와 두어리마난 선하면 아니올세라

셜온님 보내옵노니 가시난 듯 도셔오쇼셔

「가시리」는 사랑하는 임에게 빨리 자신에게로 돌아올 것을 부탁하고 별한의 정담을 상냥하고 우아하게 표현한 고려시대 여성의 정情적인 시라 하겠다. 또 하나 노래된 무척 애달픈 애정시 하나를 살펴본다.

얼음 위에 댓닢 자리를 보아 임과 내가 얼어 죽을망정

얼음 위에 댓닢 자리를 보아 임과 내가 얼어 죽을망정

정을 준 오늘 밤 더디 새어라 더디 새어라.

근심 싸인 외로운 베갯머리에 어찌 잠이 오리오.

서창을 여니 도화가 피어나도다.

도화는 시름없어 봄바람에 웃는구나 봄바람에 웃는구나.

넋이라도 임과 한 곳에 (가고 싶다 하는 말을)

남의 경황으로만 여기었더니

넋이라도 임과 한 곳에 (가고 싶다 하는 말을)

남의 경황으로만 여기었더니

어기던 사람이 뉘였습니까 뉘였습니까.

오리야 오리야 연약한 비오리야

여울은 어디 두고 늪에 자러 오는가.

늪 곧 얼면 여울도 좋으니이다 여울도 좋으니이다.

남산에 자리 보아 옥산을 베고 누워

금수산 이불 안에 사향 각시를 안고 누워

남산에 자리 보아 옥산을 베고 누워

약 든 가슴을 맞추십시다 맞추십시다.

아소, 임이시여 원대평생에 여읠 줄 모르고 지냅시다.

위 가사는 전문이 6연 20행으로 된 작자 미상의 고려 궁연 속악의 가사로 쌍화점과 함께 가극의 시작으로 보인다. 고려 궁내에서 벌어지던 연회에서 연주하는 음악의 가사이다.

「서경별곡」 또한 원시의 반복적인 음을 빼고 이를 다시 현대적 용어로 풀어 쓰면 다음과 같다.

서경이 서울이지만

중수重修한 곳인 소성경을 사랑합니다마는

임을 이별할 것이라면 차라리 길쌈하던 베를 버리고서라도 사랑만 해 주신다면 울면서 따르겠습니다.

구슬이 바위 위에 떨어진들
끈이야 끊어지겠습니까.
(임과 헤어져) 천년을 홀로 살아간들
사랑하는 임을 믿는 마음이 끊기고 변할 리가 있겠습니까.

대동강이 넓은 줄을 몰라서
배를 내어 놓았느냐 사공아
네 아내가 놀아난 줄도 모르고
다니는 배에 몸을 실었느냐 사공아.
(나의 임은) 대동강 건너편 꽃을
배를 타면 꺾을 것입니다.

「서경별곡」은 고려 시대의 여심女心이야말로 현실을 초월하여
당시 여성으로 하여금 천성지언天性之言과 천래지언來之言天의 천
성적 정신을 보여주고 있는 것으로 시란 학문으로서 배우는 것이
아닌, 본래적으로 타고나는 것임을 드러내 준다.

명문대가의 규방가閨房歌

이에 비해 조선 시대의 여성들이 엮어낸 시조나 가사들은 절개를 지키는 것을 아름답게 여기는 수절가나 내방적 가사가 많았으며, 양반가를 벗어난 기녀들의 시가는 애정시나 자신의 상황을 한탄하는 규원가閨怨歌(원부사怨婦詞)가 많았음을 알 수 있다. 극명하게 다른 삶을 산 양반가의 여인들과 기녀들의 삶은 그들의 작품을 통해서도 드러난다.

우선 명문가의 여인으로서 조선의 천재적 시인으로 널리 알려진 허초희許楚姬의 작품을 잠깐 살펴보도록 하자. 1563년(명종 18) 강원도 강릉 초당리 외조부 댁에서 출생하여 난설헌蘭雪軒이라는 당호堂號로 더욱 유명한 그녀는 신사임당과 함께 강릉이 낳은 조선의 이름난 여류 시인이다. 허초희의 아버지 허엽許曄은 대사성을 지낸 인물로 30년 관직 생활을 청렴결백하게 하여 청백리에 녹선되었다. 또한 남녀의 구별을 두지 않은 당대 진보적인 사상을 갖고 있었기에 허초희는 자유로운 분위기 속에서 학문을 익히고 타고난 예술성을 발전시킬 수 있었다. 12살 연상인 오빠 허봉許篈은 문인이자 문장가로서 동생 허초희와 허균이 삼당三唐시인의 하나인 손곡蓀谷 이달李達에게서 수업을 받을 수 있게 하는 등 동생에게 각별한 관심을 두었다.

한글 소설의 효시 『홍길동전洪吉童傳』의 저자로 널리 알려진 허

허난설헌의 아버지 허엽 묘비.
경기도 용인시

허난설헌의 오빠 허봉 묘비,
경기도 용인시

초희의 남동생 허균은 의정부 참찬을 지낸 문장가이다. 그는 광해
군光海君에게 참형을 당하기 전 많은 저서를 남겼지만 특히 『홍길
동전』은 허균의 사상을 잘 나타낸 사회 소설이자 우리나라 최초의
국문소설로서 문학사적 의의가 큰 작품을 남겼다.

　이처럼 당대 사대부가의 딸로 태어났으나, 허초희는 유교적 학
풍에서 벗어난 진보적인 집안 분위기 속에서 풍부한 예술적 감성
을 마음껏 펼치며 자랄 수 있었다. 그러나 당시 안동安東 김金씨
김성립金誠立과 혼인을 한 후부터 유교적 가풍이 확고한 가문에서
성장한 김성립과 시어머니와의 불화 등으로 결혼 생활에 적응하
지 못하고 괴로워한다. 그리고 친정의 계속되는 불행과 자식들의
연이은 죽음은 허초희에게 삶의 의미를 상실하도록 만들고 만다.

　허초희는 내방에서 외도가 심한 남편을 원망하면서 자신의 일

생에 대해, 그리고 본인의 신분을 한 탄하며 시로써 풀어냈다. 또 양반들의 격식 따위를 저주하며 쓴 글이나 남편과의 이루지 못한 애정을 붓에 매달려 하소연한 애달픈 글들을 많이 남겼다. 뿐만 아니라 난설헌은 한 세 대를 슬프게 살다간 양반가의 안방마 님으로서 자신의 내면에 자리한 넓은 포부를 펴보지도 못한 채 꽃다운 스

허초희(허난설헌) 시비 전면

물일곱 살의 나이로 강물에 몸을 던져 원혼이 되고 말았다.

허초희가 남긴 수많은 한시와 국문시國文詩 중 몇 수를 살펴보기로 하자.

● 금수레 안장 타신 임 어딜 가셨나
정다운 앵무는 창가에 속삭인다.
풀섶에 날던 나비 뜰로 내려
난간 밖 꽃에서 춤을 춘다.
뉘 집 연못에서 피리 소리 구성지고
밝은 달 금 술잔에 떠 있구나.
시름으로 밤에 잠 못 이루어
새벽에 일어나면 눈물자국 흥건하리.

허초희와 허균 생가. 강원도 강릉시

● 금 솥에 불로장생의 단정수丹井水가 담겼고
　날이 개서 옥단에는 적상포를 쪼이고 있네.
　봉래산에 학을 타고 감이 어찌 이리 더딘고
　해묵은 벽도 아래서 한 가닥 피리 불며 갔었네.

● 해맑은 가을 호수 옥처럼 새파란데
　연꽃 우거진 곳에 목란 배 매었네.
　임 만나 물 너머로 연밥 따 던지고
　남 봤을까 한나절 낯 붉혔다네.

아래는 난설헌이 남긴 한시漢詩 두 수이다.

感遇 감우

古宅晝無人 고택주무인

桑樹鳴鵂鶹 상수명휴요

寒苔蔓玉砌 한태만옥체

鳥雀樓空樓 조작루공루

向來車馬地 향래차마지

今成孤兔丘 금성고토구

乃知達人言 내지달인언

富貴非吾求 부귀비오구

고택이라 낮이건만 인적은 없고

뽕나무 위에서는 부엉이 우네.

새파란 바위 옷 층계에 돋고

참새가 빈 다락에 깃을 쳤네요.

전에는 말과 수레 머물더니만

지금은 여우의 소굴 되나니

달관한 분의 말씀 이제 알겠소,

부귀는 나의 몫이 아니란 것을.

江南曲 강남곡

人言江南樂 인언강남락

我見江南愁 아견강남수

年年沙浦口 연년사포구

腸斷望歸舟 장단망귀주

강남이 즐겁다 남들은 말해도

나보기엔 강남이 시름뿐이오.

해마다 포구 앞 모래사장에서

돌아가는 배를 보고 애만 태우네.

　위와 같이 허난설헌의 시로 대표되는 당시 사대부 집안 여인들
의 글이란 사실을 그대로 표현함이 없는 것이 대부분이었다. 뿐만
아니라 자신이 처한 상황에서 오는 열등감을 실제로 표현하는 것
이 아니라, 임을 사모하고 그리워하는 심정을 보이면서 우아함을
애써 창출한 작사가 많음을 엿볼 수 있다.

　반대로 앞에서 밝힌 바와 같이 당시의 명기 화류계 여성들은 높
은 벼슬관 및 사대부 양반들을 상대로 화려한 연회나 고관 귀족들
의 취흥을 일삼는 기예로서의 활달한 성품들을 드러냈으니 가정
만을 꾸려가는 양반가 여성들의 삶과는 너무도 대조적이라 아니
할 수 없다.

　기녀로서 한 시대를 멋있게 살다간 이들의 다른 면을 작품으로
한번 살펴보기로 하자.

명기들의 삶과 그들이 남긴 작품들

춘대연春臺蓮, 송태춘松台春, 소백주小栢舟, 소춘풍笑春風, 입리월立里月, 춘예춘春藝春, 강강월康江月, 황진이黃眞伊, 송이松伊, 명옥明玉, 금홍錦紅, 매화梅花, 강아江娥, 문향文香, 홍랑洪娘, 부동夫同, 다복多福, 계섬桂蟾, 계랑桂娘(매창梅窓), 진옥眞玉, 한우寒雨, 궁예宮禮, 구지求之, 옥선玉仙, 초향草香, 화심花心, 연홍蓮紅, 산홍山紅, 운초雲楚, 논개論介, 애옥愛玉, 월선月仙. 이들은 고려조와 조선 시대의 명기들이었다.

명기들의 이름만 보아도 지금으로는 볼 수 없는 애정 어린 이름들이다. 현대에 와서는 옛 수준에 이르는 기녀를 찾을 수 없고 고급 술집이나 요정의 작부라 하여도 격조 높은 시나 춤을 기대할 수 없을 뿐 아니라 다만 어느 정도 뛰어난 미색으로 그 이외의 것들을 대신하고 있을 뿐이다.

아름다움의 기준 또한 현재와는 조금 다른데 설부화용雪膚花容을 중요한 기준으로 삼았다. 우리 선조는 미인의 기준을 용모보다는 피부에 두어 모름지기 미인은 피부가 고와야 하고, 또한 겸손함과 아름다운 마음씨를 지니는 데 두었다. 당시 맑은 피부와 겸손함, 아름다운 마음씨 가운데 어느 한 부분이라도 모자라면 미인의 기준에 들 수 없었다.

예로부터 경상도 진주와 평양, 강계는 미인과 기생이 많이 나는 색향色鄕으로 불렸는데, 세 고을 모두 물이 맑고 골이 깊은 데다 산수가 수려해 미인도 많이 태어났던 모양이다. 평양의 기생들은 매우 유명하였고, 진주의 기생 산홍과 강계 기생 무운 또한 아름다운 여인들이었다. 색향은 아니로되 산 빛이 곱고, 물빛이 맑으면 미색美色이 그 사는 여인네의 안색에 먼저 비치는 법이리라.

맑은 피부로 3백白, 3흑黑, 3홍紅을 들었는데 삼백은 흰 살결과 눈자위와 치아를 말하며, 삼흑은 까만 머리카락과 눈동자와 눈썹, 그리고 삼홍은 양볼과 입술, 그리고 붉은 손바닥을 가리켰다.

한국의 전통 미인은 한마디로 표현한다면 청자매병靑磁梅甁이 아닐까 한다. 미취색이 엷게 감도는 유연한 곡선미의 몸체에 보일 듯 말 듯 상감 모양이 조화를 이루고, 바탕을 숨기지 않는 순수함에 파격을 둔 자연과 호흡하는 살아 있는 그런 미美 말이다.

이제 세월에 남겨진 기녀들의 옛 애정시와 세정을 풍속적으로 노래한 작품들을 살펴보기로 한다.

사랑은 붉어서 퇴색하기 쉬워라
황 · 진 · 이

과연 황진이黃眞伊라는 여인은 우리 역사상 빼놓을 수 없는 여걸이자 문장가임에 틀림이 없음은 그녀가 남긴 작품들을 통해 확인할 수 있다. 현대인들이 그 무슨 말로도 다 표현할 수 없는 사랑에 대한 깊고도 아리따운 가사 내용은 오래 전하여 메마른 세속인들에게 한 방울 감수가 되어 줄 것이다.

황진이의 본명은 진眞, 일명 진랑眞娘이며 기명妓名은 명월明月로 개성 출신이다. 확실한 생존연대는 미상이나 중종 때 사람이며 비교적 단명하였던 것으로 보고 있다.

황진이의 전기에 대해 상고할 수 있는 직접적인 사료는 없기에 야사에 의존할 수밖에 없는데 이 계통의 자료는 비교적 많은 반면, 각양각색으로 다른 이야기를 전하고 있을 뿐 아니라 너무나 신비화시킨 흔적이 많아서 허실을 가리기가 매우 어렵다.

그녀의 출생에 관하여는 황진사黃進士의 서녀로 태어났다고도 하고 맹인의 딸이었다고도 전하는데, 황진사의 서녀로 다룬 기록이 수적으로는 우세하지만 기생의 신분이라는 점에서 맹인의 딸로 태어났다는 설이 오히려 유력시되고 있다.

기생이 된 동기에 대하여도 15세경 이웃 총각이 홀로 그녀를 연모하다 병으로 죽자 서둘러 기녀의 길로 투신하였다고 하나 사실

여부는 알 수가 없다.

분명한 것은 황진이의 용모가 매우 출중하였으며 또한 총명하였을 뿐 아니라 민감한 예술적 재능을 갖춘 인물이었다는 점이다. 그녀는 가창뿐만 아니라 거문고 연주를 비롯해 서사書史에도 정통하고 시가에도 뛰어난 재주를 지니고 있었다. 기녀가 된 이후 황진이는 명창, 율객律客이나 문사文士, 학자들과 사귀며 그들을 매혹시켰는데 그에 대한 일화가 많이 전하고 있다.

시서 음률詩書音律이 당대의 독보였으며 아름다운 용모와 총명으로 교방教坊의 동기童妓로서 대성한 황진이는 성품이 쾌활하고 대범하여 남자와 같았으며 그러한 만큼 자존심도 강하였다. 그리하여 당시 10년 동안 수도에 정진하여 생불生佛이라 불리던 천마산 지족암의 지족知足 선사를 유혹하여 파계시키고 말았다는 일화는 유명하다.

황진이는 일찍이 산수 간에 놀기를 좋아하며 풍악산으로부터 태백산, 지리산을 지나 금성錦城에 이르렀는데 마침 그 고을 원이 잔치를 베풀어 감사를 대접하고 있었다. 노래하는 기생이 좌석에 가득한데 황진이가 떨어진 옷, 때 묻은 얼굴로 바로 상좌에 나가 앉더니 이蝨를 잡으면서 태연히 노래하고 거문고를 연주하면서 조금도 부끄러워하지 않으니 여러 기생들은 기가 질렸다고 한다.

또한 황진이는 당대의 석학 화담花潭 서경덕徐敬德을 사숙하여 매양 거문고를 메고 술을 걸러 화담의 거처를 찾아 당시唐詩를 정공精工하는 등 실컷 즐기다가 돌아가곤 하였다. 그녀는 서경덕을 유혹하려 하였으나 그의 높은 인격에 실패한 뒤 사제관계를 맺고 평생 사모하였다.

평소에 황진이는 서경덕의 사람됨에 대해 말하기를

"지족 노선老禪은 30년을 벽만 쳐다보고 앉아서 공부했어도 역시 나에게 무너졌지만 오직 화담 선생은 여러 해 동안을 친하게 지냈으나 마침내 흔들리지 않았으니 이는 진실로 성인聖人이로다."

하였다. 또한 황진이는 서경덕에게 말하기를

"송도에 삼절三絶이 있습니다."

하였다. 공이 묻기를

"무엇이 삼절인고?"

하니 황진이는

"박연폭포朴淵瀑布와 선생과 저입니다."

하자 공이 웃었다고 한다. 황진이 스스로 서경덕, 박연폭포와 함께 자신을 가리켜 송도삼절松都三絶의 하나라고 자랑하였다는 기록을 볼 수 있다.

어머니가 공자의 사당에 들

박연폭포

어가는 꿈을 꾸고 잉태하였다는 서경덕은 1489년(성종 20) 부위副尉 서호번徐好蕃의 아들로 태어났으며 모계는 실전되어 알 수가 없다. 본관은 당성唐城, 자는 가구可久, 호는 복재復齋와 화담花潭인 서경덕은 그의 나이 7, 8세에 이르자 총명하고 영특함이 이미 드러났으며 어른의 말씀 또한 공경히 받들었다. 1502년(연산 8) 14세 때『서경書經』을 배우다가 태음력의 수학적 계산인 일日, 월月 운행의 도수度數에 의문이 생기자 보름 동안 궁리하여 스스로 뜻을 깨우쳤다.

18세 때에는『대학大學』의「치지재격물致知在格物」조를 읽다가

"학문을 하면서 먼저 격물格物을 하지 않으면 글을 읽어서 어디에 쓰리오!"

라고 탄식하며 천지만물의 이름을 벽에다 써 붙여 두고 날마다 궁구하기를 힘썼다고 한다.

서경덕이 31세 때 조광조趙光祖에 의해 채택된 현량과賢良科에 응시하도록 수석으로 추천을 받았으나 사양하고 개성 화담花潭에 서재를 세우고 연구와 교육에 더욱 힘썼다. 1531년(중종 26) 어머니의 요청으로 생원시에 응시하여 장원으로 급제하였으나 벼슬을 단념하고 성리학의 연구에 더욱 매진하였다. 1544년(중종 39) 다시 김안국金安國 등이 후릉참봉厚陵參奉에 추천하여 임명되었으나 사양하고 계속 화담에 머물며 연구와 교육에 몰두하였다.

그러나 중종과 인종仁宗이 죽자

"임금의 상喪에 어찌 복服이 없을 수 있겠는가?"
하며 재최복齊衰服을 석 달 동안 입었다.

청산리 벽계수야 수이 감을 자랑마라

청산리 벽계수야

청산리靑山裏 벽계수碧溪水야, 수이 감을 자랑마라.

일도 창해一到滄海하면 다시 오기 어려워라.

명월明月이 만공산滿空山하니 쉬어 간들 어떠리.

누구나 다 아는 황진이의 대표적인 작품이다. 이 노래는 황진이가 벽계도정碧溪都正 이종숙李終叔을 만났을 때 그를 유혹하고자 자신을 명월明月에 비유하여 읊조린 시조이다. 이종숙은 세종의 아홉째 서자 영해군寧海君 이당李瑭의 둘째 아들 길안도정吉安都正 이의李義의 다섯 번째 아들이다.

「청산리 벽계수」가 탄생하기까지 며칠간의 사정을 적어보면 다음과 같다.

당시 황진이는 송도의 명기로 미모와 기예가 뛰어나서 그 명성이 전국에 널리 퍼졌다. 종실宗室 이종숙 또한 황진이를 만나기를 원하였으나 풍류 명사가 아니면 어렵다는 소문에 그는 손곡 이달을 찾아가 방법을 구하였다.

최경창 묘소, 경기도 파주시

이달은 최경창崔慶昌, 백광훈白光勳과 함께 삼당시인이라고 불릴 정도로 뛰어난 시작을 보여주었다. 이들은 봉은사를 중심으로 하여 여러 지방을 찾아다니며 시를 지었는데, 주로 전라도 지방에서 많이 모였다.

이달은 서자였기 때문에 일찍부터 문과에 응시할 생각을 포기하였으며 또한 다른 서얼들처럼 잡과에 응시하여 기술직으로 나가지도 않았다. 그는 특별한 직업을 가지지 않은 채 온 나라 안을 떠돌아다니면서 시를 지었는데 성격 또한 자유분방하여 세상 사람들에게 소외를 당하였다. 이달의 시는 신분 제한에서 생기는 한恨과 애상哀傷을 기본 정조로 하면서도 따뜻하게 무르녹은 작품을 내놓았으며, 근체시 가운데서도 절구가 뛰어났다.

김만중金萬重은 『서포만필西浦漫筆』에서 조선 시대의 오언절구 가운데 대표작으로 이달이 지

김만중의 『서포만필』

은 「별이예장別李禮長」을 꼽았으며 허균은 『손곡산인전蓀谷山人傳』
에서

〈그(이달)의 시는 맑고도 새로웠고, 아담하고도 고왔다(청신아려淸新
雅麗). 그 가운데 높이 이른 시는 왕유王維, 맹호연孟浩然, 고적高適,
잠삼岑參 등의 경지에 드나들면서 유우석劉禹錫과 전기錢起의 풍운
을 잃지 않았다. 신라와 고려 때부터 당나라의 시를 배운 이들이 모두
그를 따르지 못하였다.〉

고 평하였다. 한편 이달은 임제林悌, 허봉, 양대박梁大樸, 고경명高
敬命 등과도 자주 어울려 시를 지었다.

이종숙은 이달의 기재를 잘 알기에 그가 말하는 대로 무조건 따
르겠다고 하였고 이에 이달이 말하기를

벽계도정 이종숙과 해평 윤씨 묘비,
강원도 원주시

벽계도정 이종숙 후손 묘원 표석,
강원도 원주시

"그대가 소동小童으로 하여금 거문고를 가지고 뒤를 따르게 하여 황진이의 집 근처 누각에 올라 술을 마시고 거문고를 타고 있으면 황진이가 나와서 그대 곁에 앉을 것이오. 그때 본체만체하고 일어나 재빨리 말을 타고 가면 황진이가 따라올 것이오. 취적교吹笛橋를 지날 때까지 뒤를 돌아보지 않으면 일은 성공일 것이나 그렇지 않으면 성공하지 못할 것이오."

하였다.

이종숙은 이달의 말을 따라서 작은 나귀를 타고 소동으로 하여금 거문고를 들게 하여 누각에 올랐다. 그리고는 술을 마시며 거문고를 한 곡 탄 후 일어나 나귀를 타고 가니 황진이가 과연 뒤를 쫓았다. 취적교에 이르렀을 때 황진이가 동자에게 그가 벽계수임을 묻고

푸른산 깊은 곳에 골짜기로 흘러내리는 맑은 물길아!
빨리 간다고 자랑을 하지 말아라.
한번 넓은 바다로 흘러 들어간 다음이면 다시 돌아오기란 어려우니라!
밝은 달빛이 아무도 없는 산에 가득하게 비치니 잠시 쉬어가면 어떠랴?

하고 시조를 읊었다. 벽계수는 그냥 갈 수가 없어서 고개를 돌리다 나귀에서 떨어지고 말았고 황진이는 웃으며

"이 사람은 명사가 아니라 단지 풍류랑일 뿐이다."

하며 가버렸다. 벽계수는 매우 부끄럽고 한스러워했다. 이는 영조英祖 때의 문장에 능했던 무신 구수훈具樹勳의 저서 『이순록二旬錄』에 있는 기록이며 다른 이야기도 전한다.

구수훈 묘비, 경기도 연천군

　종실 이종숙은 평소에

　"나는 결코 황진이의 유혹에 넘어가지 않을 자신이 있다."

고 말해왔는데 이 이야기를 들은 황진이가 사람을 시켜 그를 개성으로 유인해 왔다. 어느 달이 뜬 저녁 나귀를 탄 이종숙이 경치에 취해 있을 때 황진이가 나타나 "청산리 벽계수야…"하며 시조를 읊으니 이종숙은 밝은 달빛 아래 나타난 고운 음성과 아름다운 자태에 놀라 나귀에서 떨어졌다고 한다.

　현재 벽계수 이종숙의 묘소는 강원도 원주시 문막읍 동화리桐華里 산90번지에 체백을 묻고 잠들어 있다. 원주 시내를 등에 진 채 산길을 10여 분 오르면 부인 해평海平 윤尹씨와 합장한 묘가 편안한 모습으로 방문객을 맞이한다. 봉분에 듬성듬성 자란 잡초가 거슬리지만 동남쪽을 등지고 서북쪽을 바라보는 진좌술향辰坐戌向으로 잡은 묏자리는 다시 봐도 참으로 편안하다.

　후손들이 새로 세워 놓은 듯 고태스러움과는 다소 거리가 멀어 보이는 묘비에는 다음과 같이 적혀 있다.

明善大夫 李公終叔 貞夫人海平尹氏之墓

명선대부 이공종숙 정부인 해평윤씨지묘

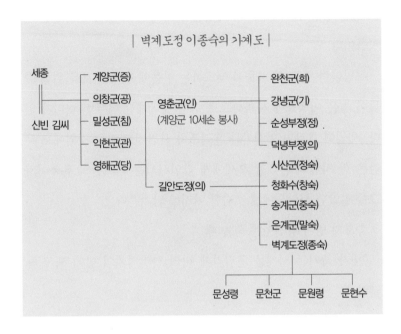

| 벽계도정 이종숙의 가계도 |

세종 ─┬─ 계양군(증)
신빈 김씨 ─┼─ 의창군(공) ─── 영춘군(인) ─┬─ 완천군(희)
　　　　　├─ 밀성군(침)　(계양군 10세손 봉사) ├─ 강녕군(기)
　　　　　├─ 익현군(관)　　　　　　　　　　　├─ 순성부정(정)
　　　　　└─ 영해군(당) ─┬　　　　　　　　　└─ 덕녕부정(의)
　　　　　　　　　　　　　└─ 길안도정(의) ─┬─ 사산군(정숙)
　　　　　　　　　　　　　　　　　　　　　├─ 청화수(창숙)
　　　　　　　　　　　　　　　　　　　　　├─ 송계군(중숙)
　　　　　　　　　　　　　　　　　　　　　├─ 은계군(말숙)
　　　　　　　　　　　　　　　　　　　　　└─ 벽계도정(종숙)
　　　　　　　　　　　　　　　　　　　　　　　　│
　　　　　　　　　　　　　　문성령　문천군　문원령　문현수

당당히 자신의 무덤을 갖고 있는 황진이

역사 이래 이 땅의 여성 중에서 독자적으로 무덤이 남아 있는 사람은 몇 명이나 되며 과연 어떤 사람들의 묘소가 존재할까? 여기서 말하는 것은 비록 쑥대밭이 되어 형태조차 불분명하더라도 살아생전 인품이 뛰어나고 문학사적 가치나, 드높은 절개로 참배할 만한 가치가 있는 무덤을 말한다. 과연 어떤 여성이 그렇게 살았을까?

세상의 권력과 명성을 한 손에 틀어쥐고 호의호식했던 양반집

귀부인들이나 경국지색의 용모로 권력을 장악했던 여걸들인가 하면 결코 아니다. 오히려 이 땅에서 온갖 천대와 멸시를 받으면서도 강한 생명력으로 질곡의 세월을 묵묵히 참고 견디며 살았던 여성들이다.

무덤이란 결국 산 자들이 애도하는 마음에서 죽은 자를 위해 만들어 놓은 이정표에 불과하므로 죽은 자에게는 아무런 의미가 없다. 세월이 흐르면 언젠가는 흔적조차 사라지고 마는 것임에도 무덤은 한 사람의 흔적을 후세에게 각인시키는 최소한의 유품이자 그를 알았던 사람들에게 추념할 여지를 남겨준다.

송도의 명기 황진이는 죽을 때

"내가 죽거든 시체를 큰길가에 버려 까막까치의 밥이 되게 해달라."

고 유언하였다. 하지만 그를 아끼던 풍류객들이 앞을 다투어 문상을 왔고, 뜻있는 선비가 시신을 거두어 장단 남장현南井峴 남쪽 언덕에 묻어주었다.

그 후 평안도 도사都事로 부임하던 임제가 장단 땅을 지나게 되었다. 천하의 풍류객인 그가 어찌 명기의 무덤을 외면할 수 있겠는가. 임제는 양반의 신분을 망각한 채 기생의 무덤에 제사까지 지낸 뒤 심지어 사모하는 시조까지 읊었다.

청초青草 우거진 골에 자는다 누웠는다.

홍안紅顔은 어디 두고 백골만 묻혔느냐.

잔 잡아 권할 이 없으니 그를 슬퍼하노라.

그러나 이 사실이 알려지게 되어 임제는 평양에 부임하자마자 평생 처음으로 받은 벼슬자리에서 파직당하였다. 벼슬에서 물러나 천하를 떠돌게 된 임제였지만 추호의 뉘우침도 없었다.

황진이로 인해 파직을 당한 임제

송도 명기 황진이와 백호白湖 임제는 황진이가 이 세상에 살아 있을 때 서로 교분이 두터웠다. 그러나 한번 떠나간 육신과 영혼은 푸른 숲 속에 누웠으니, 그 누가 임제의 속마음을 녹여줄 것인가. 이에 임제는 생전의 정을 잊지 못하고

푸른 풀이 우거진 산골짜기에서 자고 있는가 누워 있는가.

젊고 고운 얼굴은 어디에 두고 백골만이 남아서 묻혀 있는가.

이제는 나한테 잔을 들어 권할 이 없으니 참으로 그 일이 슬프도다.

라고 읊은 것이다. 황진이와 교분을 쌓고 그녀를 추모한 이유로 파직당한 임제는 어떤 인물인지 살펴보자.

임제는 자유분방한 성격과 불의를 그냥 넘기지 않는 성격으로 인해 황진이와 어떤 호방함이 잘 맞았는지도 모른다. 1549년(명종

4) 태어난 임제는 어려서부터 지나치게 자유분방하여 스승을 따로 두지 않고 교속敎俗에 얽매이기보다는 창루娼樓와 주사酒肆를 배회하면서 살았다.

그는 23세에 어머니를 여의자 이에 창루와 주사를 그만두고 한때 글공부에 뜻을 두며 몇 번 과거에도 응시하였으나 번번이 낙방하였다. 현실 사회로 뛰어든 임제의 눈에는 세상의 부조리와 붕당정치가 보일 뿐이었다.

임제가 22세 되던 어느 겨울날 호서湖西를 거쳐 서울로 가는 길에 우연히 지은 시가 성운成運에게 전해진 것이 계기가 되어 스승으로 모셨다. 성운으로부터 3년간 학업에 정진하였는데 그때『중용中庸』을 8백 번이나 읽었다고 한다. 1576년(선조 9) 28세에 속리산에서 성운을 하직한 임제는 생원 진사에 합격하고 이듬해 알성시에 급제한 뒤 흥양 현감, 서도병마사, 북도병마사, 예조 정랑을 거쳐 홍문관 지제교를 지냈다.

그러나 서로 헐뜯고 비방하고 질시하면서 편당을 지어 공명을 탈취하려는 속물들의 비열한 몰골은 임제의 호협한 성격에는 용납되지 않았다. 벼슬에 대한 선망과 매력, 흥미와 관심은 차차 멀어져갔고 임제의 가슴속에는 환멸과 절망, 울분과 실의가 사무칠 뿐이었다. 10년간의 관직 생활은 임제에게 아무런 의미가 없었다.

벼슬에 환멸을 느껴 유람을 하던 임제는 가는 곳마다 숱한 일화를 남겼다. 기인이라 하고 또 법도에 어긋난 사람이라 하여 글은

취하되 사람 사귀기는 꺼렸다고 한다. 서도병마사로 임명되어 임지로 부임하는 길에 황진이의 무덤을 찾아가 시조 한 수를 짓고 제사지냈다가 임지에 부임도 하기 전에 파직당한 것을 비롯하여 기생 한우와 시조를 주고받은 일화, 평양 기생과 평양 감사에 얽힌 연애로도 유명하다.

스승 성운이 세상을 등진 이래로는 마음을 통하는 지인을 두지 못하고 이리저리 방황하다 1587(선조 20) 고향인 회진리에서 39세의 젊은 나이로 죽었다. 운명하기 전 아들들에게

"천하의 여러 나라가 제왕을 일컫지 않은 나라가 없었는데 오직 우리나라만은 끝내 제왕을 일컫지 못하였으니, 이렇게 못난 나라에 태어나서 죽는 것이 무엇이 아깝겠느냐! 너희들은 조금도 슬퍼할 것이 없느니라. 내가 죽거든 곡을 하지 마라."

는 유언을 남겼다.

임제는 칼과 피리를 좋아하고 방랑하기를 즐겼으며 술과 여인으로 친구를 삼았다. 그는 『수성지愁城誌』, 『화사花史』, 『원생몽유록元生夢遊錄』 3편의 한문 소설을 남겼는데 그의 작품이 아니라는 설도 있다. 이밖에 시조 3수와 『임백호집』 4권이 있다.

본관은 나주이며 자는 자순子順, 호는 백호, 풍강楓江, 소치嘯癡, 벽산碧山, 겸재謙齋

임제의 『화사』, 고려대학교 도서관 소장

이며 절도사 임진林晋의 맏아들이다.

대담하나 여린 황진이의 작품들

국문학사에 있어서 황진이의 위치는 전통적인 민족의 리듬으로 교방 여성들의 정한을 시조로 표상한 데 있으며 기교적이면서도 자유로이 애정을 노래한 작품들이 많다. 황진이가 지은 한시에는 「박연朴淵」, 「영반월詠半月」, 「등만월대회고登滿月臺懷古」, 「봉별소양곡奉別蘇陽谷」 4수가 전하고 있으며, 시조 작품으로는 6수가 전한다. 이 중 「청산리 벽계수야」, 「동짓달 기나긴 밤을」, 「내 언제 신의 없어」, 「산은 옛 산이로되」, 「어져 내일이여」의 5수는 진본珍本 『청구영언靑丘永言』과 『해동가요海東歌謠』의 각 이본들을 비롯하여 후대의 많은 시조집에 전하고 있다.

「청산은 내 뜻이요」는 황진이의 작품이라 하고 있으나 『근화악부槿花樂府』와 『대동풍아大東風雅』의 두 가집에만 전하며, 작가도 『근화악부』에는 무명씨로 되어 있고, 『대동풍아』에서만 황진이로 되어 있다. 그리고 두 가집에 전하는 내용이 완전히 일치하지도 않는다. 특히 초장은 『근화악부』에서

〈내 정은 청산이요 임의 정은 녹수로다.〉

라 되어 있는데, 『대동풍아』에서는

〈청산은 내 뜻이요 녹수는 임의 정〉

이라고 바뀌어 그 맛이 훨씬 달라졌다. 『대동풍아』는 1908년(순종

『청구영언』   『근화악부槿花樂府』 필사본

1)에 편집된 책으로 작가의 표기도 정확성이 별로 없는 가집이라는 점에서 그 기록이 의문시된다.

황진이의 작품은 주로 연석宴席이나 풍류장에서 지어졌고, 또한 기생의 작품이라는 제약 때문에 후세에 많이 전해지지 못하고 인멸된 것이 많을 것으로 추측된다. 현전하는 작품은 5, 6수에 지나지 않으나 기발한 이미지와 알맞은 형식, 세련된 언어 구사로 남김없이 표현하고 있는 점에서 높이 평가된다.

유명했던 송도의 명기 황진이의 몇 작품을 골라 보았다.

동짓달 기나긴 밤을 한허리를 버혀내어

춘풍 니불 아래 서리서리 너헛다가

어룬님 오신 날 밤이어든 구뷔 구뷔 펴리라.

동짓달은 음력 11월로서 일 년 중에 가장 밤이 긴 절기이다. 그러므로 황진이는 동짓달 기나긴 밤은 너무 길기에 한가운데를 두

동강 내어 봄바람이 감도는 듯 따뜻한 이불 속에 휘감아 두었다가,
정든 서방님 찾아오신 밤이거든 그걸 꺼내어 굽은 곳마다 펴서 그
날 밤을 길게 길게 잡아 늘어 보련다 하면서 임을 그리고 있다.

　　내 언제 무신無信하여 임을 언제 속였관대
　　월침月沈 삼경三更에 온 뜻이 전혀 없네.
　　추풍秋風에 지는 잎소리야 낸들 어이하리요.

　　내가 언제 믿음을 잃듯 서방님을 한번이라도 속였다고 달마저
서천으로 기울어진 한밤중이 되도록 찾아올 기척이 없으실까? 이
제나 저제나 하고 기다리자니, 가을바람에 떨어지는 나뭇잎 소리
에도 혹시나 하고 속게 되는 내 마음인들 어떻게 하겠나이까 읊조
리는 황진이의 시에서 그녀의 담대한 성품 안에 숨겨진 여린 여인
의 마음이 드러난다.

　　어져 내일이야 그릴 줄을 모르드뇨
　　있으라 할라면 가라마는 제 구태여
　　보내고 그리는 정은 나도 몰라 하노라.

　　아! 내 일도 참 답답하여라. 그토록 그리워질 줄을 몰랐단 말이
냐? 부디 있어 달라고 그 임을 붙잡기만 했던들 반드시 떨치고 가

기야 했으랴마는, 굳이 보내 놓고서 이제 와 새삼 그리워하는 안타까운 이 마음은 나 스스로도 잘 모르겠구나! 하며 임을 떠나 보내고 후회하던 황진이이다.

> 청산은 내 뜻이요 녹수綠水는 임의 정이
> 녹수야 흘러간들 청산은 변할소냐
> 인걸도 그와 같아야 가고 아니 오노메라.

푸른 산은 나의 생각이요 푸른 물은 임의 정이라 하여, 임은 내 곁을 떠나가도 변함없는 내 마음이로다. 자연이 이러할진대 사람도 자연의 이치와 같아 한번 떠나가면 아니오는구나. 사랑하는 사람이 한번 떠나게 되면 다시 만나기는 어렵다는 심정을 토로한 황진이의 쓸쓸한 심경이 담긴 시조이다.

> 곤륜崑崙이라 귀한 옥玉 그 뉘가 캐어
> 직녀織女의 얼레빗을 만드으신고.
> 오마던 임 견우는 안 오길래
> 심사 서러워 허공에 던진 거라오.

사랑은 붉어서 퇴색하기 쉽고, 순결은 희어서 물들기 쉬운 모양이다.

삼척 바위와 기녀의 한

강원도 안흥면 안흥1리에 위치한 삼척 바위는 안흥면에서 국도로 강릉 방향으로 약 1킬로미터쯤 가다 보면 약 15미터쯤 높이의 산 절벽이 서 있는 곳에 있다.

안흥에 있으면서도 삼척 바위라고 불리게 되기까지의 전설은 다음과 같다. 이 절벽 밑에는 조선 말엽까지도 깊은 소沼가 있고 삼척 바위 돌머리에는 한양과 강릉을 통하는 길이 있었다고 전한다. 그 곳에서 한 여인이 울부짖고 있었다.

"안 돼요. 절 버리고 가려면 차라리 죽여주세요."

신파조의 대사같이 들릴 수 있지만 당사자에게는 가슴에 멍이 맺힐 절규였다. 그 여인은 삼척 관기 홍련紅蓮이었고, 관복 자락을 붙잡혀 난색을 짓고 있는 사나이는 수령 최모崔某로 그는 콧수염과 턱수염이 알맞게 조화를 이룬 40대의 원님으로 위풍이 당당한 미남이었다.

최 수령과 홍련의 사이는 둘이 서로 좋아하는 사이로 차마 떨어지기 싫은 정분이 있었다. 하지만 최 수령은 막중한 어명에 움직

여야 하는 몸이요, 관기 홍련은 자유가 용납되지 않는 몸이니 얄궂은 운명이었다.

최 수령은 이러한 제도를 뻔히 알면서도 한사코 따라가겠다는 홍련의 등을 쓸어주며 여러모로 달래보았으나 소용 없는 일이었다.

어린 철부지 기생의 첫정은 어떻게 달랠 길이 없었다. 결국 수령은 심한 말로 나무라기로 결심했다.

"나는 너와 같은 천한 계집에게는 마음이 없으니 당장 물러가라. 그리고 다시는 나를 찾지 말라."

하며 모진 소리를 질러 홍련을 떼어 놓고 한양 길에 올랐다.

수령이 삼척에서 안흥에 이르러 이곳에서 하루를 숙박하게 되었는데 숙소로 달려온 한 여인이 있었으니 다름 아닌 홍련이었다. 끈질긴 기생의 매달림에 역정이 몹시 난 최 수령은 다시 불호령을 터뜨렸다.

"요망스런 계집 같으니라고! 당장 돌아가지 않으면 관헌에게 명령하여 엄히 벌을 주겠다."

하루 전만 해도 그렇게 다정하고 자상하던 수령의 노한 표정에 놀란 홍련은 기가 막히고 간장이 내려앉았다. 노염과 원망이 뒤범벅이 된 감정으로 원님의 앞을 물려 나온 그녀는 푸른 물결이 굽이쳐 흐르는 소沼 위의 바위로 올라가 치마를 둘러쓰고 신발을 벗어 놓은 채 아래로 떨어져 꽃다운 젊음을 끝고 말았다.

한양으로 영전하는 최 수령은 너무나도 슬펐다. 홍련이 너무나도 가여웠던 것이다. 대의를 지키려고 혼연의 힘을 다해 호통을 쳤으나 사람의 목숨을 끊는 무정한 결과를 빚을 줄은 꿈에도 생각지 못했다.

그는 '일부염원一婦念怨이면 오월강상五月降霜'이란 옛말이 떠올랐다. 홍련의 혼령을 달래줄 생각이 떠오른 수령은 그녀의 혼이나마 정성껏 위로해 주고 싶었다. 그 후 홍련이 신을 벗어 놓고 투신했던 이곳 바위에 최 수령은 조그마한 비석을 세워 주었고 이러한 일이 있은 후 사람들은 이 바위를 삼척 바위라 부르게 되었다. 동시에 한 기생의 순애보를 길이 기리고 잊지 않게 비석을 세웠으나 그 비석은 자취를 감추어 찾을 길이 없다. 다만 바위는 아직도 남아 있어 이 고장 주민들과 지나가는 행인들에게 전설을 전해주고 있다.

위는 『횡성군지』에 전하는 이야기로 삼척기암三陟妓岩(삼척 바위)에 대해 『진주지眞珠誌』에서도 비슷한 이야기가 전한다. 계화桂花는 삼척의 명기로서 삼척부三陟府의 관기였다. 그녀는 지조와 절개가 높았는데 모옥貌玉, 필옥筆玉, 재옥才玉으로 세상에서는 계화를 가리켜 삼옥三玉이라 불렀다. 삼척에 부임한 어느 부사가 사랑에 빠져 계화를 첩으로 삼았다가 서울로 전근을 가게 되자 그녀를 동반하여 함께 출발하였다. 그러나 그 부사는 횡성군 상안흥리上安興里까지 다다랐을 무렵 생각이 바뀌기 시작했다. 그리하여 목민관으로서 첩을 거느리고 서울로 가게 되면 임금과 부모의 꾸짖

음이 있을까 두려워서 같이 갈 수 없다 하며 계화에게 위자료와
생활비를 주며 삼척으로 돌아갈 것을 종용하였다. 그러자 첩 계화
는 말하기를

"열녀는 2부二夫를 두지 않는 법입니다."

하고는 석별의 정을 못 이겨 눈물을 흘리면서 돌아섰다. 돌아오
는 길에 계화는 부랑배에게 겁탈을 당하여 한사코 반항하다가 죽
음을 당하고 말았다. 계화가 죽은 소沼 가운데 암석이 있는데 암
석 위에는 〈열기계화비烈妓桂花碑〉가 있으니 이 바위를 안흥리에서
는 삼척기암이라 부른다고 한다.

한 사람에게 순정을 바친 기생들

운초 김부용의 사랑과 시

운초雲楚 김부용金芙蓉은 개성의 황진이에 못지않은 사람이다.

김부용은 1812년(순조) 평안남도 성천成川에서 무산巫山 12봉의 기맥을 받고 가난한 선비 신분의 집에 무남독녀로 태어났다.

기본적인 재능은 타고나는 법인지 그녀는 이미 4살 때 글을 배우기 시작해서 10살 때에는 당시唐詩와 서서삼경四書三經을 마치니 주위 사람들은 김부용의 총명함에 놀랐다. 한번 배우면 두셋을 깨우칠 만큼 영특하였고 용모도 빼어났다고 한다.

그러나 그녀가 10살이던 해 부모님을 여의게 되자 김부용은 어쩔 수 없이 퇴기의 수양딸로 들어가 성천의 관기가 되어 기생의 길을 걷게 된다.

12살에 기적에 오른 김부용은 15살에는 시문과 노래, 춤에 능통해 천하의 명기가 되었으며, 뭇 사내들의 애간장을 숯덩이로 만들

정도였다. 그러나 그녀 자신은 결코 오만하지 않았으며 사람들을 정성스럽게 대하고 물리치되 서운함이 없도록 했다.

세상에 이름이 알려지자 내로라하는 풍류들이 찾아와 김부용의 재기를 칭찬하고, 부임하는 수령은 하나같이 그녀만 끼고 도니 복 받은 기생으로서 동료 기생들의 시샘도 많이 받았다.

하지만 정작 본인은 노류장화의 외로운 신세를 한탄하며 서럽고 슬픈 나날을 보낼 뿐이었다. 그렇게 지내던 중 19살 된 부용에게 크나큰 변화가 찾아왔다. 새로 부임해 온 사또가 김부용의 특출한 용모와 재색을 아껴 자신의 스승인 평양 감사 김이양金履陽에게 연결한 것이다. 그 당시에 신임 사또가 부임하면 상관에게 찾아가 부임 인사를 하는 것이 오늘날과 별반 다를 게 없었다. 김이양은 호가 연천淵泉으로 풍체가 뛰어나고 시문에 능했으며 예조 판서를 거쳐 평양 감사를 수임하고 있었다.

59세의 나이 차는 문제 되지 않았다

1755년(영조 31) 태어난 김이양은 19세의 김부용을 만날 당시 이미 77세의 나이였다.

1795년(정조 19) 생원으로 정시문과에 을과로 급제한 김이양은 1812년(순조 12) 함경도 관찰사로 있으면서 그 지방의 기강 확립에 힘쓰는 한편 고장 주민들의 민생고 해결에 노력하였다. 또한 이듬해에는 장계를 올려 변경 지방의 군사 제도에 대한 불합리성을 지

적하여, 시정하도록 건의하는 동시에 어염 선세魚鹽船稅와 둔전세屯田稅 및 마필馬匹의 헌납을 감면해 주도록 주청하여 허락을 받았다. 이어서 함경도의 진환곡賑還穀 확보를 위해 영남 포항창의 곡식 3만 석을 이급移給해 주도록 주청하여 2만3천 석을 얻는데 성공하는 등 백성을 위한 정치로 치적을 남겼다.

1815년(순조 15) 차대次對[1]에서는 함경 감사 때의 경험을 들어 국경 지방 군사 제도의 개선을 주장하여 허락을 받았으며 이듬해 호조판서가 되어 토지 측량의 실시와 세제 및 군제의 개혁, 화폐제도의 개선을 강력히 주장하였다. 1819년(순조 19) 홍문관 제학이 되었고, 이듬해 판의금부사를 거쳐 좌참찬에 올랐다.

성품이 넓고 퍽 인간적인 김이양은 몹시도 가난하여 굶기가 잦았다고 한다. 하루는 저녁조차 먹지 못하고 자는데 도둑이 들어 쌀이 없자 하나밖에 없는 무쇠 솥을 떼어 가는 소리가 났다. 부인이 남편 김이양을 깨워 살림살이의 전부인 솥을 도둑이 가져간다고 하자 김이양은 말하였다.

"오죽이나 가난하면 남의 집 솥을 떼어 가겠소. 우리보다 더 가난한 사람인 것 같으니 내버려 둡시다."

그 소리를 들은 도둑은 크게 깨달아 솥을 그냥 두고 갔으며 훗

---

1) 차대次對: 매달 여섯 차례씩 의정議政, 대간臺諫, 옥당玉堂들이 임금 앞에 나아가 정무를 상주하던 일.

날 김이양이 장원으로 급제하고 옥당 학사가 되었을 때 그 도둑들은 김이양의 넓고 덕이 있는 마음에 깊이 느끼고 은혜를 갚고자 찾아와 신분과 계급의 직분을 넘어 백년지기처럼 친하게 지냈다 한다.

한편 앞서 밝혔듯 성천에 부임한 신임 사또는 정무를 대략 파악하고는 용모와 지략이 뛰어난 김부용을 데리고 평양으로 김이양을 찾아갔다. 당시 사또와 김이양은 사제지간이었던 인연으로 김이양은 특별히 아끼는 제자가 오자 대동강변 연광정練光亭에서 환영 연회를 베풀어 주었다.

연광정은 대동강이 한눈에 내려다보이는 경치가 뛰어난 곳으로 푸르른 수양버들이 휘 늘어진 능라도綾羅島가 지척이었다.

이 자리에서 신임 사또는 김부용을 소개하였는데, 시문을 통해 일찍이 김이양의 인품을 흠모해 온 김부용은 평양에 머물면서 노老대감의 일상을 돌봐 드리라는 사또의 명을 기쁜 마음으로 받아들였다. 김이양은

"이렇게 아리따운 젊은 시인이 어찌 나 같은 노객을 상대할 수 있겠는가?"

하며 속마음을 숨긴 채 손사래를 쳤으나 김부용이 나직하게 말하였다.

"뜻이 같고 마음만 통한다면 연세가 무슨 상관이겠습니까? 세상에는 삼십 객 노인이 있는가 하면 팔십 객 청춘도 있는 줄 아옵

니다."

하며 진심으로 정성껏 모시겠다는 뜻을 전했다.

　김부용의 마음은 이미 세월을 뛰어넘는 것으로 59세의 나이 차
이는 그들에게 아무런 문제가 되지 않았다. 김이양은 젊고 아리따
운 김부용을 끔찍이 사랑했고, 김부용 역시 연만年滿한 늙은 감사
를 정성을 다해 모시며 정답게 살았다.

　비록 나이 든 대감이라서 남자 구실은 못해도 불편함을 모르고
서로 마음을 나누며 시문으로 화답하였다.

정이 있으되 말이 없으니 흡사 정이 없는 것 같구나

　가는 세월은 야속하기만 하여 평양에서의 임기가 다한 김이양
은 호조판서에 제수되어 다시 한양으로 가야만 했다. 어쩔 수 없
이 이별을 해야 하는 상황이 되자 김이양은 자신의 직분을 이용해
김부용을 기적에서 빼내 양인의 신분으로 만들었고, 정식으로 자
신의 부실副室을 삼았다. 그리고 훗날을 기약하며 김부용을 떠나
게 된다.

　이별이란 누구에게나 애타고 눈물겹다. 그러나 그 애가 타는 마
음은 전적으로 자신이 겪은 사랑의 깊이에 좌우된다. 정情의 문을
닫으면 한가로운 마음 가운데 외롭고, 정의 문을 열면 마음은 괴
로운 가운데 행복하다는 말이 있다. 이별을 한 김부용 또한 재회
의 날만을 기다리며 다시 괴롭고 그리운 나날을 보내게 된다.

김이양 묘소

　그러나 한양으로 떠난 김이양에게서는 몇 달이 가도 소식이 없었다. 호조판서라는 직무를 수행하느라 짬이 없을 것이라고 생각해 보면서 스스로 위안을 하였으나 차츰 원망스러운 마음이 들었다.

　멀리 있는 임을 생각하니 때로는 보고 싶고, 때로는 잊지 않았나 의심도 하여 걷잡을 수 없는 슬픔에 뜬눈으로 밤을 새우기도 하였다. 김부용은 피골이 상접하고 정신은 혼미해져 파릇파릇한 젊음이 순간적으로 삭아들어 가는 심정이었으나 곧 부르겠다는 김이양의 약속은 해를 넘기고 시절이 바뀌어도 소식 한 통이 없었다. 절박하고 야속하다는 생각은 머리에 들어차고, 자신을 잊지나 않았나 하여 온몸은 진저리가 쳐졌다.

　또 해가 바뀌었다. 더 이상 참을 수 없는 지경에 이른 김부용은 피를 토하는 듯한 애절한 시를 써서 한양 가는 인편으로 김이양에게 보냈다. 이 시가 바로 김부용이 남긴 가장 아름다운 시 「부용상사곡芙蓉相思曲」으로서 탑을 쌓듯 정성스럽게 쓴 보탑시寶塔詩이다.

芙蓉相思曲 부용상사곡

別 별
思 사
路遠 노원
信遲 신지
念在彼 염재피
身留玆 신유자
紗巾有淚 사건유루
雁書無期 안서무기
香閣鍾鳴夜 향각종명야
鍊亭月上時 연정월상시
依孤枕驚殘夢 의고침경잔몽
望歸雲悵遠離 망귀운창원리
日待佳期愁屈指 일대가기수굴지
晨開情札泣支頤 신개정찰읍지이
容貌憔悴把鏡下淚 용모초췌파경하루
歌聲嗚咽對人含悲 가성명열대인함비
掣銀刀斷弱腸非難事 체은도단약장비난사
躡珠履送遠眸更多疑 섭주리송원모경다의
昨不來今不來妾獨見欺 작블래금블래첩독견기
朝遠望暮遠望郞何無信 조원망모원망낭하무신
浿江成平陸後鞭馬倘過否 패강성평육후편마창과부
長林變大海初乘船欲渡之 장림변대해초승선욕도지
見時少別時多世情無人可測 견시소별시다세정무인가측
好緣短惡緣長天意有誰能知 호연단악연장천의유수능지
一片香雲楚臺夜神女之夢在某 일편향운초대야신녀지몽재모
數聲良簧奈樓月弄玉之情屬誰 수성량책내루월농옥지정속수
欲忘難忘强登浮碧樓可惜紅顔老 욕망난망강등부벽루가석홍안로
不思自思乍倚牡丹峯每歎綠髮衰 불사자사사의모단봉매탄녹발쇠
獨宿空房下淚如雨三生佳約寧有變 독숙공방하루여우삼생가약녕유변
孤處香閨頭雖欲雪百年貞心自不移 고처향규두수욕설백년정심자불이
罷春夢開竹窓迎花柳少年總是無情客 파춘몽개죽창영화류소년총시무정객
推玉枕攬香衣送歌舞者額莫非可憎兒 추옥침람향의송가무자액막비가증아
千里待人難待人難甚矣君子薄情豈如是 천리대인난대인난심의군자박정기여시
三時出門望出門望悲哉賤妾苦懷果何其 삼시출문망출문망비재천첩고회과하기
惟願寬仁大丈夫決意渡江舊緣燭下欣相對 유원관인대장부결의도강구연촉하흔상대
勿使軟弱兒女子含淚歸泉哀魂月中泣相隨 물사연약아녀자함루귀천애혼월중읍상수

이별하옵니다.
그립습니다.
길은 멀고
글월은 더디옵니다.
생각은 임께 있으나
몸은 이곳에 머뭅니다.
비단수건은 눈물에 젖었건만
가까이 모실 날은 기약이 없습니다.
향각에서 종소리 들려오는 이 밤
연광정에서 달이 떠오르는 이때
쓸쓸한 베개에 의지했다가 잔몽에 놀라 깨어
돌아오는 구름을 바라보니 멀리 떨어져 있음이 슬픕니다.
만날 날 수심으로 날마다 손꼽아 기다리며
새벽이면 정다운 글월 펴 들고 턱을 괴고 우옵니다.
용모는 초췌해져 거울을 대하니 눈물뿐이고
목소리도 흐느끼니 사람 기다리기가 이다지도 슬픕니다.
은장도로 장을 끊어 죽는 일은 어렵지 않으나
비단신 끌며 먼 하늘 바라보니 의심도 많습니다.
어제도 오늘도 안 오시니 낭군은 어찌 그리 신의가 없습니까.
아침에도 저녁에도 멀리 바라보니 첩만 홀로 속고 있는 것은 아닌가요.
대동강이 평지가 된 뒤에나 말을 몰고 오시려 합니까.
장림이 바다로 변한 뒤 노를 저어 배를 타고 오시렵니까.
이별은 많고 만남은 적으니 세상사를 누가 알 수 있으며
악연은 길고 호연은 짧으니 하늘의 뜻을 누가 알 수 있겠습니까.
운우무산에 행적이 끊기었으니 선녀의 꿈을 어느 여자와 즐기시나요.
월하봉대에 피리 소리 끊기었으니 농옥의 정을 어떤 여자와 나누고 계십니까.
잊고자 해도 잊기가 어려워 억지로 부벽루에 오르니 안타깝게도 홍안만 늙어 가고
생각지 말자 해도 절로 생각나 몸을 모란봉에 의지하니 슬프도다 검은 머리 자꾸 세어 가고
홀로 빈방에 누우니 눈물이 비 오듯 하나 상생의 가야이야 어찌 변할 수 있으며
혼자 잠자리에 누웠으나 검은 머리 파뿌리 된들 백 년 정심이야 어찌 바꿀 수 있겠습니까.
낮잠을 깨어 창을 열고 화류 소년을 맞아들여 즐기기도 했으나 모두 정 없는 나그네뿐이고
베개를 밀어내고 향내 나는 옷으로 춤을 춰 보았으나 모두가 가증한 사내뿐입니다.
천리에 사람 기다리기 어렵고 너무도 사람 기다리기 어려우니 군자의 박정은 어찌 이다지도 심하십니까.
삼시에 문을 나가 멀리 바라보니 문을 나가 바라보기 애처로운 천첩의 심정은 과연 어떠하겠습니까.
오직 바라옵건대 관인하신 대장부께서는 강을 건너 오셔서 구연의 촛불 아래 흔연히 대해 주시고
연약한 아녀자의 슬픔을 머금고 황천객이 되어 외로운 혼이 달 가운데서 길이 울지 않게 해 주옵소서.

기녀는 열녀가 될 수 없나

사람은 만나 사귀다 보면 정이 들게 마련이다. 남녀의 연정은 모든 것을 쉽게 해결할 수 있는 조건보다 소식 전하기 어렵고 만나기 힘들었던 옛날이 더욱 애절함이 깊었다.

아무리 기다려도 오지 않는 김이양을 원망하며 눈물과 시름으로 세월을 보내던 중 한양에서 예조참판 강순창이 평양에 왔다. 그는 이곳에 명기 김부용이 있다는 소식을 듣고 만나 보고 싶어했고, 김부용 또한 혹시 한양 소식이라도 들을 수 있을까 하는 기대감에 그를 만났다.

역시 당대의 시인이었던 강순창은 일찍부터 김부용의 시문에 감탄하여 즐겨 낭송했던 인물이었기에 두 사람은 기쁨에 취해 밤이 늦도록 화답하며 즐거운 시간을 보냈다. 그러나 김부용은 이미 김이양의 부실이었고, 연정과 미더움이 서로의 가슴에 남았지만 헤어져야만 하는 인연이었다. 깊은 연모에 사로잡힌 강순창은 김부용을 배웅하며 어쩔 수 없이 보내야 하는 심정을 시로써 솔직히 노래하였다.

魂逐行人去 혼축행인거
身空獨依門 신공독의문

나의 혼은 그대를 좇아가고
빈 몸만 문에 기대어 섰소.

그렇게 하자 김부용도 시로써 화답하며 강순창의 애간장을 뜨겁게 녹여주었다 한다.

驢遲疑我重 여지의아중
添載一人魂 첨재일인혼

나귀 걸음 느리기에 내 몸 무거운가 했더니
남의 혼 하나를 함께 싣고 있었소.

희고 곱던 김부용의 얼굴도 기다림의 고통과 상심한 슬픔에 시들어 버리고 몸은 야윌 대로 야위었다. 김부용은 김이양을 기다리는 괴로운 시간 동안 넘치는 시문으로 임을 기다리며 많은 연모시를 남겼다.

한번 서울로 떠나 이별하니 생각은 하염없고
뜰에 떨어지는 꽃은 비 내리듯 하는구나.
처마 밑 까치 소리에 어린 꿈 깨고 보니
꿈에 본 길 희미하게 실낱처럼 떠오른다.

봄바람은 화창하게 불어오고
서산에는 또 하루해가 저문다.
오늘도 임 소식은 끝내 없건만
그래도 아쉬워 문을 못 닫소.

그러던 중 꿈에도 기다리던 김이양이 때가 되어선지 몰라도 사람을 보내 김부용을 부르니 그녀는 한양으로 오게 되었고 이들은 남산 중턱에 살림을 차렸다. 집은 보잘 것 없었지만 숲이 우거지고 또 기화요초琪花瑤草로 정원을 꾸미니 녹천당祿泉堂이라 일컫고, 이곳을 찾아온 김이양의 주위 사람들은 김부용을 초당草堂이라 불렀다.

과거에 급제한 지 60년이 되는 회방回榜 잔치가 80세에 있자 김이양은 김부용을 데리고 이곳 천안의 조상 묘를 참배하였다. 이후 김이양이 83세의 나이로 벼슬에서 물러나자 임금은 그에게 봉조하奉朝賀의 별정직을 주었다. 봉조하는 종신토록 품격에 해당하는 녹을 받고 국가의 의식이 있을 때는 조복朝服을 입고 참여하는 특별한 예우직이었다. 또한 1844년(헌종 10)에는 만 90세가 되어 궤장을 하사받았다.

그러나 사람은 누구나 회자정리會者定離라 만나면 반드시 헤어지는 법. 그들이 깊은 인연을 맺은 지 15년이 되는 1845년(헌종 11) 봄, 김이양은 92세의 천수를 누리고 세상을 떠났다. 김이양의 본관은 안동. 자는 명여命汝이며 아버지는 김헌행金憲行이다. 그의 초명은 이영履永이었으나 예종과 이름이 비슷하여 피휘避諱하기 위해 이양이라 개명할 것을 청해 왕의 허락을 받았다. 사후 영중추부사에 추증되었다.

김이양은 임종시 김부용의 손을 잡고 눈물을 흘리며 눈을 감았는데 이때 김부용의 나이 겨우 33세였다.

김부용은 존경하고 사랑하는 임을 잃자 방 안에 제단을 모시고 밤낮으로 고인의 명복을 빌며 애통한 심정을 시로 달랬다. 그녀는 김이양 사후 고인과의 인연을 회상하며 외부와는 교류를 일체 끊고 오로지 김이양의 명복만을 빌며 16년을 더 살았다. 김부용의 나이 49세에 이르러 임종이 다가오자 김부용은 김이양 곁에 묻히고 싶다는 유언을 남겼다.

김부용의 시신은 유언에 따라 김이양의 묘가 있는 천안 태화산 기슭에 지척의 거리를 두고 모셔졌다.

굳이 말을 하지 않아도 풀 향기로 답하니 서운하지 않고 연모의 정을 나눌 수 있는 묘라도 가까이

김부용 묘소(아래)와 묘소에 있는 그녀의 시 「자화상」 현판(위).

있으니 얼마나 고마운 일인가.

사람은 사랑을 하면 애욕이 생겨 이별을 두려워하게 된다. 사랑은 다가올 때도 선택의 의지와는 상관없이 다가오듯이 사랑을 보내야 할 때도 마찬가지이다. 만남과 헤어짐은 하늘이 만드는 운명이므로 인간의 의지로는 어찌할 수 없을 것이다. 생이 유한有限한 인간으로서는 피할 수 없는 숙명이기도 하다.

마흔아홉 해 동안의 인생살이에서 김부용은 30년의 생애를 사랑하는 한 임을 사랑하고 그리며 깊이 있는 시들을 남겼다. 그중 스스로의 신세를 한탄하며 「자화상」이란 시를 남겼는데 그 내용을 본인의 묘소 옆 부근에 적어 밝히고 있다.

김부용은 황진이, 매창과 함께 3대 명기로 꼽히며 그녀의 시집 『부용집芙蓉集』과 『오강루집五江樓集』은 오늘날까지 전해지고 있다.

재기와 따뜻한 인간미를 지닌 매창

매창梅窓은 전라북도 부령扶寧(현 부안扶安)에서 1573년(선조 6) 태어나 태어났다. 그녀의 본명은 이향금李香今으로 계유癸酉년에 태어났다 하여 이름을 계생癸生 또는 계생桂生이라 하였고 기적에 올린 다음에는 기명을 계랑桂娘(또는 癸娘)이라 했다. 계랑을 비롯한 매창, 계생은 그녀의 호이다. 자는 천향天香이라 하고 매창은 자호自號인데 흔히 애칭으로 계랑癸娘이라 불렸다.

매창의 가문에 대하여는 아버지 이탕종이 현리였다는 것과 매창이 명기였다는 사실 외엔 알려진 것이 없다. 부안현의 현리였던 매창의 아버지 이탕종李湯從은 숨은 풍류객으로 그녀는 어린 시절 아버지로부터 거문고를 배웠다.

일찍이 어머니를 여의고 편부 슬하에서 자란 매창은 차츰 천재적인 재기를 발휘해 시와 거문고에서 뛰어난 재주를 보였다. 10살 되던 해 하루는 백운사白雲寺에서 시 짓기 대회가 열려 부안의 내로라하는 시인 묵객이 모두 모였다. 구경 삼아 절에 간 매창은 실로 절묘하기 이를 데 없는 시를 지어 많은 사람들을 놀라게 했다.

步上白雲寺 보상백운사
寺在白雲間 사재백운간
白雲僧莫掃 백운승막소

心與白雲閑 심여백운한

걸어서 백운사에 오르니

절이 흰 구름 사이에 있네.

스님이여, 흰 구름을 쓸지 마소.

마음은 흰 구름과 함께 한가롭소.

매창의 아버지는 얼마 되지 않아 애석하게도 매창을 세상에 홀로 남겨 놓은 채 세상을 떠나고 말았고 천애의 고아가 된 그녀는 기생의 길을 걷게 되었다.

몸가짐이 바르고 시조詩調, 한시漢詩 등 시문을 비롯하여 가무歌舞와 탄금彈琴에 이르기까지 다재다능했던 매창은 얼마 되지 않아 조선이 알아주는 명기가 되었다. 얼굴은 비록 자색이 빼어난 미인은 아니었지만 눈매가 유난히 맑고 착한 마음씨를 지녔던 매창은 사람을 대할 때는 항상 성심을 다하였다고 한다. 어차피 뛰어난 미모는 일순간의 풍정일 뿐 세월과 함께 사라져 버릴 것이다.

이수광은 매창에 대해 다음과 같은 기록을 남겼다.

〈계랑은 부안의 천한 기생인데 스스로 매창이라고 호를 지었다. 언젠가 지나가던 나그네가 그의 소문을 듣고는 시를 지어서 집적대었다. 계랑이 곧 그 운을 받아서 응답하였다.

떠돌며 밥 얻어먹는 법이라곤 평생 배우지 않고

매화나무 창가에 비치는 달그림자만 나 홀로 사랑했다오.

고요히 살려는 나의 뜻을 그대는 아직 알지 못하고

뜬구름이라 손가락질하며 잘못 알고 있구려.〉

매창이 살았던 조선 중기에는 기생들이 영업을 하는 분위기가
아니었고, 매창은 술 취한 손님들이 한번 건드려 보고자 하여도
이처럼 시를 지어 물리치곤 했다.

贈醉客 증취객

醉客執羅衫 취객집라삼

羅衫隨手裂 나삼수수열

不惜一羅衫 불석일라삼

但恐恩情節 단공은정절

취객에게 드림

술 취한 나그네 나삼을 잡아

옷소매가 갈가리 찢어졌네.

옷이야 무엇이 아까우리요

다만 그 온정 끊어질까 걱정이네.

하루는 술꾼이 매창의 소매를 잡아끌다가 옷이 찢어졌다. 매창
은 화를 내기는커녕 사람 사이의 정이 끊어질 것을 염려하였으니
어느 누가 매창을 노류장화 기생이라 할 것인가.

그녀는 비록 기생의 신분이었지만 풍류와 멋을 아는 여인으로 뛰어난 재주와 따뜻한 인간미를 지니고 살았다. 소문난 풍류객이자 의병을 일으키기도 한 멋쟁이 한성 부윤 유희경劉希慶과는 나이를 초월한 관계였으며 서민 혁명의 선구자이자 작가인 허균, 인조반정仁祖反正의 주체 세력인 연평 부원군 이귀 그리고 명문장 서우관徐雨觀과의 교분은 학문적 상대가 되었다.

이 생명 다할 때까지 그대와 살고지고

청춘의 외로움에 지쳐 있을 20세 무렵, 매창에게도 다정다감하고 따뜻한 사랑이 찾아왔다. 간밤에 내린 눈으로 뜰에 심은 매화의 하얀 꽃망울이 가냘프게 떨릴 무렵이었다.

당시 중앙 조정에서 상례학喪禮學(예학)에 가장 밝았던 촌은村隱 유희경이 한양에서 내려온 것이다. 오십 객의 유희경은 시에 정통하여 매창은 오래 전부터 그를 알고 있던 터였고, 매창에 대한 소문은 이미 한양까지 자자해 두 사람은 오랜 연인처럼 쉽게 어울리게 되었다.

『촌은집』에는 이런 기록이 있다.

〈그가 젊었을 때 부안으로 놀러 갔었는데, 그 고을에 계생이라는 이름난 기생이 있었다. 계생은 그가 서울에서 이름난 시인이라는 말을 듣고는 "유희경과 백대붕 가운데 어느 분이십니까?"라고 물었다. 그와 역시 천민 출신인 백대붕의 이름이 먼 곳까지도 알려져 있었기 때

문이었다. 그는 그때까지 기생을 가까이하지 않았지만, 이때 비로소 파계하였다.〉

술잔이 오가고 취흥이 돌자 도골 선풍의 풍채를 지닌 유희경이 지필묵을 잡아 즉흥시로 자신의 마음을 매창에게 전했다.

曾聞南國癸娘名 증문남국계랑명
詩韻歌詞動洛城 시운가사동락성
今日相看眞面目 금일상간진면목
却疑神女下三淸 각의신녀하삼청

일찍 남쪽(부안)에 계랑이란 시인이 있었는데
시와 노래가 한양까지 울렸도다.
오늘에서야 직접 고운 모습을 보니
어찌하여 선녀가 지상으로 내려왔는고.

붓을 놓은 유희경이 매창을 그윽하게 바라보며 자기의 마음을 알아 달라며 미소를 지었다. 노객의 귀여운 투정에 매창 역시 마치 가슴속 깊이 감춰 두었던 연정인 양 능란한 필치로 화답하였다.

幾歲鳴風雨 기세명풍우
今來一短琴 금래일단금
莫彈孤鸞曲 막탄고란곡

終作白頭今 종작백두음

비바람에 울리기가 몇 해이던가.
몸에는 짤막한 거문고 하나
이제 외로운 곡조는 타지를 말자.
죽도록 임과 노래 부르리.

서로 그리운 정을 시와 노래, 그리고 거문고로 아낌없이 쏟아놓으니 애끓는 정은 밤을 하얗게 잊게 하고 그윽한 정취는 짧기만 하였다.

다음날 두 사람은 부안의 명소인 내소사來蘇寺를 유람하고 채석강彩石江을 두루 돌아다니며 원 없이 정담을 나누었고 행복을 만끽했다. 그러나 서로 붓을 들고 애틋한 사랑을 그려가며 지내던 중, 1592년(선조 25) 4월 임진왜란이 일어나자 유희경은 급히 상경을 서둘렀다. 평생을 지조로 살아온 유희경은 모처럼 가인佳人을 만나 정열을 기울여 사랑했으나 뜻밖의 생이별을 하게 된 것이다.

"소첩은 어찌 하면 좋은지요?"

전북 부안군 내소사(좌)와 채석강(우)

이별의 주안상을 앞에 놓고 매창이 입술을 깨물며 넋두리를 하듯 속마음을 털어놓았다.

"애끓는 정이야 난들 어찌 너와 다르겠느냐. 간다고 잊을 일이 아니니 안심하고 있거라. 세상이 평온해지면 곧 부안으로 내려오마."

"국사도 중요하지만 소첩의 마음은 갈가리 찢어지는 듯합니다. 나으리가 야속하고 원망스러울 뿐입니다."

사랑에 빠진 매창에게 사랑하는 사람과의 이별은 전쟁보다 더한 아픔이었다. 유희경이 전장으로 떠난 뒤 오장육부가 바짝바짝 타들어 가는 고독과 외로움에 매창은 견딜 수 없었고 밤낮으로 임을 그리며 눈물을 뿌렸다.

그러나 전쟁은 끝이 보이지 않고 팔도강산은 일본인들의 천지가 되는가 싶었다. 전쟁 중이다 보니 세월이 가도 글월 한 장 오갈 수 없는 형편이었기에 매창의 마음은 원망으로 가득 찼다.

松栢芳盟日 송백방맹일
思情如海深 사정여해심
江南靑鳥斷 강남청조단
中夜獨傷心 중야독상심

송백같이 굳게 맹세하던 그날
서로 사랑하기가 바다같이 깊었건만

한 번 가신 임은 소식조차 끊겨

한밤중 나 홀로 애간장만 태우오.

기다리는 시간은 더디 가고 지나간 시간은 쏜살같이 흘러간 듯
보인다. 인적이 끊긴 뜰에는 꽃이 피고 낙엽만 뒹굴었다. 매창은
원망이 지나쳐 사랑하는 임을 미워도 했으나 유희경 없는 세상은
이제 하루도 상상할 수 없었다.

이화우梨花雨 흩날릴 제 울며 잡고 이별한 임

추풍낙엽에 저도 나를 생각하는가.

천리에 외로운 꿈만 오락가락하노매라.

배꽃이 가랑비 내리듯 흩날리던 무렵에, 손잡고 울며불며 하다
가 헤어진 임이건만 벌써 바람에 낙엽 지는 가을이 되었다. 그 임
이 아직도 나를 생각하여 주실까? 천리 길 머나먼 곳에 가 계시다
하니 외로운 꿈자리에서 잠깐씩 뵙고 할 뿐이로다. 기약 없이 한
양으로 떠난 유희경을 사모하는 심정에서 우러나온 매창의 시조
이다.

『가곡원류歌曲源流』에 실린 「이화우 흩날릴 제」로 시작되는 매
창의 시조는 유희경을 생각하며 지은 것이라는 주가 덧붙어 있으
며 유희경의 작품 중 매창에게 주는 시조 또한 10여 편이 있다.

매창의 시조들을 대표하는 「이화우 흩날릴 제」를 중심으로 그의 시 세계를 보면 '이화우', '추풍낙엽', '꿈'의 소재어들이 두 정인情人의 장場으로 표출되고 있다. 이는 봄으로부터 이별이 시작되어 가을까지의 시간 거리가 형성되며 그 긴 시간 속에 맺힌 고독이 승화되어 꿈속에 임을 만나는 정한情恨의 극치를 이루고 있음을 볼 수 있다. 이별의 한을 풀 길이 없는 현실의 욕망을 몽상으로 충족하는 어찌 보면 조선 시대 여인의 숙명에 순응하는 자세가 아닌가 한다.

매창 시문의 특징은 가늘고 약한 선으로 자신의 숙명을 그대로 읊고 있는 것이며, 자유자재로 시어를 구사하는 데서 그의 우수한 시재詩才를 엿볼 수 있다.

이와 같은 매창의 의식 세계는 그의 한시에서도 자주 나타나고 있다. 매창이 그의 인간적인 정의情誼와 여성적인 몸가짐, 그리고 자신의 기구한 숙명을 어떻게 순종하고 인내하였는가를 그의 한시 몇 편을 통해 더 깊이 있게 보기로 한다.

自恨 자한

東風一夜雨 동풍일야우

柳興梅爭春 류흥매쟁춘

對此最難堪 대차최난감

樽前惜別人 준전석별인

스스로를 한하다

하룻밤 봄바람에 비가 오더니

버들이랑 매화가 봄을 다투네.

이 좋은 시절에 차마 못할 건

잔 잡고 정든 임과 이별하는 일.

自恨 자한 2

含情還不語 함정환불어

如夢復如癡 여몽복여치

綠綺江南曲 녹기강남곡

無人問所思 무인문소사

스스로를 한하다 2

정을 가졌으나 말할 수 없어

그저 꿈인 듯 바보가 되었네.

비단옷 입고 강남곡을 타보나

이 시름을 묻는 사람이 없네.

自恨 자한 3

翠暗籠煙柳 취암농연유

紅迷霧壓花 홍미무압화

山歌遙響處 산가요향처

漁笛夕陽斜 어적석양사

스스로를 한하다 3

안개 낀 버드나무 푸르다 못해 어둡고
이슬 맺힌 꽃잎은 너무 붉어 어지럽네.
목동의 노랫소리 아득히 울리는 곳에
고깃배의 피리 소리만 석양에 비껴 오는구나.

自恨 자한 4

春冷補寒衣 춘랭보한의

紗窓日照時 사창일조시

低頭信手處 저두신수처

珠淚滴針絲 주루적침사

스스로를 한하다 4

봄인데도 쌀쌀해서 겨울옷을 깁는데
사창가엔 따스한 햇살 비추고
손길 따라 가는 곳을 고개 숙여 잘 보려니
구슬 같은 눈물이 실과 바늘에 떨어집니다.

自恨 자한5

故人交金刀 고인교금도

金刀多敗裂 금도다패열

不惜金刀盡 불석금도진

且恐交情絶 차공교정절

스스로를 한하다5

옛 사람 돈으로 사귀더니

돈으로 패망한 사람 많도다.

돈 모두 쓰는 것 아깝지 않으나

사귀는 정이 끊어질까 걱정이라오.

閨怨 규원

離懷悄悄掩中門 이회초초엄중문

羅袖無香滴淚痕 나수무향적루흔

獨處深閨人寂寂 독처심규인적적

一夜微雨鎖黃昏 일야미우쇄황혼

相思都在不言裡 상사도재부언리

一夜心懷髮半綠 일야심회발반록

憂知是妾相思苦 우지시첩상사고

須試金環減舊圍 수시금환감구위

여인의 원망

이별이 너무 서러워 중문 닫고 들앉으니
비단옷 소매엔 향기 없고 눈물뿐이네.
홀로 누운 깊은 규방엔 사람 적적한데
뜰 가득 가랑비에 황혼이 녹는다.
말 못하는 가운데 그리움만 남아 있어
하룻밤 시름으로 흰 머리 반이로다.
이 첩의 괴로운 그리움 알고 싶다면
금가락지 맞지 않는 여윈 손가락 보소.

病中 병중

不是傷春病 불시상춘병
只因憶玉郎 지인경옥랑
塵寰多苦累 진환다고루
孤鶴未歸情 고학미귀정

앓는 가운데

이것은 봄이 감을 슬퍼하는 것이 아니고
다만 임을 그리워한 탓이네.
티끌 같은 세상 괴로움도 많아
외로운 목숨 죽고만 싶네.

病中秋思 병중추사

空閨養拙病餘身 공규양졸병여신
長任飢寒四十春 장임기한사십춘
借問人生能幾許 차문인생능기허
胸懷無日不沾巾 흉회무일불첨건

가을에 병이 들어

빈방에 외로이 병든 이 몸
외롭고 굶주린 인생 사십 년이로다.
묻거니 인생살이 몇 년인가
수건 마를 날 없는 마음 속 회포여.

秋思 추사

昨夜琪淸霜雁叫秋 작야기청상안규추
衣征婦隱登樓　　의정부은등루
天涯尺素無緣見　천애척소무록견
獨倚危欄暗結愁　독의위난암결수

가을에 이는 생각

어젯밤 싸늘히 기러기 울고 갈제
다듬이질 멈추고 가만히 다락에 올라

뵈올 길 없는 임을 하늘 끝에 그려보다가

휘청여 난간에 홀로 기대니 암울함과 수심만 더하더이다.

春思 춘사

東風三月時 동풍삼월시

處處落花飛 처처낙화비

綠綺相思曲 녹기상사곡

江南人未歸 강남인미귀

봄을 느끼는 심사

봄바람 불어오는 삼월이라

여기 저기 꽃잎은 흘날리는데

푸른 비단 치마 저고리에 상사곡을 타도

강남 간 내 임은 오지를 않네.

憶故人 억고인

春來人在遠 춘래인재원

對景意難平 대경의난평

鸞鏡朝粧歇 난경조장헐

瑤琴月下鳴 요금월하명

看花新恨起 간화신한기

聽燕舊愁生 청연구수생

夜夜相思夢 야야상사몽

還驚五漏聲 환경오루성

옛 임 생각

봄이 왔다지만 임은 먼 곳에 계셔

경치를 보면서도 마음 가누기 어렵다오.

짝 잃은 채 아침 화장을 마치고

거문고를 뜯으며 달 아래서 운다오.

꽃 볼수록 새 설움이 일고

제비 우는 소리에 옛 임 생각 솟으니

밤마다 임 그리는 꿈만 꾸다가

오경 알리는 물시계 소리에 놀라 깬다오.

自恨薄命 자한박명

擧世好竿我操瑟 거세호간아조슬

此日方知行路難 차일방지행로난

刖足三慙猶未遇 월족삼참유미우

還將璞玉泣荊山 환장박옥읍형산

나의 박명을 한탄하다

온 세상 낚시질 좋아하나 나는 거문고를 고르니
오늘에야 비로소 세상살이 어려움을 알겠네.
두 발 잘리고 세 번 부끄러움 당했어도 때를 만나지 못해
아직도 옥덩어리 부여안고 형산에서 울고 있네.

春怨 춘원

竹院春深鳥語多 죽원춘심조어다
殘粧含淚捲窓紗 잔장함루권창사
瑤琴彈罷相思曲 요금탄파상사곡
花落東風燕子斜 화락동풍연자사

봄날의 시름

대숲에 봄이 깊어 새들의 지저귐이 많은데
거문고로 상사곡을 뜯다가 그만두었어라.
눈물에 화장도 얼룩진 채 사창을 걷었더니
새파람에 꽃도 지고 제비들만 비껴 가네.

籠鶴 농학

一鎖樊籠歸路隔 일쇄번농귀로격
崑崙何處閬風高 곤륜하처낭풍고

青田日暮蒼空斷 청전일모창공단

緱嶺月明魂夢勞 구령월명혼몽로

瘦影無儔愁獨立 수영무주수독립

昏鴉自得滿林噪 혼아자득만림조

長毛病翼摧零盡 장모병익최령진

哀唳年年憶九皐 애려연년억구고

새장 속의 학

새장에 갇혀 돌아갈 길 막혔으니

곤륜산 낭풍봉이 어디에 있나.

푸른 들에 해는 저물어 창공 끊어지고

구령산에 달이 높아 꿈조차 고달프네.

짝 잃어 야윈 모습 홀로 서 있는데

숲 속에 까마귀 떼 좋아라 지저귀네.

긴 털의 날개가 병들어 꺾이고서

슬피 울며 해마다 놀던 언덕 그리워하네.

自傷 자상

驚覺夢邯鄲 경각몽감단

沉吟行路難 침음행로난

我家樑上燕 아가량상연

應喚主人還 응환주인환

스스로 상심하며

부질없는 꿈꾸다 놀라 깨고서

가만히 생각하니 세상살이 어렵구나.

우리 집 들보 위에 앉아 있는 제비

응당 우리 임 돌아오라 지저귀는 것이겠지.

自傷 자상 2

一片彩雲夢 일편채운몽

覺來萬念差 각래만념차

陽臺何處是 양대하처시

日暮暗愁多 일모암수다

스스로 상심하며 2

한 조각 아름다웠던 꿈

깨고 나니 마음은 수심뿐이네.

양대는 어느 곳에 있는가

날 저무니 남모르게 서글퍼지네.

自傷 자상 3

京洛三年夢 경락삼년몽

湖南又一春 호남우일춘

黃金移古意 황금이고의

中夜獨傷神 중야독상신

스스로 상심하며 3

서울에서 삼 년의 꿈꾸고

호남에서 또 한번 봄을 맞네.

황금이 옛 뜻을 바꿀 수 있나.

밤중에 혼자 앉아 마음 상하네.

彈琴 탄금

幾歲鳴風雨 기세명풍우

今來一短琴 금래일단금

莫彈孤鸞曲 막탄고란곡

終作白頭吟 종작백두음

가야금을 타다

몇 해 동안 비바람 소리를 내었던가.

여지껏 지녀온 작은 거문고 하나

외로운 곡조는 타지나 말자더니

끝내 백두음 가락 지어서 타네.

彈琴 탄금 2

誰憐緣綺訴丹衷 수련연기흔단애

萬恨千愁一曲中 만한천수일곡중

重奏江南春欲暮 중주강남춘욕모

不堪回首泣東風 불감회수읍동풍

가야금을 타다 2

거문고로 속마음을 하소연해도 그 누가 가엾게 여기랴.

만 가지 원한 천 가지 시름이 이 한 곡조에 들었다네.

거듭 뜯는 강남곡에 봄도 저물어

봄바람 속에 우는 일일랑 차마 못할 일이여.

秋夜 추야

露濕青空星散天 노습청공성산천

一聲叫雁塞雲邊 일성규안새운변

梅梢淡月移欄檻 매초담월이란함

彈罷瑤箏眠未眠 탄파요쟁면미면

가을 밤

이슬 젖은 하늘가에 별들은 흩어지고
변방 구름 끝자락에 기러기는 울고 가네.
매화 가지 맑은 달이 난간으로 옮겼는데
거문고를 다 타고도 잠들 길 바이없네.

贈別 증별

我有古秦箏 아유고진쟁
一彈百感生 일탄백감생
世無知此曲 세무지차곡
遙和緱山笙 요화구산생

이별하면서 드립니다

나에게 옛 진나라 쟁이 있어
한 번 타면 백 가지 감회가 일어나네.
세상에는 이 곡조 아는 이 없기에
옛 왕자교의 생황에다 화답하리라.

寫懷 사회

結約桃源洞裡仙 결약도원동리선
豈知今日事凄然 기지금일사처연

幽懷暗恨五絃曲 유회암한오현곡

萬意千思賦一篇 만의천사부일편

塵世是非多苦海 진세시비다고해

深閨永夜苦如年 심규영야고여년

藍橋欲暮重回首 남교욕모중회수

青疊雲山隔眼前 청첩운산격안전

회포를 적다

무릉도원의 신선과 언약을 맺을 때는

오늘처럼 처량케 될 줄 어찌 알았으랴.

남 모를 그리운 정 거문고에 얹으니

천만 갈래 생각이 한 곡조에 실려지네.

속세엔 시비가 많아 고해라 하던데

규방의 밤은 깊기도 해서 마치 일 년 같아라.

남교에 날 저물어 또다시 돌아다 봐도

푸른 산만 첩첩이 눈앞을 가리는구나.

鞦韆 추천

兩兩佳人學半仙 양양가인학반선

綠楊陰裡競鞦韆 녹양음리경추천

佩環遙響浮雲外 패환요향부운외

却訝乘龍上碧天 각아승룡상벽천

그네

두 사람씩 짝 지은 미인이 신선을 배우려

푸른 버드나무 그늘에서 그네를 다투는구나.

노리개 소리 구름 밖 하늘까지 울리니

도리어 용을 타고 푸른 하늘 오르는 듯하여라.

尋眞 심진

遠山浮翠色 원산부취색

柳岸暗烟霞 유안암연하

何處靑旗在 하처청기재

漁舟近杏花 어주근행화

임을 찾아

먼 산에 푸른 빛 물 위에 떠 있고

버드나무 강가는 안개 속에 자욱한데

어디서 푸른 깃발 펄럭이면서

고깃배는 가까이 살구꽃 핀 마을에 닿네.

매창 한시의 특징을 보면 형식은 절구를 즐겨 썼으며 압운의 평성운平聲韻을 유지하고 있다. 그리고 내용의 소재는 주로 거문고, 회상, 이별, 한, 고독, 기다림 등이 주류를 이루고 있음을 볼 수 있다.

임진왜란이 격해지면서 유희경은 의병을 모집해 일본군을 물리치는 데 여념이 없었고, 한편으로는 임금을 모시며 충성을 다했다. 하지만 유희경은 그 와중에도 몇 번 매창에게 편지를 보내기도 했으며 내용은 모두 매창을 위로하는 것으로 그리움이 넘치는 시였다.

娘家在浪州 낭가재랑주

我家在京口 아가재경구

相思不相見 상사불상견

斷腸梧桐雨 단장오동우

그대의 집은 파도 소리 들리는 곳이고

나의 집은 서울에 있네.

서로 그리면서도 만나 보지 못하니

애간장은 타는데 오동나무에 비만 내리네.

귀뚜라미 우는 가을밤이 사람을 끝없는 고독감에 휩싸이게 만든다. 특히 사랑하는 사람이 떠난 휑한 빈자리는 더욱 혼자라는 사실을 뼛속 깊이 느끼게 하니 나오는 것은 한숨이요 눈물뿐이다. 속절없는 세월은 가을을 지나 겨울로 치닫고, 한 해가 저물어도

이매창의 「병중」(좌)과 「가을」(우) 시비. 부안 매창공원 내

기다리는 임은 오지 않았다.

매창과 교분이 두터웠던 이귀

유희경이 떠나고 정을 주는 사람 없이 살아가던 기생 매창이 다시 만난 남자는 이웃 마을 김제에 군수로 내려온 묵재黙齋 이귀였다.

명문가의 사내이자 글재주까지 뛰어났으니 매창의 마음이 끌릴 수도 있었을 것이다. 그러나 이귀와 어느 정도의 연분이 있었는지 구체적인 기록은 전하지 않는다. 다만 이귀의 후배였던 허균의 기행문에서 매창을 이귀의 정인情人이라고 표현한 것만이 남아 있다.

그러나 이귀와의 인연도 잠시 그는 1601년(선조 34) 3월 21일 전라도 암행어사 이정험의 탄핵으로 곧 김제를 떠나게 된다.

이귀는 조선 인조 때의 반정공신이다. 1557년(명종 12) 태어난 이

귀는 어려서부터 율곡栗谷 이李珥, 성혼成渾의 문하에서 공부하며 문명을 떨쳤다.

임진왜란에 삼도소모관三道召募官, 선유관宣諭官을 역임하여 군인을 모집하였으며 도체찰사都體察使 유성룡의 종사관으로 우마牛馬와 양곡을 모집하는 등 군세를 만회하는데 힘을 쏟았다. 장성長城 현감이 되어 더욱 군비를 충실히 하고, 왕의 친정親征으로 사기를 북돋았으며, 토적討賊의 10책策을 올려 공을 세웠다.

뒤에 정인홍鄭仁弘의 방자함과 횡포를 탄핵하고 안산安山 군수의 자리에서 밀려났다. 광해군이 즉위하자 함흥咸興 판관으로서 새 정부에 〈궁금宮禁을 엄하게 하며, 뇌물을 바치는 것을 뿌리 뽑고, 간신을 숙청하며 언로言路를 열 것〉 등을 열거하여 상소하였다.

해주海州 목사 최기崔沂가 참소를 받고 수감되었을 때 그를 만난 죄로 이천伊川으로 귀양을 갔다. 이귀는 광해군의 문란함을 개탄하며 김유金瑬와 더불어 선조의 손자 능양군綾陽君(인조)을 추대하여 반정을 성공하여 정사공신靖社功臣 1등에 책록되었다.

이후 이귀는 이조판서가 되어 김신국金藎國, 이명李溟 등을 천거하였으며 호위대장이 되어 남한산성을 수축할 것을 건의하고 호패법號牌法을 실시하고 역사役事를 주장하여 시행하게 하였다.

호패

이괄李适의 난에는 임진강에서 패하고 체직되었으며 이로 말미암아 탄핵을 받고 자기반성을 개진하고 자핵自劾하였다. 이후 우찬성이 되어 도감포수都監砲手 2천 명을 원수군元帥軍에 보내어 방위를 충실히 하고 무사를 양성하여 숙위에 충당할 것을 건의하였으며, 1625년(인조 3)에 대신들을 꾸짖은 사건으로 파면되었다.

후에 연평부원군延平府院君에 피봉되었으며, 정묘호란에 왕을 모시고 강도에 피난하여 최명길崔鳴吉과 같이 화의를 주장하다가 대간의 탄핵을 받고 종사宗社 문제를 울며 호소하였다. 뒤에 금金이 명을 칠 때에 병조판서로서 대의명분상 명나라를 구원할 것을 역설하였으나 명과 금 사이에서 고민을 적지 않게 하였다. 1632년(인조 11) 죽은 뒤에 영의정을 추증되고 시호를 받았다. 효종孝宗 때에 인조 묘정에 배향되었으며 숙종은 친히 무덤에 제사하였다.

최명길 묘비. 충북 청원

이귀의 아버지 이정화 행적비

이귀의 자는 옥여玉汝, 호는 묵재默齋, 시호는 충정忠定이며 본관은 연안延安이다. 이석형李石亨의 5세손이자 아버지는 영의정에 추증된 이정화李廷華이며 어머니는 안동安東 권權씨이다.

매창과 시를 주고받은 허균

이귀가 탄핵으로 매창과 헤어진 석 달쯤 뒤 허균은 해운판관으로 제수되어 남도 지방으로 출장을 내려오게 된다. 허균이 매창을 처음 만난 날은 7월 23일이었다. 이때의 만남에 대해서 허균은 자신의 「조관기행」에 다음과 같이 기록하였다.

〈비가 몹시 내렸으므로 객사에 머물렀다. 고홍달이 와서 뵈었다. 기생 계생은 이귀의 정인이었는데, 거문고를 끼고 와서 시를 읊었다. 얼굴이 비록 아름답지는 못했지만, 재주와 흥취가 있어서 함께 얘기를 나눌 만하였다. 하루 종일 술을 마시며 서로 시를 주고받았다. 저녁이 되자 자기의 조카딸을 나의 침실로 보내주었으니, 경원하면서 꺼리기 때문이었다.〉

그토록 기생들과 노는 것을 즐겼으며 황해도사로 있을 때는 서울의 창기를 데려갔다가 파직까지 당했던 허균이었다. 또한 여행할 때마다 몇 명의 기생과 잠자리를 같이 하며 그들의 이름까지 기행문에 떳떳이 밝히고, 의주에 갔을 때는 자신과 잠자리를 같이 한 기생이 12명이나 되었다고 자랑을 한 허균이었으나 매창과는 잠자리를 사양하였다.

허균은 10년 뒤에도 이날의 첫 만남을 기억하면서

"만일 그때에 조금이라도 다른 생각이 들었더라면 우리가 이처럼 10년씩이나 가깝게 지낼 수 있었겠느냐."

하였다. 그토록 여자를 좋아하던 허균이지만, 매창과는 끝내 어지러운 지경에 이르지 않았으며 시로써 즐겁게 노닐며 교류하였다.

허균은 재능이 다재다능하고 호탕하여 사회적으로 많은 활약을 하였으나 괴팍하고 정제하지 않은 성격으로 인해 파직도 많이 당하였으며 여러 구설수에 시달리기도 했다. 그는 자신이 원하는 바를 남의 시선에 구애받지 않고 살았으나 필요에 따라서는 자신의 입장을 굽히기도 했던 인물이다. 허균이 매창과 교류를 하던 때도 파직을 당하고 산천을 유람하던 중 부안에 내려왔을 무렵이었다.

1608년(선조 41) 공주 목사로 다시 기용되어 서류庶流들과 가까이 지냈으나 성품이 경박하고 품행이 무절제하다는 이유로 8월 또다시 파직된 것이다. 이로써 기생 매창과 다시 만났으며 후일 천민 출신의 시인 유희경과도 교분을 두터이 하게 된다.

유희경을 그리워하며 외로이 세월을 보내던 매창은 텅 빈방에서 긴긴 밤이 하얗게 새도록 거문고를 뜯었다. 지루하고 답답한 마음에 하루하루를 보내고 있을 무렵 서울에서 허균이 내려왔고 그런 매창의 마음을 아는 그가 말하였다.

"그 어른이 너를 알고 네가 그분을 아는데 백년을 못 만난들 마음이야 변하겠느냐."

허균의 충고는 매창의 폐부를 찔렀다.

허균은 부안의 우반동 선계 폭포 위에 잇던 부사 김청택의 별장 정사암靜思庵을 손질해 머물렀으며 이곳에서 『국조시산』을 비롯한 많은 글을 썼다. 부안 사람들은 허균이 『홍길동전』도 이곳에서 썼다고 생각하는데 연암 박지원의 소설 『허생전』의 무대가 변산임을 봐도 알 수 있듯, 변산에는 도적굴을 비롯한 도적에 관한 전설이 많기 때문이다.

허균은 이곳에 농장도 구입하고 서울에 있던 종들도 머물게 하여 농사를 짓도록 했다. 뒷날 허균이 역적으로 처형당하게 되었을 때에는 부안에서 거사를 준비했다는 의심도 받았다.

허균이 부안으로 내려온 것은 단지 매창 때문이 아니라 부안의 아름다운 산수를 비롯해 가까운 처족인 심광세가 당시 부안 현감으로 내려와 있었기에 이 모든 일들이 가능했다.

그러나 허균과 며칠 가까이 지낸 일로 세상에는 무수한 헛소문이 나돌았다. 매창이 전임 현감 윤선의 선정비 앞에서 거문고를 타며 산자고새 노래를 불렀는데 매창이 허균을 그리워하며 노래를 불렀다는 소문이 난 것이다.

매창은 억울하기 짝이 없었으나 세상의 인심이란 그런 게 아니던가. 매창은 병을 핑계 삼아 아예 문을 잠근 채 두문불출하며, 그때의 서글픈 심정을 다음과 같은 시로 읊었다.

病中 병중

誤被浮虛說 오피부허설

還爲衆口喧 환위중구훤

空將愁與恨 공장수여한

抱病掩柴門 포병엄시문

부질없는 풍문이 세상에 떠돌아

세상의 말들이 시끄러워라.

공연한 시름과 원한만 쌓여

가슴에 병을 안고 사립문 닫아놓았소.

허균은 이 일을 알고 매창에게 편지를 보내어 그 허물을 넌지시

허균이 매창의 죽음을 슬퍼하며 남긴 시

꾸짖기도 했는데, 이들 10년의 우정은 이때의 편지가 마지막이 되고 말았다. 허균은 1609년(광해 1) 명나라 책봉사가 왔을 때 이상의李尙毅의 종사관이 되고 이듬해 사신을 따라 북경에 가게 되었는데 이때 매창이 세상을 떠난 것이다. 이 소식을 들은 허균은 눈물을 흘리며 매창을 위해 두 편의 시를 지었다.

세상의 권력을 거부한 허균

허균은 서경덕의 문인으로서 학자와 문장가로 이름이 높았던 아버지 동지중추부사 허엽許曄과 후취인 어머니 예조판서 김광철金光轍의 딸 강릉江陵 김金씨 사이에서 셋째 아들로 태어났다. 허성許筬은 이복형으로 임진왜란 직전 일본 통신사의 서장관으로 일본에 다녀왔으며, 허봉과 허난설헌은 동복형제이다.

1569년(선조 2) 태어난 허균은 5세 때부터 글을 배우기 시작했는데 9세 때 이미 시를 지을 줄 알았으며 12세 때 아버지를 잃고 나서는 더욱 시작에 전념하였다. 학문은 유성룡柳成龍에게 나아가 배웠으며, 시는 삼당시인의 하나인 이달에게 배웠다. 이달은 둘째 형 허봉의 친구로서 당시 원주의 손곡리에 살고 있었는데 허균에게 시의 묘체를 깨닫게 해주었으며, 인생관과 문학관에도 많은 영향을 주었다. 그는 서류 출신 이달에게 시를 배운 탓으로 스스로 서민으로 자처하였다.

이후 허균은 26세 때인 1594년(선조 27)에 문과 중시重試에 장원하고 이듬해 황해도 도사가 되었는데, 서울의 기생을 끌어들여 가까이 했다는 탄핵을 받고 여섯 달 만에 파직되었다. 뒤에 춘추관 기주관, 형조 정랑을 지냈으며 1602년(선조 35) 사예司藝, 사복시정司僕寺正을 역임하고 이해에 원접사 이정구李廷龜의 종사관이 되어 활약하였다.

그러나 1604년 수안 군수로 부임하였다가 불교를 믿는다는 탄핵을 받아 또다시 벼슬길에서 물러나왔다. 3년 뒤인 1606년(선조 39)에는 명나라 사신 주지번朱之蕃을 영접하는 종사관이 되어 글재주와 넓은 학식으로 이름을 떨치고, 누이 허난설헌의 시를 주지번에게 보여 이를 중국에서 출판하는 계기를 만들었다. 이 공로로 삼척 부사가 되었으나 여기서도 석 달이 못 되어 불상을 모시고 염불과 참선을 한다는 탄핵을 받아 쫓겨났다.

그러나 1609년(광해 1) 명나라 책봉사가 왔을 때 허균은 이상의 李尙毅의 종사관으로 기용되었으며 이듬해에는 사신을 따라 북경에 갔다. 이때 천주교 12단端을 얻어왔으나 같은 해 전시殿試의 시관으로 있으면서 조카와 사위를 합격시켰다는 탄핵을 받아 전라도 함열로 유배되었다.

그 뒤 몇 년간은 태인에 은거하였는데 1613년 계축옥사癸丑獄事에 평소 친교가 있던 서류 출신의 서양갑徐羊甲과 심우영沈友英이 처형당하자 신변의 안전을 도모하기 위해 이이첨에게 아부하고 대북大北에 참여하였다. 1614년(광해 6)에는 천추사千秋使가 되어 중국에 다녀왔으며, 그 이듬해에는 동지 겸 진주 부사로 중국에 다녀왔다. 이 두 차례의 사행使行에서 많은 명나라 학자들과 교류하게 된 허균은 귀국할 때 『태평광기太平廣記』를 비롯한 많은 책을 가지고 왔는데, 그 가운데에는 천주교 기도문과 지도가 섞여 있었다고 한다.

1618년(광해 10) 8월 남대문에 격문을 붙인 사건이 일어났는데,

대북당大北黨의 고발로 허균의 심복 현응민玄應旻이 붙었다는 것이 탄로가 났고 곧 동지 하인준河仁俊도 체포되었다. 허균 또한 심문시킨 끝에 역적모의를 하였다 하여 동료들과 함께 저자거리에서 능지처참을 당하였다.

허균은 중국 소설들을 탐독하였으며, 시와 소설 등으로 글재주를 당대에 드날렸다. 당시 그에 대한 평가는 총명하고 영발英發하여 능히 시를 아는 사람이라 하여 문장과 식견에 대한 칭찬을 아끼지 않았으나 그 사람됨에 대하여서는 경박하다거나 인륜의 도덕을 어지럽히고 이단을 좋아하여 행실을 더럽혔다는 등의 부정적 평가가 대부분이다. 그의 생애를 통해 볼 때 몇 차례에 걸친 파직의 이유 또한 허균에 대한 부정적 견해를 대변해 주는 것들이다.

하지만 허균은 국문학사에서는 중요한 자리를 차지하고 있는데, 특히 『홍길동전』은 우리나라 최초의 국문소설이자 그의 사상을 잘 드러낸 사회소설로서 문학사적 의의가 크다.

『홍길동전』은 한때 허균이 지었다는 것에 대해 이론이 제기되기도 하였으나 그보다 18년 아래인 이식李植이 지은 『택당집澤堂集』의 기록을 뒤엎을 만한 근거가 없는 이상 허균을 『홍길동전』의 작가로 보아야 할 것이다. 특히, 허균의 생애와 그의 논설 「호민론豪民論」에 나타난 이상적인 혁명가 상을 연결시켜 볼 때 구체적인 형상이 홍길동으로 나타났다고 보아도 좋을 것이다. 허균은 자신의 문집에 실린 「관론官論」, 「정론政論」, 「병론兵論」, 「유재론遺才論」

등에서 민본 사상과 국방 정책, 신분 계급의 타파 및 인재 등용과 붕당 배척의 이론을 전개하였다. 내정개혁을 주장한 그의 이론은 원시 유교 사상에 바탕을 둔 것으로 백성들의 복리 증진을 정치의 최종 목표로 삼아야 함을 주장하고 있다.

또한 앞서 허균의 파직 이유가 되었던 불교에 대해서도 통달하였는데, 유교 집안에서 태어나 유학을 공부한 유가로서 학문의 기본은 유학에 두고 있으나 당시의 이단으로 지목되던 불교와 도교에 대해 사상적으로 깊은 관심이 있었다. 특히, 불교에 대해서는 한때 출가하여 승려가 되려는 생각도 있었으며 불교의 오묘한 진리를 접하지 않았더라면 한평생을 헛되이 보낼 뻔하였다는 술회를 하기도 하였다. 불교를 믿는다는 사헌부의 탄핵을 받아 파직당하고서도 자기의 신념에는 아무런 흔들림이 없음을 시와 편지글에서 밝혔다. 도교사상에 대해서는 주로 양생술과 신선 사상에 큰 관심을 보였으며, 은둔사상에도 지극한 동경을 가졌는데 은둔생활의 방법에 대하여 쓴 「한정록閑情錄」이 있어 허균의 관심을 알게 해 준다.

한편 허균 자신이 서학에 대해 언급한 것은 없으나 몇몇 기록에 의하면 허균이 중국에 가서 천주교의 기도문을 가지고 온 것을 계기로 하늘을 섬기는 학문을 하였다고 하니, 이는 곧 허균이 새로운 문물과 서학의 이론에 남다른 관심을 보였음을 말해주는 것이다.

이처럼 허균은 다각적인 문화에 대한 이해를 가졌기 때문에 예교禮教에만 얽매여 있던 당시 사회는 그를 이단시하며 기피한 것으로 보인다.

허균은 편협한 자기만의 시각에서 벗어나 핍박받는 하층민의 입장에서 정치관과 학문관을 피력해 나간 시대의 선각자라고 하겠다. 허균의 문집『성소부부고惺所覆瓿稿』는 자신이 편찬하여 죽기 전에 외손에게 전하였다고 하며, 그 부록에「한정록」이 있다. 『성소부부고』에는 매창과 시를 주고받은 이야기가 전하며, 매창의 죽음을 전해 듣고 애도하는 시와 함께 매창의 사람됨에 대한 간단한 기록도 덧붙이고 있다. 허균이 25세 때 쓴 시 평론집『학산초담鶴山樵談』은『성소부부고』가운데 실려 있는「성수시화惺叟詩話」와 함께 그의 시 비평에 대한 안목을 보여주는 좋은 자료가 된다.

반대파에 의해서도 인정받은 허균의 시에 대한 감식안은 시선집『국조시산國朝詩刪』을 통해 오늘날까지도 평가받고 있다. 『국조시산』에 덧붙여 자신의 가문에서 6명의 시를 선별해 모은『허문세고許門世藁』가 전한다. 이밖에『고시선古詩選』,『당시선唐詩選』, 『송오가시초宋五家詩鈔』,『명사가시선明四家詩選』,『사체성당四體盛唐』등의 시선집이 있었다고 하나 전하지 않는다. 또, 임진왜란의 모든 사실을 적은「동정록東征錄」은『선조실록』편찬에 가장 중요한 자료가 되었다고 하는데 역시 전하지 않는다. 전하지 않는 저작으로「계축남유초癸丑南遊草」,「을병조천록乙丙朝天錄」,「서변비로고西邊備虜考」,「한년참기旱年讖記」등이 있다.

허균의 본관은 양천陽川, 자는 단보端甫이며 호는 교산蛟山, 학산
鶴山, 성소惺所, 백월거사白月居士이다.

『가곡원류』에 실린 매창의 시조 12수

● 잘 새는 다 나라들고 남루南樓에 북우도록
　십주가기十洲佳期는 허랑虛浪타고 하리로다.
　두어라 눈 넙운 임이니 새와 어이 하리오.

● 창외삼경窓外三更 세우시細雨時에
　양인심사兩人心事 양인지兩人知라
　신정新情이 말협未洽 하여 하늘이 장차 밝으니
　나삼羅衫을 뷔여잡고 후기약後期約을 묻노라.

● 등잔燈盞불 그무러 갈 제 창窓전 집고 드는 임과
　오경장五更鐘 나리올 제 다시 안고 눕는 임을
　아무리 백골白骨이 진토塵土 된들 잊을 줄 있으랴.

● 기럭이 산이로 잡아 정情드리고 길드려서
　임의 집 가는 길을 역력히 가르쳐 두고
　밤중만 임 생각 날제면 소식 전케 하리라.

● 도화桃花는 어찌 하여 홍장紅粧을 집고 서서

　세우동풍細雨東風에 눈물은 무삼일고

　춘광春光이 덧없는 줄을 못내 설워하노라.

● 내 가슴 슬어 난 피로 임의 얼골 그려 내어

　나 자는 방房 안에 족자簇子 삼아 거러두고

　살뜨리 임 생각 날제면 족자나 볼까 하노라.

● 언약言約이 느져가니 정매화庭梅花도 다 지겠다.

　아츰에 우는 까치 유신有信타 하랴마는

　그러나 경중아미鏡中蛾眉를 다스려나 보리라.

● 내 정령精靈 슐에 셧겨 임의 쇽에 흘러드려

　구곡간장九曲肝腸을 촌촌寸寸 차져가며

　날 잊고 남 향한 마음을 다슬우려 하노라.

● 창오산붕蒼梧山崩 상수절湘水絶이라야 이내 시름이 없을 것을

　구의봉九疑峰 구름이 가지록 새로워라.

　밤중만 월출어동령月出於東嶺하니 임 뵈온듯 하여라.

● 누리쇼서 누리쇼서 만천세萬千歲를 누리쇼서.

무쇠 기동 곳 퓌워 여름 여러 ㅅ다 드리도록 누리쇼서.

그 남아 억만세億萬歲 밧게 ㅅ도 만세萬歲를 누리쇼서.

● 요순堯舜 갓튼 님군을 뫼와 성대聖代를 곳쳐 보니

태고太古 건곤乾坤에 일월日月이 광화光華로다.

우리도 수성춘대壽城春坮에 놀고 놀려 하노라.

● 남산南山에 봉봉鳳이 울고 북악北岳에 기인麒麟이 논다.

요천순일堯天舜日이 아동我東에 밝앗셰라

우리도 성주聖主 뫼옵고 동악승평同樂昇平 하리라.

명산名山 변산이 낳은 가사 문학

전라북도 부안에서 태어난 매창은 1610년(광해 2) 부안에서 38세란 짧은 삶을 마감하였다. 하지만 매창 또한 국문학사에 길이 남을 작품을 많이 남겼으며 작품으로는 시조와 한시 58수, 작품집으로 『매창집梅窓集』 1권이 전해지고 있다. 이는 매창의 주옥같은 한시가 망실되는 것을 안타까워하던 고장 아전들이 외우며 전하던 각체의 시 58수를 모아 1668년(현종 9) 개암사에서 『매창집』으로 간행한 것이다. 이 『매창집』은 지금 매우 귀중한 희귀본으로 3권이 남아있는데 두 권은 서울의 간송澗松미술관에, 한 권은 미국의 하버드대학교 도서관에 보존되어 오고 있다. 또한 1956년에 신석정辛夕汀이 대역한 『대역매창집對譯梅窓集』이 있다. 매창에 대한 문헌상의 기록들은 허균의 문집 『성소부부고』의 「조관漕官 기행」과 같은 책 「성수시화」편, 지정之亭 안왕거安往居의 『열상규조洌上閨藻』, 이수광의 『지봉유설芝峰類說』, 수촌水村 임방任陸 의 『수촌만록水村漫錄』, 박효관朴孝寬의 『가곡원류』, 촌은 유희경의 『촌은집』, 이능화李能和의 『조선해어화사朝鮮解語花史』와 『속고금소총續古今笑叢』 장지연張志淵의 『대동시선大東詩選』 등에 있으며 매창의 인품과 작품들이 몇 편씩 소개되고 있다.

매창은 오랜 시간 향리에서도 묻혀진 존재로 역대 군읍지 등에서 조차 한마디 언급이 없었다. 그러던 것이 가람嘉藍 이병기李秉岐에 의해 비로소 조명되기 시작하면서 1966년에 간행된 군지『부안대관扶安大觀』에서 기록이 되었으며 근래에는 매창 문학 연구가 매우 활발하여 그에 관한 많은 논문 또한 나오고 있다.

매창이 태어나고 자랐던 부안의 변산邊山반도는 내소사來蘇寺, 개암사開巖寺, 월명암月明庵, 청연암靑蓮庵 등의 고찰이 많은 곳이다. 이와 함께 검푸른 암산, 맑은 계류, 굉장한 폭포의 음향에 더

전북 부안군의 개암사(좌)와 월명암(우)

해 단암 절벽의 채석강과 적벽강 그리고 천연석 등이 하나로 어울려 아름다운 풍치가 조화를 이루고 있다. 때문에 부안은 우리나라 여덟 승지勝地의 하나로 손꼽히고 있으며 1968년에 8대 관광지 인기투표에서 1위를 차지하기도 한 아름다운 곳이다.

또한 변산은 십승지지十勝之地의 하나에 해당되는 곳이다. 조선 중기의 학자 격암格菴 남사고南師古가 전국에서 기근과 병란의 염려가 없는 피란하기에 가장 좋은 땅 10곳을 기록한 십승기十勝記가 있는데 부안의 변산이 그 곳의 하나이다.

남사고는 역학, 풍수, 천문, 복서卜筮, 관상의 비결에 도통하여 예언이 꼭 들어맞았고, 특히 풍수학에 조예가 깊어 전국의 명산을 찾아다니며 많은 일화를 남긴 사람이다. 십승지지는 ① 공주公州의 유구維鳩와 마곡麻谷, ② 무주茂朱의 무풍茂豊, ③ 보은報恩의 속리산俗離山, ④ 부안扶安의 변산邊山, ⑤ 성주星州의 만수동萬壽洞, ⑥ 봉화奉化의 춘양春陽, ⑦ 예천醴泉의 금당곡金堂谷, ⑧ 영월寧越의 정동상류正東上流, ⑨ 운봉雲峯의 두류산頭流山, ⑩ 풍기豊基의 금계촌金鷄村을 이른다.

변산반도의 바다와 육지가 하나로 이어져 빚어내는 장엄한 대자연 앞에 서서 끝이 보이지 않는 수평선에서 밀려온 파도가 암석에 부서질 때 나타나는 영롱한 물보라는 넋을 앗아가고도 남음이 있다. 매창 또한 이곳에서 맺힌 응어리를 파도에 실어 보내고 상처투성이의 아픈 사연을 절절이 토해 냈는지 모른다.

『신증동국여지승람新增東國興地勝覽』은 조선 시대의 인문 지리서로서 성종의 명으로 1481년(성종 12)에 노사신盧思愼, 강희맹姜希孟, 서거정徐居正 등이 편찬한 것으로 역대 지리지 중 가장 종합적인 내용을 담고 있다. 따라서 이 지리지는 정치사나 제도사 연구에는 물론 특히 향토사鄕土史 연

서거정 묘비, 경기도 화성시

구에는 필수불가결한 자료이다. 『신증동국여지승람』 부안조扶安條 변산을 보면

〈邊山在保安縣 距今治西二十五里 一名楞伽山一名瀛洲山 或云卞山 語轉而爲邊 卞韓之得名以此未知是否 峯巒盤回百餘里重疊高大岩 谷深邃 宮室舟船之材自高麗皆取於此 俗傳虎豹見人卽避夜行無阻

변산재보안현 거금치서이십오리 일명능가산일명영주산 혹운변산 어전이위변 변한지득명이차말지시부 봉만반회백여리중첩고대암 곡심수 궁실주선지재자고려개취어차 속전호표견인즉피야행무조

변산은 보안현에 있다. 지금 현과의 거리는 서쪽으로 25리인데, 능가 산으로도 불리우고 영주산으로도 불린다. 혹 변산卞山이라고도 하는데, 말(언어)이 돌아다니다가 변邊으로 되었다 한다. 변한卞韓의 이름을 얻은 것이 이 때문이라고는 하나 그런지 아닌지는 알지 못한다. 봉우리들이 1백여 리를 빙 둘러 높고 큰 산이 첩첩이 싸이고 바위와

골짜기가 깊숙하며, 궁실과 배의 재목은 고려 때부터 모두 여기서 얻어 갔다. 전하는 말에는 호랑이와 표범들이 사람을 보면 곧 피하였으므로 밤길이 막히지 않았다 한다.〉

라고 기록되어 있다. 또 이규보李奎報의 기록을 빌어

〈邊山國之材府也 蔽牛之大干霄之幹常不竭矣 層峯複岫昂伏屈展 其
首尾所措跟所極不知幾許里也 旁俯大海云云

변산국지재부야 폐우지대간소지간상불갈의 층봉복수앙복굴전 기
수미소조근주소극부지기허리야 방부대해운운

변산은 나라 재목의 부고(창고)이다. 소를 가릴 만한 큰 나무와 찌를 듯한 나무줄기가 언제나 다하지 않았던 것이다. 층층이 산봉우리와 겹겹이 산등성이에 올라가고 쓰러지고 굽고 퍼져서, 그 머리와 끝의 둔 곳과 밑뿌리와 옆구리의 닿은 곳이 몇 리나 되는지 알지 못하겠으나, 옆으로 큰 바다를 굽어보고 있다.〉

하였으니 변산이 명산이었음은 가히 짐작할 만하다.

『택리지擇里志』는 이중환李重煥이 지은 인문 지리서로서 이곳에서는 변산에 대해 다음과 같이 서술하였다.

〈蘆嶺一枝北至扶安斗入西海中 西南北皆大海內有千峯萬壑是爲邊山
無論高峯絶巓平地仄崖皆落落長松參天翳日 洞外皆鹽户漁夫山中多
良田沃疇居民上山採蔬菜下山就魚鹽薪炭贏蛤不待價而足 只恨水泉
帶瘴 上所謂諸山大則爲都邑小可爲高人隱士栖遯之地而至

노령일지북지부안두입서해중 서남북개대해내유천봉만학시위변산
무론고봉절전평지측애개낙락장송삼천예일 동외개염호어부산중다
양전옥주거민상산채소채하산취어염신탄영합불대가이족 지한수천
대장 상소위제산대칙위도읍소가위고인은사서둔지지이지

노령산맥 한 줄기가 북쪽으로 부안에 와서 서해 가운데에 쏙 들어갔
다. 서남북 쪽은 모두 큰 바다이고 산 안에는 많은 봉우리와 많은 골
짜기가 있는데 이것이 변산이다. 높은 봉우리와 깎아지른 듯한 산꼭
대기며 평탄한 땅이나 비스듬한 벼랑을 막론하고 모두 낙락장송 큰
소나무가 하늘에 솟아올라 해를 가리었다. 골 밖에는 모두 소금을 굽
고 고기를 잡는 사람들의 집이며, 산중에는 기름지고 좋은 밭이 많
다. 주민들이 산에 오르면 나무를 하고 산에서 내려오면 고기잡이와
소금 굽는 것을 업으로 하며 땔나무와 조개 따위는 값을 주고 사지
않아도 풍족하다. 다만 샘물에 장기(소금기)가 있는 것이 유감이다.
위에 말한 여러 산은 큰 것은 도시가 될 만하고 작은 것은 고인高人과
은사가 살 만하다.〉

당시 부안의 지세와 민심을 그대로 알 것 같다.

그렇기에 부안에서는 부풍扶風시사라는 동인 시인들이 계를 만
들어 매창 묘 앞에 봄가을로 모여 시회詩會를 여는 전통이 극히 현
대까지 이어졌다. 이는 기생을 천대하는 전통에서 그곳 기풍妓風
을 구제하려는 이색적 전통이라고 하겠다.

부안에서는 자연적 배경과 문향적文鄕的 전통의 바탕에서 가사

문학이 활발한 발전을 해 왔었다. 가사 문학은 우리 국문학에 있어 시가의 한 형태로 서사적敍事的이고 교술적敎述的인 내용으로 호남 지방에서 특히 발달했으며 정극인丁克仁, 송순宋純, 정철鄭澈, 백광홍白光弘 등이 그 주류를 이루어 왔다.

「초운사」로 주목받기 시작한 부안의 가사 문학

그러나 그동안 부안에서 발전되어 왔던 문학 전통을 전혀 모르고 있다가 1980년대 초에 발굴된 세 편의 작품을 통해 주목받기에 이른다. 이 가사 문학 작품은 김운金澐 의 「초운사楚雲辭」이다. 이 작품은 1984년 7월에 주산면舟山面 성덕리聖德里 김규원金虯源의 집에서 발견된 필사본으로, 종이의 마모와 글자의 퇴색이 심해 판독에 어려움이 컸다. 「초운사」는 1750년대 평양의 명기 초운楚雲을 작자 김운이 연모하여 지은 연정 가사이다.

김운은 부안 김씨 김세재金世載의 아들로서 1694년(숙종 20) 부안군 보안면 월천리月川里에서 출생하였다. 1727년(영조 3) 생원시에 합격하고 1735년(영조 11) 문과에 급제하였으며 병조 · 이조 좌랑을 거쳐 성균관 전적典籍, 직강直講, 첨지중추부사를 지내고 1770년(영조 46) 세상을 떠났다. 김운의 자는 구이久而, 호는 운파雲坡 또는 월천月川이다.

김운의 시조는 김일金鎰로 신라 경순왕敬順王의 태자이다. 신라가 망하자 개골산皆骨山(설악산)에 들어가 마의麻衣(베옷)를 입고 초근

목피로 일생을 마친 비운의 왕자로 후세에 마의태자로 불리었다.

楚雲辭 초운사

형양강산荊陽江山 십이봉은 초양왕楚襄王의 명산이라.

군만群巒이 족립簇立ㅎ하니 뫼와 쓸슨 말근 정기

오운五雲이 영롱玲瓏하니 어리엿다 빈난 기운

그가 온 뒤 선녀仙女는 열선列仙의 종장宗長이니라.

천제天帝에 명命을 바다 산중백년山中百年 주장主張터니

양왕襄王 춘몽이春夢裏예 우연偶然히 상감相感하니

전문비 아참 구름 대상臺上의 잠겨셔라

옥황이 진노震怒하샤 진세상塵世上의 적송謫送하니

양춘기라총陽春綺羅叢의 제일 명화名花 되단 말가.

천교만염千嬌萬艶이 일신一身의 가쟈 잇다.

취환翠鬟 꾸며내니 추운秋雲이 쇼사는듯

옥안玉顔을 상대相對하니 편월片月이 도다난닷

단순丹脣을 당시瞠視 하니 피여건니 홍도紅桃로다.

호치皓齒를 반개半開하니 역거쩐니 백옥白玉니라.

진렴석양후珍簾夕陽後의 순삼舜衫을 노피드니

봉래산蓬萊山 최고봉의 선학仙鶴이 넘노는다.

요금瑤琴을 비기안고 실징實徵을 희롱하니

벽오동碧梧桐 놉푼 남긔 봉황이 울으는닷

작약綽約 흘손 네태도와 기교奇巧흘손 네 제죄가

형용키 어렵거니 미칠이 잇실거냐

선낭仙娘의 전생前生버시 문노니 그 뉘던고

부풍호사扶風豪士는 향안전香案前 구리舊吏로서

일편황정一篇黃庭 오독誤讀하고 인환人寰 으로 내려와셔

삼신산三神山 지근至近하예 문장재자文章才子 나아난다.

청운기기靑雲奇氣를 용문龍門의 거러 두고

평생의 일 삼난니 성경현전聖經賢傳 뿐이로다.

청루주취박靑樓朱翠箔을 초야草野 보듯 지내더니

가인佳人의 놉픈 닐흠 남국南國의 진동振動하니

옥경玉京의 뉘친 선녀仙女 뜻하거니 그대로다.

경성색傾城色을 차지랴고 천리千里를 슈니네겨

필마행장匹馬行裝으로 요월瑤月을 도라드니

무산巫山이 어듸메요 초양대楚陽臺 여긔로다

금학당琴學堂 노픈 집의 월태화용月態花容 운집雲集한다.

허다許多한 선여즁僊女中의 빼여나니 그대로다.

인간만사人間萬事 점검點檢하니 명문불실名聞不實 거일너니

네 얼굴 보아하니 듯던 말과 약우 약간若干니다.

반옥녀班玉女 엇더던지 조비연趙飛鷰 나 몰나라.

천고제왕千古帝王이 이 아희얼 만나떤들

망신망국亡身亡國하리 혼암생昏闇生 뿐 안니로다.

섬섬纖纖한 취아미翠娥眉는 이쁜는카리 되고

장장長長한 자라대紫羅帶는 끝맷는 시리 되야

밋거든 끌치 말고 끌커든 밋지 마라.

탐탐耽耽한 외 사랑이 그대드론 잇실손가

대부大夫의 거센 마음 스러지니 ○○하다.

못 볼제는 암암黯黯 터니 본 후의는 실웁니다.

밀밀密密한 집푼 정을 촌심寸心의 픔어두고

등전燈前의 빗기안쟈 이기볼숀 운환雲鬟 니다.

풍류선사군風流善使君의 은회隱懷를 살펴 보고

동방월황혼洞房月黃昏의 보내시사 절대청이絶代青娥

홍상紅裳이 접근漸近하니 음향暗香이 표불飄拂하다.

옥수玉手를 사접乍接하니 의태도무궁意態度無窮하다.

남아男兒의 일생 소원 이날 밤 기약터니

조물造物이 새오더니 허공虛空이 희얼지여

원앙금이鴛鴦衾裏예 접몽蝶夢을 못 일워셔

비취병이翡翠屏裏예 옥용玉容이 간대 업네.

벽상壁上에 걸린 나의羅衣 번상네 붓이로다.

가두架頭의 걸인 운환雲鬟 볼수록 상심傷心하다.

남교藍橋감 현상玄霜을 못따시여 이런턴가

평생 선채仙債를 못따 갑퍼 이러턴가.

월모승月姥繩 끈어진니 가약佳約이 그릇 되고

오작교烏鵲橋 흣터진니 선군仙君이 지음 첫다.

진왕낙수상陳王洛水上의 장려화張麗華를 여희는닷

유랑천태로劉郎天台路의 선아仙娥얼 여희는닷

아황분백鴉黃粉白은 언의고되 머무르며

요간옥패腰間玉珮 는 뉘집의 울리는고.

어와 늬 니리야 생각하니 우습구나.

너므이 뜻인 무진머뒤 뉘의 뜻인 더욱 집다.

발라줄 모로거든 일을 줄어어 알고

한 달도 셔룸날의 한 달도 열두때예

날마다 생각하고 때마다 생각하니

배중杯中늬 록주綠酒되어 네의 주순朱脣 상접相接고져.

기상機上의 자금紫錦되여 네의 세요細腰 픔의고져

위란危欄의 빗기서셔 임의 집 바라보니

분벽사창粉壁紗窓은 안하眼下의 잇따마는

선파仙婆를 난접難接하니 지척咫尺이 천 리로다.

약수弱水 삼천 리가 이만치나 머고던가

공당空堂이 적막하니 객금客衾이 허랭虛冷하다.

믈로 다려 련침連枕할가 벗샤물리 젼이업다.

잠든 데나 닛즈흐야 초창怊悵이 누어신니

수안愁眼을 감듯마든 소안素顔이 역역歷歷하니

나삼羅衫을 뷔여잡고 그리든 뜻 하쇼하니

상시常時예는 새차더니 몽중梦中의는 은근慇懃하다.

신계일성晨鷄一聲의 홀연忽然히 기여 보니

여공삼사갱旅空三四更의 소월素月만 비쵸었다.

닐헐줄 아라더면 천일수千日睡나 비를 낫다.

무료無聊할손 뉘 회포요 처창悽愴할 손 뉘 심사라.

인생난합人生難合 유수有數하니 이라하야 어이하리.

춘광春光이나 구경하야 매친 근심 푸러보자.

건려寒驢를 채쳐 모라 맥상陌上의 배회하니

산화山花는 작작灼灼하야 방불할손 홍안紅顔니요

강유江柳는 뇨뇨裊裊 하야 의희依俙 할손 세요細腰로다.

황○黃○이 흘이우니 청가淸歌를 삐치는닷

천수만한千愁萬恨 쌔여신니 언의 따나 더러볼고.

덜이기만 의논 말고 더하기나 아니할쇼야

심혼心魂이 흐터진니 질병疾病인들 업실쇼야.

상석床席의 심면沈眠하야 한숨으로 버실하니

팔진미八珍味 가진차반 약래若莱 만도 못하여라.

서생書生 밋친 마음 가지록 가소可笑롭다.

어이한 네 부모는 절대교아絶代嬌娥 삼겨네여

부지럽시 내 간장肝腸을 구뷔 구뷔 세기는고

슬푸다 져 미인美人아 아내 마삼 드러보쇼.

춘색春色이 멋날이며 번화繁華도 잠시로다.

왕소군王昭君의 교염嬌艶하기 한궁漢宮의 독보獨步터니

호사백초변胡沙白草邊의 청총靑塚믄 머믈넛고

양태진楊太眞의 천생려질天生麗質 육궁六宮의 무안無顔터니

광풍역로상狂風驛路上의 일지명화一枝名花 나다말가.

진낭眞娘의 원루怨淚는 풍우성風雨城의 뿌려넛고

여화麗華의 옥모玉貌는 경양대景陽臺의 셔거시니

고왕금래古往今來예 간데마닥 그러하니

아리따온 네 양자樣子를 익기기는 무삼일고.

광음숙홀光陰倏忽 하야 석화石火가치 밧비시니

쇠한곳 이운입피 언의나뷔 여어볼고

녹유문전綠柳門前의 백마금편白馬金鞭 뮈여잇고

장렴粧奩의 거무 들고 보경寶鏡의 띄글 쩨고

추공반야월秋空半夜月의 외오러기 실피 울제

공규空閨의 짝 그리며 상대하니 너뿐이다.

금일사今日事를 셴짝시면 뉘우심이 업실쇼냐.

녹라綠羅가치 약한 모미 일석一夕의 쥬거지면

무든 옥玉 무친 향香을 차지리 뉘 잇실고.

공산空山 일배토一坏土의 가련하다 방혼芳魂니야.

자는 풀 황량하고 지는 날 소슬蕭瑟할제

비풍悲風이 것든 부러 구진비발 혼날일제

고분孤墳에 조상하리 일성애원一聲哀猿 뿐이로다.

널할쇼록 구더가니 긴 마리 공이 업다.

자태姿態는 난혜蘭蕙로되 심장心腸은 목석木石니라.

천상天上의 나는 구름 그뉘라 붓자블고

초왕楚王의 집푼 졍이 뉘게드로 돈절頓絶하니

전후박前後薄이 그데도록 다를쇼냐.

두어라 옥절용기玉節龍旗 다른 날 후기後期 잇시리라.

그리던 임과 다시 만났으나 병마가 죽음을 재촉하고

얼마 뒤 매창은 천층암千層庵에 들어가 언제 찾아올지 모르는 임, 유희경을 기다렸다. 그들 사이에 사랑의 다짐이 깊었기에 매창은 그를 기다리며 수절을 했다. 유희경도 예학에 밝은 군자였기에 아내 외에 다른 여자를 가까이 한 기록은 없다.

그의 문집을 보면 길을 가면서도 매창이 그리워 지은 시가 실려 있고, 매창과 노닐던 곳에 다시 들려서 옛일을 그리워하며 지은 시도 있다. 그러나 이러한 시들은 매창에게 보내지지는 않았던 듯, 매창은 한 자 소식도 알지 못한 채 독수공방을 계속하였다. 암자에 들어간 매창은 비록 머리는 깎지 않았지만 마음의 번뇌가 사라지고 가슴 한편에 순수한 그리움만 깊이 쌓여 갔다.

매창이 참선을 택한 것은 불교에 큰 관심이 있던 허균의 영향이 컸다고 하겠다. 이렇듯 시와 염불로 시간을 보내는 사이 매창도 세월을 이기지 못하고 그의 나의 서른이 되었다.

登千層菴 등천층암

千層隱佇千年寺 천층은저천년사
瑞氣祥雲石逕生 서기상운석경생
淸磬響沉星月白 청반향침성월백
萬山楓葉鬧秋聲 만산풍엽료추성

천층암에 올라

천층 위에 주춤 선 천년이나 묵은 절
맑은 기운 흰 구름 돌길에서 솟아나네.
쇠북 소린 꺼져 가고 달만 휘영청 밝은데
온 산 단풍잎 우수수 부슬대네.

登月明庵 등월명암

卜築蘭若倚半空 복축난약의반공
一聲淸磬徹蒼穹 일성청반철창궁
客心怳若登兜率 객심황약등도솔
讀罷黃庭禮赤松 독파황정례적송

월명암에 오르다

터 잡아 지은 절이 하늘에 솟아
맑은 풍경 소리 멀리 퍼지는데

나그네는 도솔에 오른 상 싶어

황정경黃庭經 읽고 나선 적송자에 절 하옵네.

登御水台 등어수대

王在千年寺 왕재천년사

空餘御水臺 공여어수대

往事憑誰問 왕사빙수문

臨風喚鶴來 임풍환학래

어수대에 올라

천년 옛 절에 임은 간 데 없고

어수대 빈 터만 남아 있구나.

지낸 일 물어 볼 사람도 없이

바람에 학이나 불러 볼거나.

뒷편의 이매창 묘소와 「어수대」 시비

조선조의 여성시관詩觀과 기녀들의 수준 높은 시작詩作 ●

仙遊 선유

千載名兜率 천재명도솔

登臨上界通 등림상계통

晴光生落日 청광생낙일

秀嶽散芙蓉 수악산부용

龍隱宜深澤 용은의심택

鶴巢便老松 학소편로송

笙歌窮峽夜 생가궁협야

不覺響晨鍾 불각향신종

三山仙鏡裡 삼산선경리

蘭若翠微中 난약취미중

鶴唳雲深樹 학려운심수

猿啼雪壓峰 원제설압봉

霞光迷曉月 하광미효월

瑞氣映盤空 서기영반공

世外青牛客 세외청우객

何妨禮赤松 하방예적송

樽酒相逢處 준주상봉처

東風物色華 동풍물색화

綠垂池畔柳 녹수지반유

紅綻檻前花 홍탄함전화

孤鶴歸長浦 고학귀장포

殘霞落晩沙 잔하낙만사

臨盃還脈脈 임배환맥맥

明日各天涯 명일각천애

신선과 노닐다

예부터 이름하여 도솔천이라 부르는데

올라보니 하늘나라와 통하는 곳이어라.

밝은 빛은 마치 저녁 햇살처럼 비치고

높은 산봉우리는 부용을 흘어 놓은 듯하구나.

용은 당연히 깊은 연못에 숨어 있을 거고

학은 늙은 소나무에 깃들었어라.

생황 소리가 깊은 골짜기에 울려 퍼지는 밤에는

새벽 종소리 울리는 것도 알지 못했어라.

삼산 신선들이 노니는 곳엔

푸르른 숲 속에 아스라이 절간이 보이는구나.

학은 구름에 잠긴 나뭇가지에서 울고

원숭이는 눈 덮인 산등성이에서 우는구나.

안개가 자욱하니 새벽 달은 희미한데

상서로운 기운은 하늘 가득 서리었어라.

속세를 등진 이 젊은 나그네가

신선 적송자를 찾아가 인사한들 어떠하리.

두 사람 서로 만나 술잔을 나누는데

봄바람 불어와 물색이 화려해라.

푸른 연못이 연못가에 드리웠고

누각 앞의 붉은 꽃들은 봉우리를 터뜨렸어라.

외로운 학은 물가로 돌아가고

날 저무니 모래밭엔 저녁 노을 드리웠어라.

술잔을 맞들고서 마음을 주고받지만

날 밝으면 각기 하늘 끝에 가 있으리라.

시로써 외로움을 달래던 어느 날이었다. 난데없이 백발노인의 굵직한 목소리가 들려왔다.

"계랑아, 계랑이 있느냐."

밤마다 귀를 기울이며 애타게 기다리던 바로 그 목소리였다. 매창은 북받치는 설움을 억누른 채 덤덤히 앉아 있었지만 눈에서는 뜨거운 눈물이 끊임없이 흘러내렸다. 15년 만의 재회에 두 사람은 손을 꼭 잡은 채 서로의 변한 모습을 바라보았다. 모진 세월에 비록 두 사람의 겉모습은 늙었지만 마음만은 처음 만났을 때나 변함이 없었다.

유희경이 전라도 여행길에 올랐다가 매창을 찾아 온 것이다. 유희경의 시 중에 〈정미년간 다행히도 서로 만나 즐겼는데〉라는 구절이 있는 것으로 보아 둘이 재회한 것은 1607년(선조 40)이었던 것 같다. 이때는 유희경과 매창이 처음 만난 지 15년이 흐른 뒤였으나 여전히 서로를 잊지 못하고 있었던 것이다.

바로 한양으로 따라온 매창은 유희경의 고매한 인품에 안겨 일생에서 가장 행복한 나날을 보냈다. 그러나 호사다마라고 한양 생활 3년 만에 매창은 해수병咳嗽病이 재발하여 더는 한양에서 살 수가 없었다.

병 치료를 위해 고향인 부안으로 다시 돌아온 매창은 서해가 바라보이는 산속에 움막을 짓고 살면서 거문고와 시로 세월을 보내며 병을 치료하였다. 이때의 고독감과 외로움을 매창은 다음의 시에 절절히 남겼다.

雨後凉風玉簟秋 우후양풍옥단추
一輪明月掛樓頭 일륜명월괘루두
洞房終夜寒恐響 동방종야한공향
搗盡中腸萬斛愁 도진중장만곡수

비 온 뒤 서늘하니 가을이 와
둥근 달은 다락 위에 높이 걸렸네.
밤새워 임 그리는 풀벌레 소리
애끊은 내 가슴만 모두 녹이네.

유희경이 한양에서 할 수 있는 일은 인편이 있을 때마다 간곡한 연정을 담은 편지를 수시로 보내는 것밖에 없었다. 그러나 매창의 병은 나날이 깊어져 더 이상 회복할 수 없게 되었고, 가례家禮 연구에 몰두하여 궁중의 제사를 도맡아 집례하던 유희경은 선조의 국상과 광해군의 대례大禮식으로 자리를 뜰 수가 없었다. 매창은 몸이 아플수록 고독감은 절실했고, 즐거웠던 옛날만 생각하면 절로 눈물이 나왔다. 사랑하는 사람을 그리며 매창은 이승에서 마지막 시를 읊었다.

空閨養拙病餘身 공규양졸병여신
長任飢寒四十年 장임기한사십년
借問人生能幾許 차문인생능기허
胸悔無日不沾巾 흉회무일불첨건

독수공방 외로움에 병든 이 몸은
기나긴 40년이 춥고도 배고팠소.
묻노니 인생은 몇 년이나 사는가.
가슴에 한이 서려 울지 않은 날이 없소.

죽음이란 어차피 누구나 한번은 겪게 마련이다. 그러나 항상 자신이 사랑하던 임을 가슴에 품던 매창은 쓸쓸히 죽음을 맞이하고 말았다. 마지막 순간 사랑하는 유희경을 만나지 못한 채 세상을 떠난 매창의 무덤을 찾은 유희경은 아직 흙도 채 마르지 않은 그녀의 무덤에서 엎드린 채 흐느껴 울었다. 운명은 예측할 수 없으니 가슴에 맺힌 한은 그래서 더욱 길고 슬펐으리라.

부안 700리 길에 자리한 아담한 매창의 무덤

거리가 아주 먼 곳을 비교해 낙동강 7백 리 라는 말이 있다. 지금으로부터 410년 전 허균의 나이 33세에 매창을 찾아 갔을 때 10여 일이 지나서야 겨우 당도했다고 할 정도로 부안은 먼 거리에 있다.

하절기의 중심에 섰던 2010년 6월 19일, 무더위가 필자의 몸과 정신을 휘어 감는 듯했다. 그러나 시작이 있으면 끝이 있듯이 멀리 보이는 안내판이 이곳이 바로 부안 땅이라는 것을 알려주고 있었다.

이 먼길을 무사히 찾아 왔다는 기쁨과 설레임으로 숨돌릴 겨를도 없이 필자는 부안읍을 가로질러 시인 매창이 잠들어 있는 봉덕리 매창공원에 당도했다. 이곳은 본래 공동묘지로 다른 사람들의 묘를 이장하고 2001년 잘 정비하여 공원으로 탈바꿈하였다.

매창의 체백이 잠든 그곳에는 생전 그녀가 그토록 즐겨 뜯던 거문고도 함께 묻혀 그 뒤 이곳을 '매창이뜸'으로 불러 왔다. 10여 보의 간격을 둔 자리에는 79년 전 역시 부안에서 매창과 비슷한 운명을 안고 살다간 명창 이중선李中仙의 묘소가 있다. 이중선은 부안읍 어느 골방에서 젊은 나이로 황천객이 되었는데 사후 이중선의 행적을 재평가한 동호인들이 그녀를 아끼는 마음에서 석물을 조성해 놓았다.

매창은 생애에 병마와 신분, 사랑, 정인 등의 명분에 깔려 매우 고통스럽게 살다 갔다. 그리고 그보다 더 힘겨웠던 것은 고독과 적막함이 아니었겠는가 싶다. 그런 매창의 옆자리에 수준 높은 예기와 고운 심성을 이 땅에 남겨 놓고 떠난 명창 이중선을 택한 것이 필자의 눈에는 우연이 아닌 듯이 보였다.

아담한 매창의 묘는 소박한 화강암 묘비와 상석이 전부이나 그것은 오석烏石 비신碑身에 용두龍頭를 얹은 여느 묘보다 더 빛나 보인다. 그 묘비는 매창의 인품과 시를 아끼는 선비들과 풍류가들에 의해서 세워지고 지켜져 왔기 때문이다.

묘의 형태는 토광원분묘형土廣圓墳墓形으로 묘의 앞에는 묘비가

이중선 묘소. 「명창 경주이씨 중선지묘」라고 쓰여 있다.

이매창 묘소(좌)와 「명원 이매창지묘」라고 쓰인 묘비(우). 전북 부안군

한 기 서 있는데 묘지 전면에는

> 名媛李梅窓之墓

> 명원이매창지묘

라고 씌어 있고, 뒷면에는 매창의 일생이 간략하게 적혀 있는데 .

> 媛名香今 號梅窓 正德癸酉生 及長善詞章

> 有集行于世 嘉靖庚戌終 萬曆乙未立碣歷年三百

> 字劃剝落 更改立石 仍記其蹟云爾

> 원명향금 호매창 정덕계유생 급장선사장

> 유집항우세 가정경술종 만력을미립갈력년삼백

> 자획박낙 갱개입석 잉기기적운이

라고 되어 있다. 좌측면에는

> 歲丁巳 3月 日 扶風詩社竪

> 세정사 3월 일 부풍시사수

잘못 기록된 매창의 비문

라고 기록되어 있다. 정덕 계유생은 1513
년(중종 8)에 해당되며 가정 경술년은
1550년(명종 5)에 해당되는데 매창의 태
어난 해와 죽은 해의 연대를 한 갑자씩
올려 기록한 것으로 이는 잘못된 것이다.
이를 바로잡는다면 정덕계유생은 '신종
神宗 만력萬曆 계유생癸酉生 1573년(선조
6)'으로 가정경술종은 '만력萬曆 경술종
庚戌終 1610년(광해 2)'이라고 기록했어야
했다.

　355년의 세월을 견디어 온 비문이지만 잘못 기록되어 있어 매창
이 다른 이들에게 보이기를 달가워하지 않을 듯하였다. 아마도 입
석 당시 실수로 기록된 것 같다.

　매창의 묘비는 그녀가 죽고 45년이 지난 1655년(효종 6) 부안 고
을의 부풍시사에서 처음으로 세워 그의 애틋한 시심詩心과 고운 마
음씨를 기렸다.

　부풍시사에서 매창의 무덤을 돌보기 전에는 마을의 나무꾼들이
해마다 벌초를 했다고 한다. 세상은 그들을 무식하고 무딘 감성의
소유자로 단정지을지 몰라도 매창의 거문고와 시를 사랑할 줄 알
았기 때문이다.

　남사당이나 가극단, 유랑극단이 들어올 때에는 부안읍내에서

매창공원 표석(좌)과 매창을 기리는 정비석(우)

공연을 하기 전에 이곳 매창이뜸 매창의 무덤을 찾아 한바탕 굿판을 먼저 벌였다고 한다. 현재 매창의 묘제墓祭는 매년 음력 4월 5일에 부풍율회扶風律會 회원들에 의해 지내지고 있다.

그 후 3백 년의 세월이 흘러 글자가 마멸되자 또다시 묘비를 세워 지금에 이르렀다. 어느 왕후장상의 묘비를 두 번씩이나 세워 주겠는가. 지금껏 들은 바 없는 이야기다. 묘비의 크기는 높이 1백 센티미터, 위 넓이 39센티미터, 아래 넓이 35센티미터이다.

1974년 4월 27일 매창기념사업회에서 성황산 기슭 서림공원(현 매창공원)에 매창 시비를 건립하고, 그 이래 묘역이 다듬어졌으며 1983년 8월 24일에는 전북 지방기념물 제65호로 지정되어 오늘에 이르고 있다.

이 공원은 본래 선화당 후원이니 매창이 자주 불려갔던 곳이다. 매창이 거문고를 타던 너럭바위에는 금대琴臺라고 새긴 글자가 아직도 남아 있다. 시비는 여섯 자 높이에 두 자 가량 너비로 흰 대리석 복판 검은 돌에 〈梅窓詩碑매창시비〉 네 글자가 세로로 새겨져 있다.

매창의 유택이 있는 공원에는 고인이 남긴 작품과 후세인들의 시작을 골고루 배열하여 격조있게 단장해 놓았다. 서울로 돌아오는 필자의 뇌리에 매창의 삶들이 지나가며 그녀가 남긴 작품이 널리 알려지기를 바라는 마음 간절했다.

매창이 평생을 사랑한 유희경

유희경은 1545년(인종 1) 태어났는데 아버지가 종7품인 계공랑이었다는 것만 전할 뿐 자세한 가계는 알 수 없다. 본관은 강화, 자는 응길應吉, 호는 촌은이다. 서경덕의 문인이었던 남언경南彦經에게 문공가례文公家禮를 배워 상례에 특히 밝았으므로 국상이나 사대부가의 상喪에 집례하는 것으로 이름이 났다.

임진왜란 때에는 매창과 가슴 아픈 이별을 해야 했으나 의병으로 나가 싸운 공으로 선조로부터 포상과 교지를 받았다.

이후 사신들의 외국으로의 잦은 왕래로 인해 호조의 비용이 고갈되자 유희경이 계책을 일러주었으므로 그 공로로 통정대부를 하사받았다. 광해군 때에는 이이첨李爾瞻이 모후를 폐하려고 그에게 소疏를 올리라고 협박하였으나 거절하고 따르지 않았다. 이 일로 인해 인조가 반정에 성공한 뒤에 유희경의 절의를 칭송하여 가선대부로 품계를 올려주었고 80세 때에는 가의대부를 제수받았다.

유희경은 사회적인 역량 이외에 한시를 잘 짓는 시인으로도 유명하였다. 박순朴淳으로부터 당시唐詩를 배웠으며 사대부들과 교유하였는데, 유희경은 북촌 부업원浮業院 기슭 자신의 집 뒤 시냇가에 돌을 쌓아 대를 만들어 침류대枕流臺라 하고 그곳에서 이름 있는 문인들과 시로써 화답하였다.

이후 화답한 시를 모아 『침류대 시첩』을 만들었다. 또한 그는 당시 풍월은 사대부만의 전유물이었다고 의식되던 무렵에, 같은 천인 신분으로 시에 능하였던 백대붕白大鵬과 함께 〈풍월향도風月香徒〉라는 모임을 만들어 위항委巷문학을 주도하였는데 이 모임에는 박지화朴枝華, 박인수朴仁壽를 비롯하여 박계강朴繼姜, 정치鄭致, 최기남崔奇男 등 중인 신분을 가진 시인들이 참여하였다.

유희경의 시는 한가롭고 담담하여 당시唐詩에 가깝다는 평을 들으며 저서로 『촌은집』 3권과 『상례초喪禮抄』가 전한다. 뒤에 아들 유일민劉逸民의 원종훈原從勳으로 인하여 자헌대부 한성판윤에 추증되었으며 1636년(인조 14) 향수 92세로 하세하였다.

매창과 시를 주고받으며 학문적 교분을 쌓은 허균이 『성수시화』에서 유희경을 천인으로서 한시에 능통한 사람으로 꼽았으니 이들 셋 또한 인연이라 하겠다.

신분의 귀천은 있으나 하늘이 준 노래는 같은 소리이다

유희경은 침류대에 모여 문인들과 서회를 즐겼다고 하였다. 천인 출신인 유희경은 임진왜란 때의 의병 활동으로 신분이 상승되었으며, 함께 시작 활동을 했던 백대붕 또한 노예 출신으로 풍월향도를 주도했으나 그가 임진왜란으로 전사한 뒤 시사詩社는 해체되기에 이른다.

조선 후기 서울을 중심으로 유희경과 같은 중인 이하 계층들이 주도한 한문학 활동을 가리켜 위항문학이라 일컫는다.

한편 유희경의 제자인 최기남崔奇男도 천노 출신이었으나 사대
부들의 인정을 받아 숙종 이전 가장 두각을 나타낸 위항시인으로
손꼽히는 바 되었고, 그를 중심으로 남응침南應琛, 정예남鄭禮男,
김효일金孝一, 최대립崔大立, 정남수鄭枏壽를 대가大家라고 하였으
며, 이들 여섯 위항시인들의 작품을 모은 『육가잡영六家雜永』은
1668년(현종 9) 처음 세상에 발행된 평민 시집으로서 공동 시집 간
행의 단초가 된다.

그 후 한 단계 진전된 본격적 위항 시집으로
홍세태洪世泰가 1712년(숙종 38) 간행한 『해동유
주海東遺珠』를 들 수 있다. 이는 홍세태가 김창
협金昌協의 협조를 얻어 10여 년 동안 위항 문
인들에 널리 구하고 모아 48가 230여 수의 시
를 1책으로 묶은 공동 시집으로 본격적인 위항
시집의 효시가 된다.

『해동유주』

1737년(영조 13)에는 본격적인 위항 공동 시집의 표본이라 일컫
는 『소대풍요昭代風謠』가 간행되었다. 이 책의 선집 작업은 채팽윤
蔡彭胤이 했으며, 고시언高時彦은 오광운吳光運의 협조를 얻어 편집
을 마무리하고 간행한 것으로 알려졌다. 『소대풍요』에는 162명의
시를 시체에 따라서 선집하여 9권 2책으로 엮은 것으로 천례賤隸
출신까지도 망라되어 있다. 고시언은 제사題詞에서

〈이 책은 사대부의 『동문선東文選』과 표리를 이루며, 인위적 신분에

는 귀천이 있으나 하늘이 준 노래는 같은 소리이다.)

라고 밝히고 있다.

『소대풍요』를 계기로 환갑마다 공동 시집을 발간하는 불문율이 생겨 60년 후인 1797년(정조 21)에는 『풍요속선風謠續選』이 간행되었다. 옥계玉溪시사의 송석원松石園을 비롯한 천수경千壽慶,

『소대풍요』(좌)와 『풍요속선』(우)

장혼張混이 중심이 되어 333명 위항시인의 시 작품 723수를 운각 芸閣활자를 사용하여 3책으로 찍어낸 방대한 작품집이다. 여기서는 시체별이 아닌 작가별이어서 시각적 효과를 크게 더하고 있다. 1786년(정조 10) 여름에 결성된 옥계시사는 송석원시사라고도 했는데 이는 송석원의 집이 이들 동인들이 모임을 갖는 중심지였기 때문에 별칭된 것이다.

이덕함이 쓴 발문을 보면 위항 시사의 전성기를 이룬 옥계시사가 중심이 되었음을 알 수 있으며, 재능 있는 숨은 작가들을 새롭게 발굴하는데 그 목적이 있을 뿐만 아니라 후세에 길이 이를 알려야 할 소명감에서 이 책이 편집되었다고 밝혔다. 여기에는 애꾸눈화가 최북崔北, 나무꾼 정초부鄭樵夫(봉봉鳳鳳) 등을 비롯하여 실명의 필운弼雲 거사, 청량리淸凉里 은자, 서촌 노인을 비롯하여 승려 성곤聖昆, 설담雪潭, 영성營性, 철선澈禪 등 외에도 매창, 계화, 계월桂月,

계향桂香, 일지홍一枝紅 등 기녀들의 작품도 상당수 수록되고 있다.

다시 60년이 지난 1857년(철종 8) 직하稷下시사가 주도하여 『풍요삼선風謠三選』이 발행되었다. 『풍요속선』 이후 배출된 시인 305명의 작품을 망라하여 7권 3책으로 편찬하였으며 최경흠崔景欽, 유재건劉在建이 공편하였다. 이것이 위항 시사의 마지막 작품집이 되는 셈이다. 여기에도 곡구谷口 노인 · 채초采樵 동자 등 실명의 작품, 언기彦機 · 법수法竪 · 청학淸學 · 처곤處昆 등 승려와 부용芙蓉 · 죽향竹香 등 기녀들의 작품이 다수 포함되어 있다. 장지완張之琬이 발문을 썼으며 또 이때 120년 전 간행된 『소대풍요』가 이미 없어지기 시작했으므로 1백여 본을 중간하였다.

위항문학 활동은 일제강점기라는 국가적 위기 상황에 따라 중단되었다가 1915년 『풍요사선風謠四選』 간행을 준비하면서 육당六堂 최남선崔南善에게 의뢰된 기록이 있으나, 갑오개혁甲午改革으로 평등 사회가 되어 별 의미가 없다는 이유로 무산되었으며 다수 중인 출신 인사들 또한 발간을 거부하였다.

이후 반상을 타파하고 평등사상에 입각한다는 취지 아래 장지연에 의해 『대동시선』이 1917년 12권 6책으로 편집 간행되었는데, 제5책의 9권과 10권에 『풍요삼선』 이후 위항시인들의 작품이 실려 있다.

이와 같은 시기에 같은 편집자에 의해 공동 전기인 『일사유사逸士遺事』가 편집되어 1922년 간행되었는데, 전 시기인 19세기 중엽

『호산외사』

의 중반 직하시사 동인들이 중심이 되어 편찬한 『호산외사壺山外史』, 『이향견문록里鄕見聞錄』, 『희조질사熙朝軼事』를 재편집한 것이며, 그 이후의 인물은 전혀 정리하거나 수록하지 않았다. 그 이유는 이미 신분 상승을 이룩하여 더 이상 구차스럽게 위항문학 운동에 편승할 필요가 없었을 뿐더러, 자신들의 출신 배경을 구태여 들추어내기를 꺼려한 때문으로 해석된다.

18세기 이래 위항 문인을 포함하는 중인 계층은 위항문학 운동, 서얼들의 신분 상승 운동인 서얼통청庶蘗通淸 운동을 통해 신분 상승을 도모하며 새로운 사회 계층으로 부상하였다. 또 퇴색해가는 양반 문화를 대체하는 중인 문화를 키워 갑오개혁, 국권 상실의 격변기를 거쳐 일제강점기에 이르러서는 문화 운동의 주류를 형성하였다.

공동 전기의 발간은 전기한 사항에 비해 상당히 후기에 이루어진 것으로 『호산외사』는 『호산외기壺山外記』로도 표기되며 조희룡趙熙龍에 의해 1844년(헌종 10) 간행되었는데, 연대순으로 39명 위항 문인들의 행적을 정리하여 1권 1책으로 엮었다. 『이향견문록』은 18년 후인 1862년(철종 13)에 같은 직하시사 동인인 유재건이 284항목 308명의 위항 문인들의 전기를 10권 3책으로 엮어낸 것이다. 조희룡의 서문과 편자인 유재건 자신의 의례義例, 목차,

인용 서목의 순서로 된 짜임새 있는 체재로 꾸며져 있다. 4년 후인 1866년(고종 3)에는 같은 직하시사 동인 이경민이 자신의 서재인 운강서옥雲崗書屋 판으로 『희조질사』 상하 2권 1책으로 위항 문인 95명의 집단 전기를 발행하였다.

이 공동 전기의 간행은 공동 시집과는 달리 직하시사 동인들의 개인적 노력의 소산이며 사대부같이 본격적인 문집을 낼 여력이 없던 위항 문인들의 행적을 한데 모아 조명함으로써 후배 문인들을 분발하고 격려하는 것이 목적으로 공동 시집의 간행과 같은 의미를 가졌다.

『연조귀감』

시기적으로 늦은 것은 18세기의 문예 부흥기를 거쳐 정리할 시간이 필요했던 것으로 정사에서 소외된 위항 문인 자신들의 역사의 정리라는 점에서 같은 시기에 나온 『규사葵史』, 『연조귀감掾曹龜鑑』과 같은 궤를 이룬다. 『규사』는 1859년 대구의 달서정사達西精舍에서 간행된 서얼들 자신들 역사를 집대성한 것이며, 『연조귀감』은 향리의 역사서로 월성 이씨라는 대표적 향리 가문의 3대에 걸친 가사家史이다.

생애를 건 기다림을 예술로 승화시킨 홍장

강릉江陵 기생 홍장紅粧은 고려 말에 태어난 인물로 유교 사상이 확립된 때에 살았던 것은 아니다. 그러나 한 나라가 멸하고 또 다른 시대가 들어서는 격변기에서 자신의 삶을 시를 통해 예술로 승화시켰다. 『임영지臨瀛誌』에 의하면 홍장은 〈기생15명妓生十五名〉의 하나로 기록되어 있을 만큼 기류妓流 문학상 중요한 위치를 차지하였다.

　　한송정寒松亭 달 밝은 밤에 경포대鏡浦臺의 물결 잔 제

　　유신有信한 백구白鷗는 오락가락 하건마는

　　엇덧타 우리의 왕손王孫은 가고 안이 오는이

기녀로서 한계에 부딪칠 수밖에 없는 사모의 정을 절절하게 표출하고 있는 이 작품에는 임으로 모시던 박신朴信을 그리워하는 심회가 담겨져 있다. 홍장은 기존의 시를 인용하면서 작품 속에 임의 이름을 삽입하는 기법으로 주제를 뚜렷이 하는 효과를 얻고 있으며 이것은 당시의 사대부들이 기녀에게 써주었던 증기시贈妓詩의 한 양식이라는 점은 특징적이다.

　　이 시조는 김수장金壽長의 『해동가요』에 홍장의 작품으로 명시되고 있다. 그러나 『가곡원류』에서는 「강릉기江陵妓」라고 되어 있으며 〈엇지타 우리의 왕손은 귀불귀歸不歸를 하는고〉로 종장이 마무리 되고 있다.

한편 『해동가요』는 김수장이 1763년(영조 39) 발표한 시조집으로 시조 117수가 들어 있다. 김수장은 벼슬로 기성 서리騎省書吏를 지냈으며, 김천택金天澤과 아울러 영조 때 국문학 문인의 중진으로 그 이름을 떨쳤다. 말년에는 서울 화개동花開洞의 자기

김수장이 엮은 『해동가요』.
장서각 도서

집을 노가재라 부르며 제자들을 모아 작가법, 가곡의 창법, 악기의 연주법 등을 가르쳤다고 하며, 시조의 창작과 가창으로도 유명하였다. 1690년(숙종 16) 태어난 김수장의 자는 자평子平, 호는 노가재老歌齋이며 사망 연도는 정확하지 않다.

홍장에 의해 불려진 시조는 신라 때 한송정곡寒松亭曲의 내용을 유추하게 하는데 한송정곡은 동곡 이조同曲異調로서 신라 때는 향가로, 고려 때는 한시로, 조선조에는 홍장의 시조로, 그 이후는 민요로 불려 오늘에 이르고 있다.

기녀로서 문학성을 보여준 실례는 황진이 등에서 찾아보게 되지만 고려 말에서 조선 초에 걸쳐 생존하였던 강릉의 기녀 홍장은 특히 이 시조로 중요한 위치를 차지하게 되었다.

홍장은 고려 말 우왕禑王 때 강원도 안렴사 박신과 아름다운 일화를 남겼다. 뒷날 송강松江 정철이 『관동별곡關東別曲』에서

〈홍장 고사紅粧故事를 헌사타 하리로다.〉

라고 기술한 바 있듯이 후대까지 널리 회자되고 있다. 박신은 젊어서부터 명성이 있었는데, 강원도 안렴사가 되어 그곳으로 갔을 때 홍장을 사랑하여 정이 아주 두터이 들었다. 그러던 중 박신의 임기가 끝나 서울로 돌아가게 되자 부사 조운흘趙云仡이 거짓으로

"홍장은 이미 죽었습니다."

하니 박신의 그 애도함이란 어쩔 줄을 몰랐다고 한다.

이후 조운흘은 박신을 강릉부 경포대의 한송정寒松亭으로 유인하고 노닐면서 몰래 홍장으로 하여금 신선처럼 예쁘게 꾸미고 고운 옷으로 단장케 하였다. 그리고 따로 놀잇배를 마련하고 늙은 관인 한 사람을 골라서 눈썹과 수염을 하얗게 하고 의관을 크고 훌륭히 차리게 하고는 홍장을 배에 태우게 하였다. 또 채색 액자를 배에 걸고 그 위에 시를 지어 붙이기를

〈신라 성대의 늙은 안상安詳이 청년 풍류를 아직 잊지 못하여, 경포대에 임금의 사신이 놀이한다는 말을 듣고는 아름다운 배에 다시금 홍장을 실었네.〉

하였다. 배가 천천히 노를 저어 포구로 들어오면서 물가로 배회하는데 맑고 둥근 음악 소리가 공중에 떠오는

경포대

것 같았다.

　조운흘이 말하기를

"이곳에는 신선들이 있어 왕래하는데 단지 바라다만 볼 것이요, 가까이 가서는 안 됩니다."

하니 박신의 눈에 눈물이 가득하였다. 그런데 갑자기 배가 순풍을 타고 순식간에 바로 앞에 다다르니, 박신이 놀라 말하기를

"신선의 무리임이 분명하구나."

하고는 자세히 살펴보는데 다름 아닌 홍장이었다. 놀라고 당황한 박신의 모습에 자리에 있던 사람들은 모두 손뼉을 치면서 크게 웃었다.

　홍장을 신선으로 꾸민 뒤 박신을 놀려주었다는 이 일화는 서거정의 『동인시화東人詩話』에 전하고 있으며 조선 효종 때의 신후담愼後聃이 홍장과 박신의 이와 같은 애정 고사를 소설화하여 『홍장전』을 지었다고 한다. 이러한 사실은 김태준金台俊의 『조선소설사』에서도 그의 「속열선전續列仙傳」 등 여러 소설 작품들과 함께 거론되었다.

박신과 조운흘의 평생 잊지 못할 기억

　노경에 이른 박신은 조운흘에게 경포대의 기억을 담은 시편을 보냈다.

少年持節按關東 소년지절안관속

鏡浦淸游人夢中 경포청유인몽중

臺下蘭思舟又泛 대하난사주우범

却嫌紅粧笑衰翁 각무홍장소쇠옹

소년 적에 절節을 잡고 관동을 안찰할 때

경포대 놀이하던 일 꿈속에도 그리워라.

다시 배 띄우고 놀 생각 있으나

붉은 단장이 늙은이 비웃을까 두렵네.

홍장과 박신의 시조로 인해 박신과 조운흘, 관기 홍장의 일화는
더욱 진실성이 첨가된다.

박신은 성품이 너그러웠고, 일에는 재산을 아끼지 않을 정도로

박신의 묘소, 경기도 김포시 하성면(좌)와 갑곶나루 선착장 석축로 설명문(우)

대범하였다고 한다. 일례로 사비를 들여 김포와 강화섬을 연결하는 갑곶나루 선착장 석축로를 축성하였다. 1362년(고려 공민 11) 운봉雲峰 박씨 부사 박지의朴之誼의 아들로 태어났으며 정몽주鄭夢周의 문인으로 1385년(우왕 11) 문과에 급제하고 사헌 규정司憲糾正이 되었으며 조선 개국시 이성계가 제군부諸君府를 둘 때 중랑장으로서 군부도사를 겸대하였다.

1392년(태조 1)에 건국의 공으로 원종공신原從功臣에 책록되고 봉상시 소경奉常寺少卿이 되었으며, 1395년(태조 4)에는 형조도관으로서 노비 문제에 대한 쟁송을 없애고자 노비 문제를 상언하여, 공사公私 노비에 대해 다른 도감을 두고 새로운 노비 문서를 만들어 옛 문서는 소각하도록 하였다. 1397년에는 간관諫官으로서 변정도감의 죄를 지어 노비가 된 이들로 하여금 노비에서 풀려난 이들의 수를 보충하자고 하여 관철시켰다. 또한 1398년(태조 7) 쓸데없는 관직을 줄이고 군자전軍資田이 적으므로 녹과전祿科田으로 정하지 말고 저축에 대비하자고 하였으며, 또 아일衙日에는 정전正殿에서 조회朝會를 받고 정무를 볼 것을 상언하기도 하였다.

1399년(정종 1) 형조 전서가 되었다가 1400년 태종이 왕위를 계승하자 승추부承樞府 좌부승지로 기용되었다. 이듬해 참찬관參贊官 승지로서 경연에 참가하기도 했으며, 1402년(태종 2) 대언代言, 사헌부 대사헌에 특배特拜되고 각 도에 경차관敬差官을 파견하여 곡식의 손실을 검사하자고 주청하였다.

다음해에는 광주 목사로 나갔으며 1404년(태종 4) 개성 유후留後, 승녕부承寧府 부윤이 되고 11월에는 참지의정부사로서 사은사가 되어 명나라에 다녀왔다. 1405년 노비변정도감奴婢辨正都監의 제조提調 그리고 다시 대사헌이 되었으나 대사헌으로서 전후가 맞지 않는 계문啓聞을 올렸다는 이유로 사간원의 탄핵을 받아 순군사巡軍司에 하옥되었다가 아주牙州로 귀양갔다.

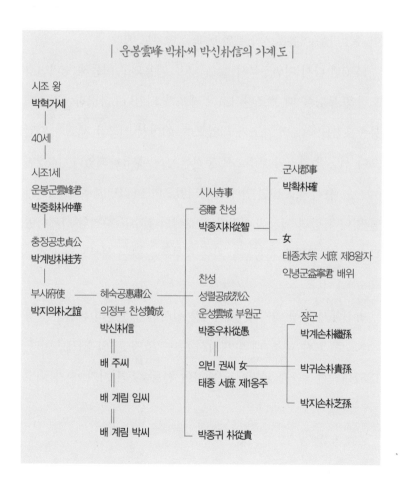

| 운봉雲峰 박朴씨 박신朴信의 가계도 |

시조 왕
박혁거세
|
40세
|
시조1세
운봉군雲峰君
박중화朴仲華
|
충정공忠貞公
박계방朴桂芳
|
부사府使 ── 혜숙공惠肅公
박지의朴之誼   의정부 찬성贊成
                박신朴信
                ‖
                배 주씨
                ‖
                배 계림 임씨
                ‖
                배 계림 박씨

시시寺事
증贈 찬성
박종지朴從智 ── 군사郡事
                  박확朴確
                  └ **女**
                    태종太宗 서서庶 제8왕자
                    익녕군益寧君 배위

찬성
성렬공成烈公
운성雲城 부원군
박종우朴從愚
의빈 권씨 女 ── 장군
태종 서서庶 제1옹주   **박계손朴繼孫**
              박귀손朴貴孫
              박지손朴芝孫
박종귀 朴從貴

조선조의 여성시관詩觀과 기녀들의 수준 높은 시작詩作

1406년(태종 6) 귀양에서 풀려나 경외종편京外從便2)되었으며, 다시 동북면도 순문찰리사東北面都巡問察理使로 기용되자 경성과 경원에 무역소를 설치하자고 상소하였다.

1407년 참지의정부사로 다시 기용되어 세자가 정조사正朝使로 명나라에 갈 때 요동까지 호종하고 돌아와 공조판서에 올랐다. 1408년(태종 8) 서북면도 순문찰리사 겸 평양 부윤이 되었으며, 1409년 정조에 활과 화살을 바쳐 학문을 전폐시키는 단서를 만들어 주었다는 이유로 사헌부의 탄핵을 받기도 했다.

1410년 다시 지의정부사知議政府事로 기용되고 이듬해 노비변정도감을 두었을 때 호조판서로서 제조가 되었다. 1418년(세종 즉위) 봉숭도감封崇都監의 제조가 되었으며, 이어서 선공감 제조가 되었으나 선공감 관리의 부정으로 통진현通津縣에 유배되었다. 1432년(세조 14) 용서되고 13년 만에 소환되었으며 1444년(세종 26) 격변기를 맞아 환란의 세상을 마감하고 83세의 천수를 주리다 하세하였다. 박신의 본관은 운봉雲峰, 자는 경부敬夫, 호는 설봉雪峰, 시호는 혜숙惠肅이다.

박신에게 평생 잊지 못할 기억을 선사한 조운흘의 본관은 풍양豊壤으로 고려 태조 때의 평장사平章事 조맹趙孟의 31세손이다. 1357년(고려 공민 6) 과거에 급제하여 안동安東의 서기書記가 되고

---

2) 경외종편京外從便: 유배된 죄인을 적소謫所에서 풀어주고 서울을 제외한 어느 곳에서나 뜻대로 살게 한 것.

조맹 묘소. 경기도 남양주시

합문사인閤門舍人에 전임하였으며 1360년 형부원외랑刑部員外郎이 되었다. 이듬해 홍건적의 난 때 왕을 따라 남행南幸하여 공功 2등에 서록되었으며, 국자직강國子直講으로 있다가 전라·서해·양광楊廣 3도道의 안렴사를 거쳤다.

1374년(공민 23)에는 전법총랑典法摠郎으로서 벼슬을 떠나 상주 노음산露陰山 밑에 기거하며 스스로 석간서하옹石簡棲霞翁이라 호하고 출입에는 반드시 소를 타고 다녔으며 자은慈恩의 승려 종림宗林과 사귀었다.

1377년(우왕 3) 다시 등용되어 좌간의대부左諫議大夫가 되고, 판전교시사判典校侍事로 있다가 1380년 사임하고 광주廣州 고원강촌古垣江村에 살면서 판교원板橋과 사평沙平 양원兩院을 중수하여 자칭 원주院主라 칭하였다. 1388년(우왕 14) 또다시 전리典理 판서로 기용되었으며 밀직密直 제학에서 서해도 관찰사로 내려가 치적을 올리고, 그 이듬해 창왕 때 첨서밀직사사가 되었다가 동지同知에 올랐다. 1390년(공양 2) 계림鷄林 부윤을 지냈으며 조선으로 들어와 강릉 대도호부사, 검교 정당문학을 역임하고, 37세의 젊은 나이로 광주 고원성에서 죽었다. 그의 저서로『삼한시구감三韓詩龜鑑』이 있다.

홍장에 의해 새롭게 조명되는 기류 문학

고려 문학은 고려 초기부터 조선 건국까지 약 5백 년 간을 시기로 한 문학으로서 그 사상은 불교가 지배적이었으며 제도 면에서는 유교가 성행한 시기이다. 사회적으로 내우외환에 의해 혼란과 사치가 성행하였고, 문화적으로 한문학은 융성을 보았으나 국문학은 위축된 때였다.

특히 고려 말 안축安軸의 경기체가景幾體歌인『관동별곡關東別曲』은 3음보에 3·3·4조가 기본 율로 '경景 긔 엇더ㅎ니잇고'란 후렴구를 지녔다. 이는 한자와 이두로 표기되었으며 국문학 갈래상 악장과 가사로 발전되었는데 조선조 초기에 한학자 사이에 다소 유행하였으나 점차 소멸되었다.

안축은 흥녕현興寧縣 출신인 안석安碩의 아들로 1287년(고려 충렬 13) 태어났다. 문과에 급제한 후 사헌 규정糾正을 지내다가 1324년(고려 충숙 11)에 원나라의 과거에 합격하여 요양로遼陽路 개주蓋州 판관을 내렸으나 가지 않았다. 고려 본국의 성균학정成均學正을 거쳐 우사의대부右司議大夫에 이르렀으며 충혜왕 때에는 강원도 안렴사가 되어 부임하였는데 이때 『관동와주關東瓦注』를 썼다. 그 후 여러 벼슬을 거쳐 충목왕 때에 감춘추관사監春秋館事까지 승진하여 충렬·충선·충숙 3조의 실록을 편찬하였다.

흥녕군興寧君에 피봉되었으며 공정하고 근검하여 명망이 높았다. 1348년(고려 충목 4) 사망하였으며 자는 당지當之, 호는 근재謹齋, 시호는 문정文貞이다.

한편 『관동별곡』 중 '홍장고사紅粧故事'를 확인하는 과정에서 홍장의 「한송정곡」은 작자 미상의 사설시조로도 불리었다. 『청구영언』에는 다음과 같이 실려 있다.

한송정자寒松亭子 긴 솔 버혀 죠고만 비 무어트고
슐이라 안쥬 거금고 가야인伽倻人고 계금溪琴 비파琵琶
적笛 필룰 장고杖鼓 공인工人과 안암산安岩山 차돌 일번一番
부쇠나젼대 궈지 삼이 강릉 기녀 삼척三陟 쥬탕년 다 몰속 싯고
달 발근 밤의 경포대에 가셔 대취大醉코 구예 승류乘流하여
총석정叢石亭 김난굴金蘭窟과 영랑호永郎湖 선유담仙遊潭에
임거래任去來를 하리라.

위의 작품 속에 수용되고 있는 한송정과 경포대, 강릉 기녀 등은 홍장의 시조와 밀접하다. 이 사설시조는 강릉 민요, 「경포팔경鏡浦八景」 그리고 경기 민요 노랫가락에까지 영향을 주었음을 주지

할 필요가 있다. 우리는 여기서 강호 연가가 성행하던 시대에 삶의 번뇌를 씻고 청풍명월淸風明月과 교접하며 자연 속에서 한가로이 시심을 꽃피우던 조상들의 심성을 발견하게 된다.

참고로 「경포팔경」에는 녹두정蕪荳亭의 일출과 한송사寒松寺의 저녁 종소리가 들어 있는데 녹두정은 곧 한송정을 일컫는다. 경포팔경은 ① 녹두일출蕪荳日出, ② 죽도명월竹島明月, ③ 강문어화江門漁火, ④ 초당취연草堂炊煙, ⑤ 홍장야우紅粧夜雨 ⑥ 증봉낙조甑峯落照, ⑦ 환선취적喚仙吹笛, ⑧ 한사모종寒寺暮鍾이다.

한송사 솔을 베어 조그맣게 배를 모아
슬렁슬렁 배 밀어라 강릉 경포대 달마중 가자.
에라 만세
저 건너 갈미봉(대관령)
안개구름에 비 묻었네.
우장雨裝 쓰고서 김 매러 갈가나.

한송정 달 밝으니 밤은 다시 고요하고
경포대 물결 잘제 가을 더욱 맑아있네.
백로는 무슨 일로 슬피 울며 오락가락

홍장에 의해 시조로 변형된 「한송정곡」은 장연우張延祐의 한역

漢譯에 도움을 받았을 것으로 유추된다.

또 하나 확인해야 할 것으로 한송정과 시가, 그리고 기류 문학의 불가피한 연관성이다. 홍장은 후대에 속하지만 그녀에 의해서 새롭게 조명되고 있기 때문이다. 홍장이 박신과 꽃피운 아름다운 시정은 정철의『관동별곡』을 통해 후대까지 전해지고 있다. 이 외에도 홍장고사는 서거정의『동인시화』를 비롯해 노사신의『동국여지승람』, 정약용의『목민심서牧民心書』등에도 사랑의 정화情話로 수록되어 있다.

1876년(고종 13) 박효관과 함께 역대 시조집『가곡원류』를 편찬한 안민영女珉英은 또 다른 강릉의 기녀 홍련紅蓮과 사랑에 얽힌 시조를 전하고 있다. 아래 안민영의 시조는 기류 문학은 아니나 강릉 기녀와의 풍류에 관한 내용이기에 홍장과 관련지어『금옥총부金玉叢部』에 수록한 것이다.

● 엊그제 이별하고 말 업시 안져스니
　알뜨리 못 견딜 일 한두 가지 아니로다.
　입으로 닛자 허면서 간장肝腸 슬어 허노라.

● 이리 알뜨리 살뜨리 그리고 그려 병病 되다가
　만일예 어느 때가 되던지 만나보면 그 엇더할고.
　응당應當이 두 손길 뷔여 잡고 어안 벙벙 아모말도 못하다가

두 눈예 물결이 어리여 방울방울 떠러져 아롱지리라.

이 옷 압자랄 예일 것세 만낫다 하고

정녕丁寧이 이럴 줄 알냥이면 차라리 그려 병 되느니만 못하여라.

『금옥총부』

『금옥총부』에서 안민영은 무려 42명의 기녀에 대해 60수의 시조를 지었는데, 이는 전체 수록 180수의 3분의 1에 해당하며 거의 8도 전역에 이른다. 홍련 외에도 강릉 기생 중 월출月出이란 기녀가 있었으나 그에 관한 시조는 전하지 않는다. 또한 기녀 옥영玉英과 이현로李賢老의 고사는 『임영지』에 나오는데 『배비장전裴裨將傳』 근원 설화와 유사하며 이 밖에도 한송정에 감사 이상국李想國이 와서 즐길 때 기생 일지매一枝梅가 사부詞賦를 매우 잘 불렀다고 한다.

한송정과 한송정곡

박신과 홍장을 비롯해 수많은 이들이 스쳐 지나간 한송정寒松亭은 강원도 명주군 강동면 하시동리에 있던 정자이다. 이름처럼 바로 눈앞에 동해 바다가 펼쳐지는 울창한 소나무 사이의 바람 소리를 연상할 수 있다. 그래서인지 한송정을 배경으로 하거나 주제로 한 시가들이 많이 전한다. 『동국여지승람』에 보면

〈동쪽 바닷가에 있는 정자는 한송寒松이며, 북쪽의 호수 가까운 누대는 경포鏡浦인데, 이곳은 모두 명승의 으뜸이다.〉

라고 기록되어 있다. 한송정은 조선 말기에는 때로 송정松亭, 녹정彔亭, 두정荳亭, 녹두정綠荳亭으로 불리기도 했으며 이 정자가 언제 세워졌는지 또 언제 없어지게 되었는지 정확하게 밝혀진 것은 없다.

정자와 인접한 지경에 한송사寒松寺가 자리하고 있는데, 조선 후기 지도들은 때로는 절을 한송정으로 표기하고 있어 혼동할 여지가 있으나 정자와 사찰은 분명 다른 것이었다.

『동국여지승람』의 기록에 따르면 한송정이 있던 자리 곁에 차샘(다천茶泉 또는 다정茶井), 돌 아궁이(석조石竈), 돌절구(석구石臼) 등이 있었는데 이는 화랑의 다도茶道 유적에 해당한다. 또 이 유적지를 가리켜 술랑선인述郞仙人, 즉 화랑도들이 노닐던 곳이라고 설명하고 있다. 그리고 한송정을 두고 읊은 고려 고종 때 장진산張晉山의 「한송정곡寒松亭曲」이 『악부樂府』에 전하고 있는 것을 비롯해 안축, 이인로李仁老, 김극기金克己, 권한공權漢功, 이무방李茂芳, 유계문柳季聞 등의 시가 소

인천 이씨 이인로 문학비. 인천시

유계문 묘소. 경기도 성남시

개되어 있다.

조선 시대 지리지들은 한송정이 관동 팔경八景에 들지는 못하지만 관동팔경의 하나인 경포대와 함께 강릉을 대표하는 명구名區로 꼽았다. 이상을 고찰해 보면 한송정이 생겨난 시원은 적어도 화랑도가 생성된 시기인 576년(신라 진흥 37)쯤의 신라 후반기로, 『또 동국여지승람』을 편찬하던 조선 초기에는 이미 폐허가 되어 있음을 짐작하게 해준다.

그러나 19세기 후반에 작성된 고지도古地圖라든가 강릉 지역 고로古老들의 문집 등을 살펴보면 한송정이 19세기 말까지도 존재했었던 것으로 추측이 된다. 특히 과거의 지리지를 비롯한 기록들이 술랑述郎이라든가 영랑永郎, 술랑, 남랑南郎, 안상安祥을 4선인仙人으로 묘사하는 등 화랑도들이 노닐었던 곳으로 설명한 것은 명승지에 대한 억지라고 보이지만 오늘날은 물론 고려와 조선 시대에 있어서 동해안을 지키는 작은 군사 기지라는 점을 감안한다면 화랑도가 노닐던 곳이라는 점이 이해가 갈 것이다.

한송정은 신라의 사선과 연관이 있어 퉁소와 비파 등의 가락을 들을 수 있던 곳으로 『임영지』 고사조古事條 탑산기塔山記에 보면

〈新羅永郎徒 所吹萬波息笛 一枝及琵琶一事 歲千府司 後世傳寶之
契舟之亂 府使朴廷章移置山城 遂失之

신라영랑도 소취만파식적 일지급비파일사 세간부사 후세전보지
계주지난 부사박정장이치산성 수실지

신라 화랑도였던 영랑이 불던 만파식적 한 대를 부사에 보관하고 후세에 보물로 보관해 왔는데 거란의 난 때 부의 아전 박정장이 산성에 옮겨 두었다가 마침내 잃어 버렸다.〉

고 한다. 따라서 『임영지』 불자조佛字條에 의거해 보면

〈동쪽에 사선비가 있는데 호종단胡宗旦이 물에 빠뜨려 귀부龜趺만이 남았다.〉

는 내용에 비추어 사선비四仙碑의 존재는 확실시 되며 이인로의 『파한집破閑集』에서 이를 뒷받침하고 있다. 그리고 과거 강릉 부사였던 윤종의尹宗儀가 돌절구 가장자리에 새긴

新羅 仙人 永郞鍊丹 石臼

신라 선인 영랑연단 석구

이인로의 『파한집』

라는 글귀를 보면, 형태나 형식으로 보아 이는 돌절구가 아니라
사선비의 귀부가 아닐까 하는 추정이 가능하다.

한송정의 유물로 전해지는 차 샘, 돌 아궁이, 돌절구 등은 지금까지도 잘 보존되어 있으며 돌샘에서는 맑은 물이 솟고 있다. 한편 『조선지朝鮮志』나 백졸百拙 노인의 『해동산천록海東山川綠』에서도 한송정의 석정石井, 다천茶泉를 밝히며 사선의 소유처라 하였다. 위와 같은 문헌적 기록으로 보아 한송정과 화랑의 다도 문화는 충분히 역사적 사실이라고 하겠다.

『해동산천록』

아래는 신라 시대 사선을 비롯한 화랑들이 강릉에서 접한 다도 문화와 관련해 고려 말 송인宋因의 강릉 동헌시 중 한 편이다.

千年石老依舊然 천년석로의구연
淡淡湖心慕四仙 담담호심모사선
鏡浦臺空茶竈冷 경포대공다조냉
更於何處擬逢山 갱어하처의봉산

경포대 푸른 이끼 가신 옛 임 묶은 사연
호심에 스민 연정 달빛 젖어 아롱지다.
다조엔 거미줄 서린 지 오래인데
어디서 그 옛 임 다시 만나 뵈오리.

이제 작자와 연대 미상의 고려 초기 가요인 「한송정곡」을 살펴보자. 「한송정」은 950년(고려 광종 1) 이전에 형성된 것으로 보이는데 『고려사』 권71 악지 속악조俗樂條에 원가原歌는 전하지 않고 오언절구의 한문으로 된 해시解詩와 함께 그 내력이 수록되어 있다. 같은 내용이 『증보문헌비고』 권106 악고樂考 17에도 옮겨져 있다.

상대上代 시가의 특징을 지닌 「한송정곡」의 원형은 접할 수 없으나 다행이 한역漢譯한 사람과 그 내용은 기록되어 남아 있다. 『고려사高麗史』 악지樂志의 일화逸話는 다음과 같다.

〈世傳此歌書於瑟底流至江南 江南人未解其詞 光宗朝國人張晉公奉使江南 江南人間之 晋公作詩解之曰

세전차가서어슬저유지강남 강남인미해기사 광종조국인장진공봉사강남, 강남인간지 진공작시해지일

세상에 전해지기는 이 노래는 슬瑟(거문고) 밑바닥에 쓰여져 강남에까지 흘러갔으나 강남인들은 그 가사의 뜻을 풀지 못했다. 광종조에 국인 장진공이 사명을 받들고 강남에 갔었는데 강남인들이 그에게 가사의 뜻을 물어 풀이하여 일러 주었다.

月白寒松夜波安鏡浦秋 월백한송야파안경포추

哀鳴來又去有信一沙鷗 애명래우거유신일사구

달빛 밝은 한송의 밤물결 가라앉은 경포의 가을

슬프게 울며 왔다가 가버리는 소식 지닌 한 마리 갈매기〉

이처럼 「한송정곡」은 고려 장진공張晉公에 의해 한역漢譯이나 시를 짓고 풀이하면서 창작성이 다소 가미되었을 것으로 보인다. 장진공은 『동국여지승람』과 『임영지』에 장진산으로 기록된 신라 말 고려 초의 장연우張延祐라는 사람이다. 장연우의 한역시는

한송정 달 발근 밤에 경포대에 믈견 잔제
유신한 백구는 오락가락 하건마는
엇디타 우리 왕손은 가고 아녀 오는고

라는 홍장이 쓴 시조의 초장과 중장의 내용이 완전히 일치한다. 이 노래의 가사를 중국인이 이해하지 못하였다는 기록으로 보아 향찰식 표기로 되어 있었음을 알 수 있다. 또한 후대에 시조로 변형되어 불렸다는 사실에서 「한송정」이 향가 계통의 노래였다는 것과 향가의 3구句 6명名 형식이 시조에 영향을 주어 시조가 생성되었을 것이라는 가설을 뒷받침해주는 자료로 주목된다.

김동욱金東旭은 『한국 시가의 연구』에서 「한송정곡」을 신라나 고려 초의 사뇌가詞腦歌(향가鄕歌)로 단정하고 있는데, 한역된 「한송정곡」을 국역해 보면 다음과 같은 시조와의 상관성을 고찰할 수 있다.

달빛 밝은(月白월백-제1구) / 한송의 밤(寒松夜한송야-제2구)

물결 가라앉은(波安파안-제3구) / 경포의 가을(鏡浦秋경포추-제4구)

슬프게 울며(哀鳴애명-제5구) / 왔다가 가버리는(來又去래우거-제6구)

소식 지닌(有信유신-제7구) / 한 마리 갈매기(一沙鷗일사구-제8구)

이처럼 8구체 향가로 쓰여진 「한송정곡」을 장연우가 중국인들에게 이해시키기 위해 5언의 한시로 재창작한 것으로 이해되는데, 또한 「한송정곡」은 강릉의 문화와 연계해 이해해 볼 수 있다. 첫째, 이 곡은 신라의 향가로서 거문고 악곡인 슬조곡瑟調曲으로 불려졌으며 작자는 한송정에 풍류차 왔던 사선 화랑으로 유추된다. 둘째, 화랑도의 다도 문화 유적지인 8경을 배경으로 장착된 것으로 다시茶詩로서의 평가도 가능할 것으로 보이며, 이 곡은 고려에서 조선 초로 이어지면서 한시漢詩의 중요한 소재로도 자주 다루어졌다. 셋째는 「한송정곡」의 한역은 고려 때 장연우에 의해 작시되었으며 조선조에는 홍장에 의해 기류 문학으로 재창작 되어 일관된 소재가 다양한 작자에 의해 전승되었다. 넷째, 한송정은 신라 때는 향가로서 화랑도의 이념을 반영한 것으로 분석되고, 고려 때는 유민들의 고국에 대한 조국애로, 조선 시대에는 시조로써 애정의 표출을 위한 대상으로 변모하였음을 파악할 수 있다. 마지막으로 「한송정곡」은 강릉 문화의 제반 요소를 포괄한 시가로서 상대 시가인 「헌화가獻花歌」, 「명주가溟州歌」와 함께 강릉 문학의 맥을 이어주는 핵심임을 확인해 주고 있다.

강릉은 산자수명한 예국濊國의 옛 도읍인 임영臨瀛으로 영동 지방 최고의 절경으로 일컬어진다. 이중환은 『택리지』에서

〈山水之勝 當以江原嶺東爲第一

산수지승 당이강원영동위제일

산수의 경치가 좋은 곳은 마땅히 강원도 영동지방이 제일이다.〉

라고 언급하고 있다.

　　거문고 곡조의 아름다운 「한송정곡」의 배경은 한송정이다. 허균도 『학산초담』에서 강릉부의 명승지로 한송정과 경포를 지칭했으며 아래의 내용처럼 『동국여지승람』의 강릉대호부 누정조樓亭條 또한 이를 대변하고 있다.

〈우리나라 산수의 훌륭한 경치는 관동이 첫째이고 관동에서도 강릉이 제일이다. 그런데 일찍이 가정稼亭 이곡(이색李穡의 아버지) 선생의 동유기東遊記와 근재謹齋 안상국安相國의 관동와주關東瓦注를 읽어보니 강릉에서 가장 좋은 명승지는 경포대, 한송정, 석조, 석지, 분수대라는 것을 알았으며 따라서 선비의 풍류도 또한 상고할 수 있었다. 한송정 거문고 곡조는 중국에까지 전해졌고 박혜숙朴惠肅, 조석간趙石磵의 경포대 놀이는 지금까지 좋은 이야깃거리로 되었으며 호종단胡宗旦이 물에 비석을 빠뜨린 것도 기이하다.〉

　　그만큼 한송정은 좋은 경치가 자리한 곳에 위치한 명소로 신라 화랑의 인격 연마의 도장道場으로, 다도 유적과 관계된 시문이나 기류 문학 등을 접할 수 있는 것이다. 그러나 한편 강릉의 향언 중에

<寒松何日虎將去 한송하일호장거

한송정을 어느 날 호랑이가 잡아가지 않겠는가?>

라는 말이 있는데, 이것은 부임하는 관리들이 한송정에서 즐기는
유희로 인해 어려움을 겪는 강원도 명주인들의 괴로움을 빗대어
암시한 것이다.

조선조의 여성시관詩觀과 기녀들의 수준 높은 시작詩作 ●

기생 홍랑, 명문가의 묘소에 묻히다

경기도 파주 교하면 다율리(옛 청석리)에는 조선 선조 때 당대의 문장가 고죽 최경창崔慶昌과 고결한 사랑을 나눈 함경도 홍원 기생 홍랑洪娘의 묘가 있다.

남존여비 사상이 투철한 조선 시대에, 그것도 혈육 한 점 없는 기생의 무덤이 지금까지 남아 있다는 자체가 신비스럽기까지 하다. 그러나 그보다 더 놀라운 것은 홍랑이 최경창의 문중 선영에 묻혀 있다는 사실이다.

최경창은 세종 때 학자 최만리崔萬理를 비롯하여 당당한 문벌을 자랑하던 해주海州 최崔씨 가문으로 경기도 이천에서 태어났다. 또한 영조 때 영의정을 지낸 최규서崔奎瑞가 그의 손자이다. 이러한 가문에서 일개 기생의 묘를 선영에 모시고 해마다 제사를 올린다니 놀라운 일에 분명하다.

대체 홍랑은 어떤 여인이길래 지체 높은 가문에서 그렇듯 떠받들고 있는 것일까.

홍원洪原의 관기였던 홍랑이 어떤

홍랑 묘비문

가문에서 어떻게 자랐는지는 알려지지 않았다. 다만 궁색한 집안에서 태어나 일찍이 기생이 되었으리라는 예상을 해볼 뿐이다.

홍랑이 최경창을 처음 만난 것은 그녀의 나이 17, 18세 무렵인 1573년(선조 6)이었다. 당시 최경창은 경성鏡城 북도평사에 임명되어 임지로 가는 중이었다. 홍원에 이르러 술자리가 열린 가운데 홍랑의 시중을 받게 된 최경창은 이것이 꿈인가 생시인가 싶었다. 홍원 같은 궁벽한 산골에서는 도저히 찾아볼 수 없는 미인이었기 때문이다. 이목구비가 어찌나 수려하고 한 떨기 목련꽃처럼 품위 있어 보이던지 최경창은 홍랑에게 단박에 마음을 몽땅 빼앗기고 말았다.

한편 홍랑은 평소 시를 즐겨 읊었는데, 그중에서도 최경창의 시를 가장 좋아했다. 마음속으로 사모하던 사람이 자신 옆에 앉은 늠름한 선비라는 사실을 알았을 때 홍랑은 그야말로 숨이 멎는 듯한 흥분과 기쁨을 느꼈을 것이다.

그날 밤, 두 사람은 일평생 잊지 못할 따뜻하고 애틋하며 간절한 시간을 보냈으나 이튿날 아침, 두 사람 앞에는 다시 만날 날을 쉽게 기약할 수 없는 이별이 기다리고 있었다. 그것이 마음 아파 최경창은 홍원을 떠나며 그녀를 데려가려 했으나, 변방의 막중한 임무를 띠고 가는 중이라 차마 그럴 수가 없었다.

홍랑은 최경창이 떠난 뒤에야 알았다. 단 하룻밤의 인연이지만 최경창이 자신의 마음속에 얼마나 큰 자리를 차지하게 되었는지를. 최경창의 곁을 떠나 살아가는 인생을 상상할 수 없게 된 홍랑은 이제나 저제나 애태우며 최경창으로부터 날아올 기쁜 소식을 기다렸으나 한번 떠나간 최경창은 돌아올 줄을 몰랐다. 괴로움에 잠 못 들며 뜬 눈으로 지새우던 홍랑은 그리움을 견디다 못하고 최경창을 만나야 한다는 일념에 사로잡혀 남장을 하고 천리 길을 걸어 경성으로 향하였다.

기구한 운명의 장난

단 하룻밤의 인연이 질기게도 모질어 홍랑은 최경창을 평생의 임으로 사랑하게 된다. 절세미인의 마음을 하루만에 사로잡은 남정네는 세상에 그리 많지 않을 것이다. 그렇다면 최경창은 대체 어떤 사람이기에 그런 복을 누릴 수 있었을까. 홍랑과 최경창의 애절한 사랑 이야기를 살펴보기에 앞서 최경창의 일생을 잠시 더 들어 보기로 하겠다.

시인 최경창은 어려서부터 못하는 일이 별로 없었다고 전해진다. 그는 문벌을 자랑하던 해주海州 최崔씨 혈통으로 최충崔冲의 18세손이며 최자崔滋의 13세손으로 최수인崔守仁의 아들이다. 1539년(중종 34) 경기도 이천에서 태어난 최경창의 자는 가운嘉運, 호는 고죽孤竹이다. 박순朴淳과 양응정梁應鼎에게 글을 배운 그는 1568(선조 1) 문과에 급제하고 여러 벼슬을 밟아 종성 부사를 지냈다.

그러나 그에게 빛나는 재주를 많이 주었던 신이 무엇에서 비뚤어졌는지 최경창의 운명을 철저하게 뒤흔들어 놓았다. 과거 급제 후 진급을 거듭하는 그를 시기하고 질투한 반대파들의 참소로 최경창은 성균관 직강으로 좌천되었으며 이후 북평사와 종성 부사를 왔다 갔다 하며 파란 많은 삶을 살아야 했다.

그의 호 고죽孤竹, 즉 외로운 대나무를 보면 좌천과 이별은 최경창이 본래 타고난 운명인지도 모른다. 그의 호가 뜻하는 바와 같이 최경창은 늘 정계의 외톨이로 지냈으며 홍랑과의 사랑 또한 이별과 재회를 거듭하여 지켜보는 이들의 가슴을 미어지게 했다.

최경창은 어린 시절 고모댁인 전라도 영암에 잠시 머물게 되었는데 그 당시인 1555년(명종 10) 5월 전라도 달량포에서 일어난 을묘왜란乙卯倭亂에 있었던 일화가 오늘날까지 전해지고 있다.

당시 그의 나이는 17세였는데 왜란이 발발하자 적들은 영암 포구를 포위한 채 사람들을 닥치는 대로 잡아갔다. 최경창은 다행히 배를 타고 달아났지만 오래지 않아 일본군들에게 포위되는 신세가 되었다. 낙담한 그는 어지러운 심사를 달래려고 옥퉁소를 꺼내 사향가思鄕歌를 애절하게 불었다. 일본군들도 적이기 이전에 사람이었던 모양이다. 밝은 달빛을 타고 들려온 맑고 애절한 퉁소 소리에 일순 적진이 고요해졌고 최경창은 그 기회를 놓칠세라 허술해진 포위망을 뚫고 도망쳐 목숨을 보전할 수 있었다.

그 후 성장하면서 한양 북부에 자리하여 이이, 송익필宋翼弼, 최립崔岦 등과 무이동에서 교유하면서 시가를 주고받았으며 또한 정철, 서익徐益 등과 삼청동에서 교류하였다. 학문에 정진한 그는 특히 당시唐詩에 뛰어난 이달, 백광훈과 함께 삼당시인이라는 칭호를 받았으며 문장에도 뛰어나 팔문장八文章으로 일컬어졌고 서화에도 뛰어났다고 한다.

최경창의 시는 간결하고도 담백한 맛이 난다. 일찍이 고려 인종 때의 문관이자 시인으로 잘 알려진 정지상의 「대동강」이라는 시를 좋아하여 그 운자를 넣어 시를 한 편 지은 바 있는데 아래에 소개한다.

水岸悠悠楊柳多 수안유유양유다
小船遙唱採菱歌 소선요창채능가
紅衣落盡秋風起 홍의락진추풍기
日暮芳洲生白波 일모방주생백파

길고 긴 언덕에는 버들도 많은데
멀리 있는 조각배에선 채릉가를 부르네.
붉은 꽃 떨어지니 가을바람 일어
날 저문 나룻가엔 흰 물결이네.

경성에 어렵게 도착한 홍랑은 서로 그리워하던 최경창의 곁에 머물며 헌신적으로 그를 뒷바라지하였다.

그러나 둘에게는 곧 두 번째 별리의 순간이 찾아온다. 최경창이 훌륭한 공을 세우고도 당파 싸움에 연루되어 한양으로 불려가게 된 것이다. 절망에 사로잡힌 홍랑은 눈물과 한숨을 내보이며 쌍성雙城(함경도 영흥永興의 옛 이름)까지 최경창을 따라가 작별하였다. 최경창의 뒷모습이 사라질 때까지 망부석처럼 서서 이별의 서러움을 곱씹던 홍랑은 돌아오는 길 함관령咸關嶺에서 시조 한 수를 지어 최경창에게 보냈다. 아래는 홍랑의 시조와 함께 전하는 최경창의 한역가이다.

묏버들 가려 꺾어 보내노라 임의 손에.

주무시는 창 밖에 심어 두고 보소서.

밤비에 새잎 나거든

날인가도 여기소서.

擇折楊柳寄千里 택절양유기천리

人爲試向庭前種 인위시향정전종

須知一夜生新葉 수지일야생신엽

憔悴愁眉是妾身 초췌수미시첩신

사랑이라는 천형

쌍성을 떠나 한양에 간 최경창이 병석에 있다는 소식이 3년 만에 홍랑에게 전해졌다. 그렇지 않아도 최경창을 그리워하는 마음에 괴롭던 홍랑은 당장 달려가 사랑하는 사람을 만나고 싶었다.

그러나 홍랑이 있는 곳에서 한양까지는 남자들의 빠른 걸음으로도 7일이 소요되는 머나먼 여정이었다. 게다가 기생인 그녀의 섣부른 방문이 최경창의 앞날에 오점으로 남을 수도 있었다. 특히 이때에는 평안도와 함경도를 서로 왕래하는 것이 법으로 금지된 때였다.

이러한 앞뒤 사정을 모르는 바 아니었으나 홍랑은 이것저것 생각할 수 없었다. 그녀는 행장을 차려 밤낮을 가리지 않고 걷고 뛰어 간절히 그리던 최경창을 만나 극진히 간호하기 시작했다. 사랑하는 사람의 정성 때문이었는지 최경창의 몸은 빠르게 회복되기 시작했다.

그와 때를 같이 하여 최경창에게 벼슬이 내려졌다. 그러나 둘은 또다시 헤어질 수밖에 없었다. 홍랑이 홍원 지경을 벗어난 것이 조정에 알려지면서 최경창이 벼슬을 면직 당하고 홍랑은 고향으로 돌아가야만 했다.

홍랑은 세상에 태어나 여느 여자처럼 낭군을 만났으나 멀리서 그리워할 뿐 함께 정을 나눌 수 없는 천형과도 같은 사랑이 너무도 기구하게 느껴질 뿐이었다. 그 시절 홍랑의 유일한 소망은 최경창의 벼슬이 회복되어 자신에게 오는 것뿐이었다. 그렇게 기약할 수 없는 최경창과의 만남을 갈망하며 홍랑은 외롭고 힘들 때마다 최경창이 지은 시를 읊조렸다.

산에는 옛날처럼 꽃이 피고
능라도엔 봄풀이 푸르건만
한 번 가신 그 임은 소식조차 없으니
수심가 한 가락에 눈물은 한정 없소.

사랑이 한 구절 한 구절마다 절절히 배어 있다. 정든 임 기다리기가 어찌 그리 힘들고 안타까운가.

세 번째 만남, 그리고 영원한 이별

세월은 또다시 덧없이 흘러 몇 년이 지났다. 홍랑은 초조했다. 시간이 지나 시든 꽃처럼 변해 버리기 전에 사랑하는 최경창 곁에서 마음껏 사랑하고, 사랑받고픈 마음이었다.

기도가 간절하면 하늘도 감동하여 들어준다고 했다. 오래지 않아 홍랑에게 믿기 힘든 일이 생겼다. 그렇게 학수고대하며 기다리던 최경창이 홍랑의 곁으로 돌아온 것이다. 최경창은 종성 부사로 승진하여 부임해 오는 길이었다.

그들은 곧 관사 곁에 신방을 꾸미고 함께 살기 시작했다. 최경창이 진종일 격무에 시달리다 집으로 돌아오면 홍랑은 거문고와 노래로 그의 피로를 풀어주었고, 봄과 가을에는 보약을 손수 달여 건강까지 돌보았다.

그러나 잠깐의 만남과 긴 이별은 최경창과 홍랑에게 하늘이 내려준 천형이 분명한 모양이었다. 최경창의 급작스런 출세를 못마땅하게 여긴 반대파의 모함 때문에 최경창은 성균관 직강으로 발령이 났고 종성 부사로 간 지 일 년 만에 또다시 생이별을 하게 되었다.

『사기』에 〈백두여신白頭如新 경개여고傾蓋如故〉라는 말이 있다. 〈마음이 통하지 않으면 백발이 되도록 함께 살아도 남이요, 마음이 통하면 금방 만났어도 정인이라〉는 뜻이다.

이별을 하고 난 홍랑은 집으로 돌아와 고독과 비애를 참을 수 없어 울고 또 울었다. 홍랑은 북받치는 설움에 쉴 새 없이 흐르는 눈물을 훔치며 아래의 시 한 수를 지었다고 전한다.

> 고운 뺨에 흐르는 두 줄기 눈물
> 이별이 서러워 꾀꼬리도 우누나.
> 타관 천리로 정든 임 보내자니
> 홀로 가시는 길은 풀빛도 아득하랴.

다시 만날 것을 간절하게 염원하는 홍랑의 마음을 몰랐던 것일까. 어쩌면 하늘이 두 사람의 사랑을 시샘한 것인지도 모르겠다.

1583년(선조 16) 한양으로 돌아가던 최경창은 종성 객관에 이르러 잠을 자던 중 돌연 숨을 거두고 만다. 그때 그의 나이 45세였다.

홍랑은 최경창의 사망 소식을 접하자마자 다시 지체 없이 행장을 꾸렸다. 하늘이 무너져 내리는 듯한 절망과 슬픔이야 오죽했으랴만 홍랑은 그리운 임의 마지막 가는 길을 함께 밟아야 한다는 일념에 종성으로 내달렸고, 때마침 영구 행렬이 한양으로 향하자 그 뒤를 따라 상경했다.

그러나 기생의 신분으로 문중의 엄중한 장례식에 참석한다는 것은 감히 꿈도 꾸지 못할 일이었다. 따라서 홍랑은 애가 끊기는 듯한 이별 의식을 혼자서 치르는 수밖에 없었다. 최경창이 누워 있는 그의 집 방향으로 소복 차림에 머리를 풀고 앉은 홍랑은 먼 길 떠나갈 사랑하는 사람을 애절하게 추모했다.

최경창은 오래지 않아 파주군 월롱면月籠面 해주 최씨 선영에 묻혔다. 장례식 때는 감히 모습을 드러낼 수 없었으나 최경창이 선영에 묻히자 홍랑은 무덤 옆에 묘막을 짓고 조석으로 음식을 올렸다.

세상을 달리 하여 더 이상 대화조차 나눌 수 없는 사랑하는 낭군이었으나 홍랑은 최경창이 살아 있을 때보다 마음만은 더 편안했다. 무덤에 묻힌 최경창이 자신을 두고 훌쩍 떠나는 일은 없을 테니 말이다.

홍랑은 그로부터 9년간 시묘를 살았다. 그러나 1592년 4월 13일 임진왜란이 일어나자 그녀는 잠시 최경창 곁을 떠나기로 마음먹었다. 최경창이 세상에 남긴 시고詩橋 때문이었다. 최경창의 분신이나 다름없는 숱한 시들이 전란을 맞아 소실되는 것만은 막아야 한다는 생각이었다. 그리하여 홍랑은 시고를 정리해 등에 지고 홍원으로 돌아갔다.

최경창의 시가 오늘날까지 전해지는 것은 모두 홍랑의 애틋한 사랑과 의지 덕분이라고 해야 할 것이다.

홍랑은 임종할 때 이런 유언을 남겼다.

"나를 낭군 곁에 묻어 주십시오."

이것은 홍랑의 지나친 욕심이었다. 스스로 해주 최씨 문중 선영에 묻히기를 원하고 있었으니 말이다. 그러나 10년이 훨씬 넘는 세월 동안 홍랑의 정절과 변함없는 아름다운 마음씨를 지켜보고 있던 최경창의 후손들은 그녀의 유언을 뿌리치지 않았다. 최경창의 묘 아래에 장사 지내 주었던 것이다. 그 이후부터 해주 최씨 문중에서는 해마다 제사를 지내고 그녀의 묘를 가꾸며 오늘날까지 이르고 있다.

홍랑은 비록 시조 한 수만을 남기고 죽었지만 그녀의 지순고결하고 청아한 성품은 오늘에 이르러서도 전혀 빛을 잃지 않고 오히려 광채를 더한다.

최경창과 홍랑의 묘소를 찾아서

최경창과 홍랑의 혼백이 머물고 있는 곳은 경기도 파주시 교하읍 다율리이다. 파주시 교화읍 오도리에 있는 교하중학교 앞길에서 서쪽으로 도로를 한 5리쯤 가다 보면 청석리라는 푯말이 눈에 들어온다. 그 마을은 푸른색 돌이 많아 지어진 이름이다.

다율리에 도착하여 청석초등학교를 끼고 큰 도로 쪽으로 접어들어, 다시 그 도로를 타고 2백 미터쯤 가다 좌측의 낮은 언덕으로 잠깐 눈을 돌리면 몇 기의 묘소가 조성되어 있는 것이 보인다. 그곳은 바로 기생 홍랑의 몸과 마음이 묻힌 곳이다.

묘소 주변은 서해안에서 흔히 볼 수 있는 전형적인 구릉성 산지들이 엎드려 있다. 마을을 바라보며 왼쪽으로 해주 최씨 문중 산이 있고 멀리서도 잘 정돈된 10여 기의 산소들이 보인다. 마을 끝에 이 선산을 관리하는 후손의 집이 있으며 그 집 옆 채소밭을 가로지르면 커다란 오석에 새겨 놓은

海州崔氏 先世諸位 移葬碑

해주최씨 선세제위 이장비

조선조의 여성시관詩觀과 기녀들의 수준 높은 시작詩作。

211

「해주 최씨 선세 제위 이장비」 후면

가 우뚝 서 있다. 본래 이 묘들은 파주군 월롱면 영태리英太里에 있었는데, 그곳에 미군 부대가 들어서면서 부득이 이곳으로 이장했다는 사연과 해주 최씨 가문 사람들의 벼슬 내용이 적혀 있다. 최경창은 영광스럽게도 조선조 숙종 때 그 어떤 벼슬과도 바꿀 수 없는 청백리에 녹선되었다.

묘소를 이장했기 때문인지 묘원 전체가 정남향으로 새로이 개축되었으며, 주변이 참나무 숲으로 둘러싸여 있는데 봉분은 상하로 두 기가 말끔하게 자리하고 있다.

묘소 이장은 1969년의 일이고 묘비에는 다음과 같은 내용이 적혀 있다.

贈 吏曹判書行鐘城府使 孤竹先生 海州崔公諱慶昌之墓 贈 貞夫人 善山林氏 祔左

증 이조판서행종성부사 고죽선생 해주최공휘경창지묘 증 정부인 선산임씨 부좌

위쪽은 고죽 최경창과 부인 선산 임씨의 합장묘이며 홍랑은 평소 자신이 흠모하던 최경창의 체백을 모시기라도 하듯 그 아래로 자리하고 있다.

최경창의 배위는 선산善山 임林씨이기 때문에 홍랑은 부인의 호

홍랑 묘비, 「시인 홍랑지묘」라 쓰여 있다.

최경창 묘비

칭은 받을 수 없다. 그러나 그들의 사랑이 워낙 애틋하였기에 최 경창의 후손들은 그녀를 받아들이고 신위神位까지 받들고 있으니 부부라 하여도 큰 망발은 아니라 하겠다.

　시비가 세워진 것은 1981년 뜻 있는 문인들에 의해서이다.

　최경창을 잊지 못하고 이곳에 유택을 잡은 홍랑의 무덤이 필자 를 따뜻하게 맞이했다. 묘비 규모는 작지만 단아한 여인의 자태와 같이 얌전하게 서 있는 청석 빗돌에는 가인佳人의 묘소답게

　詩人洪娘之墓

　시인 홍랑지묘

라고 글씨 또한 아름다이 새겨져 있다. 내려오면서 살펴보니 묘소 앞에 고죽시비孤竹詩碑가 네모난 기단에 오석으로 세워져 있었다.

홍랑가비. 경기도 파주시

전면에는 「홍랑가비洪娘歌碑」라는 홍랑의 시조가 실렸다. 그 모습을 보고 있자니 두 사람의 애틋한 사랑이 다시금 잔잔한 울림으로 다가오며 필자의 가슴을 훈훈하게 해주었다.

본명과 생몰연대가 미상인 함경도 출신의 홍랑은 시문에 재질이 뛰어나 시조와 한시의 절품을 남겼다는 기록이 있다. 또한 지조가 견고했고 불타오르는 정열을 지니되 두려울 바가 없었다고도 한다.

사랑하는 사람과 함께 지내고 싶은 일념으로 종성까지 찾아간 일, 이듬해 봄 최경창이 서울로 귀환할 때 쌍성까지 따라와 작별을 고한 일, 법을 어겨가면서까지 아픈 최경창을 치료하기 위해 행장을 꾸린 일, 최경창 사후 9년간을 그의 묘소 곁에서 지낸 일, 전쟁이 터지자 그의 시문 등을 끝까지 지켜낸 일 등을 보면 충분히 이해가 될 것이다.

둘의 사랑은 나라의 금령까지 어겨가며 병든 정인情人을 찾아

고죽 최경창 시비

나서게 했고 그로 인하여 관직을 박탈당한 정인은 일고의 후회도 없이 그녀를 기리는 답장을 쓰고 있는 것이다.

아래 최경창의 친필 연서는 1981년 당시 김동욱金東旭 교수에 의하여 발굴되었다 한다.

〈만력 계유년(1573) 가을, 나 북도평사로 부임했을 때 홍랑 그대도 나의 막중에 같이 있었소. 다음해 내가 서울로 올라올 때 홍랑이 따라와 쌍성에서 이별했었소. 헤어지기 전 함관령에 이를 적에 날이 어둡고 비가 캄캄하였소. 을해년(1575)에 내가 병을 앓아 봄부터 겨울까지 자리를 뜨지 못했을 때, 그대 홍랑은 이를 듣고 일곱 밤낮을 걸어 서울로 올라오지 않았소. 그때 함경도 사람들은 서울에 들어오지 못하도록 금지령이 내려 있었고, 많은 사람들이 우리 들의 얘기를 하는 바람에 나는 면직이 되고, 그래서 홍랑은 고향으로 내려가지 않았소….〉

그녀는 지금 정인 아래에 묻혔다. 마치 퉁소를 불고 있는 사랑

위쪽 최경창의 묘와 아래쪽 홍랑의 묘소

하는 최경창의 발아래 몸을 던져 음률을 헤아리고 있는 모습이다. 못내 자리를 털고 일어나기가 아쉽다. 이 땅 기운이 유정有情한 까닭인가. 그토록 서로 사랑하면서도 살아생전 이별과 재회를 거듭하다가 끝내 이승과 저승으로 갈려 버린 두 사람이 지금은 같은 곳에 아래위로 다정하게 누워 있으니 이제 심술궂은 신의 장난도 끝이 났다고 보여진다.

고죽 선생과 홍랑 시인의 열정에 취하고 유택 주변에 핀 들꽃과 소나무 향기에 빨려가듯 취한 필자는 불덩이 같은 태양을 피해 돌아서는 길 다시 한 번 홍랑의 생전 처신을 높이 추모하였다.

순정을 위해 몸을 바친 기생 경춘

충절의 대표 고장 강원도 영월 읍내의 영흥리에는 영월을 휘감아 흐르는 금강 위로 이름도 고운 금강공원이 역사의 흔적을 안고 있다. 여기에는 이 고장을 적으로부터 지키기 위해 고귀한 목숨을 풍진처럼 던진 김상태·정대억 의병장, 군위 현감 정사종 그리고 영월

군위 현감 정사종 충의비

고을을 선정하던 군수와 부사들의 불망비가 있다. 그리고 이곳을

의병장 김상태 충절비(좌)와 의사 정대억 순절비(우)

영월 고을을 선정하던 군수와 부사들의 불망비

금강공원이라 해도 손색이 없다는 것을 증명이라도 하듯 금강정이
있는데, 그 정자 앞에는 강물을 굽어볼 수 있는 까마득한 낭떠러지
에 낙화암落花巖이 있다. 금강정은 정면 4칸의 규모가 큰 정자로
금강의 아름다운 풍경을 보고 이자삼李子三이 지었다 한다.

금강정 위쪽에는 민충사愍忠詞가 있는데, 이 사당은 단종이 승
하하자 다음날 낙화암에서 금강으로 몸을 던진 시녀 6명의 영혼
을 위로하기 위해 영조 때 건립한 것이다.

그리고 금강정에서 북쪽으로 약 50보쯤 올라가면 '순절비殉節
碑'와 '낙화암落花巖'이라 씌어진 두 기의 비석이 서 있다. 이 비석

만충사(좌)와 금강정(우)

기
생
작
품
으
로
말
하
다

월기 경춘 순절지비 앞면(좌)과 뒷면(우). 금강공원 내

은 단종을 모셨던 시종과 시빈 90여 명이 금강으로 뛰어들었던 곳임을 나타낸 표식이다.

이곳에서 눈길을 끄는 것은 바로 영월 기생 경춘의 순절비이다. 낙화암에서 몸을 던져 절개를 지킨 그녀의 높은 절개는 영월의 자랑으로 후세까지 널리 이름이 전한다.

영월군 영흥리 금강공원 내 금강정에서 낙화암으로 가다 보면

越妓瓊春殉節之處

월기 경춘 순절지처

라고 쓰여 있는 조그만 비석이 있다. 기단이 뽑혀 벼랑으로 굴러 떨어질 듯 위태롭게 서 있는 비석은 가로질러 깨진 '경瓊' 자를 시멘트로 가까스로 붙여놓았다.

이 비의 유래를 보면 다음과 같다. 지금부터 238여 년 전 영월

부사 이만회李萬恢가 부임할 때 아들 시랑侍郎 이수학李秀鶴과 함께 왔다. 이수학은 경치 좋은 곳을 두루 찾아다니며 놀다가 금강정에 이르렀는데, 동강(금강) 건너 덕포에 보이는 초가집 마당에서 일하고 있는 어여쁜 처녀를 발견하였다.

조각배를 타고 즉시 덕포로 건너가서 그 처녀를 찾아내어 본즉 고경춘高瓊春이었다. 그녀의 아명은 노옥魯玉으로 영조 때 영월에서 태어났는데, 경춘은 임진왜란 때 의병장으로 이름을 떨친 고경명高敬命의 후예였다.

경춘은 10세가 되기도 전에 고금의 경서에 통달할 정도로 뛰어났으나 8세 때 부모를 여의고 의지할 곳이 없자 기생의 길을 걷게 되었다. 경춘은 재주가 비상하여 남들은 수년에 걸쳐 배우는 춤과 노래를 1년도 못 되어 완전히 습득하고, 10세가 넘었을 때는 명창과 무희로 명기가 되었다.

경춘의 집에는 내로라하는 한량들이 장사진을 이루었으나 그녀는 이렇게 말하며 단호하게 그들의 유혹을 뿌리쳤다.

"소녀는 술을 파는 계집이지 몸을 파는 계집이 아닙니다."

경춘은 전의 사또가 수청을 강요하자 은장도로 자신의 비장한 결심을 드러내어 마음을 돌려놓기도 했다.

그때 16세의 경춘은 천하의 절색이므로 한눈에 반한 이수학은 경춘에게 즉석에서 평생 가약을 고백하였다. 경춘은 당시 천인으로서 감히 사또의 아들과 결합될 수 없음을 강조하며 거절했으나 이수학과 경춘은 사랑이 깊어졌고, 둘은 남몰래 장래를 약속하며 혼례를 올렸다.

그러나 세상만사 즐거움이 있으면 슬픔이 뒤따라오듯 얼마 후 이수학은 아버지 이만회가 내직으로 한양에 영전되자 부친을 따라가게 되었고 두 사람은 어쩔 수 없이 헤어져야만 했다. 또한 이수학의 과거 급제를 눈앞에 둔 처지에서 일시적인 슬픔은 참고 견디는 수밖에 없었다. 경춘은 매일 서쪽 하늘을 바라보며 이수학을 그리워하였다.

후임자로 부임한 사또 신광수는 조선 초기 고령 신씨 신죽주의 후예로 포악한 탐관오리였다고 한다. 신광수는 경춘의 미모를 발견하고 그녀를 몹시 탐하며 수청을 들 것을 강요하였으나 경춘은 이수학과 맺은 언약을 생각하고

"이미 지아비가 있는 몸으로 사또의 수청을 들 수 없습니다." 라고 말하며 수청을 거절하였다. 그러나 아직 기생의 신분으로 사또의 명을 거역할 수가 없었기에 신광수는 경춘을 협박하였다.

"기생이면 사또의 수청을 드는 것이 당연하다. 만약 거절하면 목숨이 온전히 붙어 있지 못할 것이다."

경춘은 이수학과 3년 약속으로 헤어졌지만 이제 3개월도 못 되어 수청을 거절한 죄로 죽을 운명에 처하게 되었다.

관권에 의해 사또 앞에 잡혀 오게 된 경춘은 며칠간의 말미를 얻기 위해 꾀를 내었다. 부친 묘에 성묘하고 틀림없이 돌아와 수

청을 든다 하고는 동생을 데리고 부친 묘로 향하였다.

이미 죽음을 결심한 경춘은 소복을 입고 묘 앞에서 엎드려 절하며 울다가는 곧 동생을 달래 집으로 보내고는 임을 향한 일편단심의 긴 편지를 애절하게 썼다. 그리고는 낙화암 절벽에서 유유히 흐르는 금강을 바라보면서 이수학을 생각하며 노래를 몇 마디 부르고는 낙화암에서 뛰어내렸다.

시체를 인양하여 보니 경춘의 몸에는 이수학이 준 유물을 간직하고 있음이 발견되었다. 그러나 하늘도 굽어 살펴 신광수는 파면당하였고 어떤 지사가 경춘의 시신을 거두어 낙화암 옆에 장사를 지내주었다. 지금은 묘비만 홀로 서 있다.

또한 전설에 의하면 경춘의 혼이 살아서 못 만난 시랑을 죽어서라도 만나고자 파랑새가 되어 서울 그의 집으로 찾아갔다. 파랑새가 된 경춘이 처마 밑을 날아도 시랑은 조금도 알아채지 못하였고, 어느 날 경춘은 시랑의 꿈에 현몽하여 과거사를 자세히 말하였다. 시랑은 깜짝 놀라며 꿈을 깨어 황급히 영월에 와 보니 사실인지라 낙화암 위 바로 경춘이 순절한 곳에서 경춘의 혼을 위로하고 돌아갔다 한다.

그러나 필자가 살펴본 바에 의한다면 이만회는 본관이 연안으로 1720년(영조 46) 12월 25일 영월 부사로 재직하다가 조정에서 전국에 있는 문신을 불러들인다는 전교를 받고 교체되었다고 한 기록은 있으나 아들 시랑 이수학에 대한 기록은 족보에 실려 있지 않다.

월기 경춘 순절비

앞서 밝힌 「월기 경춘 순절지처
越妓 瓊春殉節之處」라고 쓰인 이 비碑
는 강원도 순찰사 이손암李巽菴이
비용을 내고 평창 군수 남희로南羲
老가 비문을 짓고, 영월 부사 한정
운韓鼎運이 글씨를 써서 세운 것으
로 고경춘이 죽은 지 23년 만인 을
묘 1795년 8월이었다. 비문의 요지
를 보면 다음과 같다.

순절비와 낙화암비

〈영월기寧越妓 경춘은 이시랑이 영월에 왔을 때 처음 몸을 허락한
터이기에 깨끗이 수절하려 하였더니 후임 관원이 온 뒤 자주 불러 볼
기를 때리니 감당하기가 어려웠다. 하루는 몸단장을 잘하고 들어가
서 웃는 낯으로 몸을 조섭할 것이니 수일 후에 불러주면 한번 욕정을
들어 주겠노라고 하고 그 이튿날 아침 부친 산소를 성묘 하직하고 돌
아와 동생의 머리를 최후로 빗겨준 다음 바로 금강 벼랑에 앉아 몇
가락의 노래를 부르니 눈물은 옷자락을 적시었고 비통함은 참기 어
려웠다. 이때 어린 동생이 따라와 있었으므로 속여서 집으로 보내 놓
고 분연히 벼랑에서 몸을 던져 물에 빠져 죽으니 때는 임진년(1772)
10월이었고 그때 나이 16세였다. 집안사람들이 달려와 보니 옷 속에

순절비 뒷면(좌)과 낙화암비 뒷면(우)

감춰져 있는 것이 있어 옷을 헤치고 보니 이시랑의 필적이었다.

오호라 그의 죽음이여, 의로움을 좇음이 아니리오. 이번에 도순찰사 (손암巽菴 이공李公)가 관동 지방을 살피던 길에 영월을 지나다가 이 이야기를 듣고 말하기를 "미천한 신분인데도 이는 진실된 열녀라 할 것이니 옳은 풍속을 세우는데 도리가 아니겠는가" 하고 봉급을 내어 영월 부사에게 비석을 세워 주도록 이르니 나 또한 그 전말을 적게 되었는지라. 생각컨대 경춘이 죽은 지 24년이라 우리 이공李公이 이 를 처음 표창함이니 경춘의 절개는 장차 지워지지 않으리라.〉

16세의 애송이 기생 경춘의 비극적인 사랑을 기리기 위해 당대 의 높은 양반들은 어떻게 묘비를 세워 그녀의 영혼을 위로할 생각 을 했을까. 그것은 죽음을 초월한 사랑의 힘 때문일 것이다. 경춘 의 고귀한 넋은 나그네의 발길을 한없이 비 옆에 머물게 했다.

낙화암에 전하는 여랑女娘을 위한 시

영월군 영월읍 영흥리에 있는 장릉莊陵 수림지樹林地는 수백 년 된 거송巨松이 들어서 있는 국내에서 보기 드문 송림을 이루고 있는 곳이다. 조선 제6대 왕인 단종의 묘가 이 수림지에서 멀지 않은 곳에 있고, 이곳에서 목숨을 던진 단종의 시녀 여섯 여인의 넋을 위한 시가 전한다.

落花巖 낙화암

落落千丈岩 낙락천장암

押花臨水邊 압화임수변

女娘能死事 여랑능사사

同日褥儀先 동일욕의선

人情推神理 인정추신리

環佩侍重泉 환패시중천

愍忠特起祠 민충특기사

宸心爲戚然 신심위척연

貢生應覘顔 공생응전안

窺血孔昭天 규혈공소천

女史誰及闕 여사수급궐

芳名炳歲千 방명병세천

寄語來人 기어래인

必式過此前 필식과차전

높고 높은 일천 길 되는 바위가

꽃이 핀 물가에 임하였도다.

여랑이 능히 죽음으로 섬기었으니

동일에 비는 옷을 먼저 함이로다.

같은 날 먼저

인정이 신리를 미루어

환패로 황천에 모심을 거듭 하였도다.

충성에서 특별히 사당을 일으켰으니

대궐에서도 슬퍼함이었다.

공생도 응당 낯이 부끄러울 것이라.

구멍의 피가 심히 하늘을 밝히었다.

여사가 뉘 대궐에 미칠고

꽃다운 이름이 천세에 밝았더라.

말을 내어 사람에게 부치노니

반드시 이 앞을 지날 때는 예식을 할 것이라.

옛이야기
한꼭지

방랑 중에 만난 사람들, 이달과 최경창

천재 시인 이달의 방랑 기록이 본격적으로 나타나는 시기는
1572년(선조 5)부터로 그의 나이 34세 때였다.

먼저 4년여에 걸쳐 호남 지방을 여행하고 다시 북으로 방향을
잡아 금강산 유람까지 마친 이달은 양사언楊士彦이 부사로 있던
강릉과 관동 지방을 방랑하였다. 이어서 1577년(선조 10)에는 훗날
삼당시인으로서 깊은 우정을 나눈 바 있는 최경창을 찾아 홍농弘
農(현 영광)으로 내려간다. 그곳에서 최경창에게 많은 도움을 받으
며 적지 않은 기간 머물렀는데 당시의
재미있는 일화 하나가 전해진다.

최경창이 근무하는 영광 관아에 아
리따운 관기가 한 명 있었다. 이달은 그
녀를 몹시 예뻐하여 어느 날인가 저자
에서 파는 자줏빛 비단을 사 주고 싶어
몸이 달았으나 주머니를 뒤져 봐야 고
린 동전 한 푼 없는 처지였다. 생각다

양사언 초상

조선조의 여성시관詩觀과 기녀들의 수준 높은 시작詩作 ●

227

손곡 이달의 시비, 문학박사 진성 이가원 번역, 강원도 원주시

못한 이달은 최경창에게 시를 한 수 지어 보내기에 이른다. 그간 신세 진 것만 해도 몸 둘 바를 모를 지경이라 차마 대 놓고 돈을 좀 돌려 달라고 이야기할 수는 없었던 모양이다. 이때 이달이 지은 시는 다음과 같다.

錦帶曲贈孤竹使君 금대곡증고죽사군

商胡賣錦江南市 상호매금강남시
朝日照之生紫煙 조일조지생자연
美人欲取爲裙帶 미인욕취위군대
手探囊中無直錢 수탐낭중무치전

고죽에게 드리는 비단 띠 노래

중국 상인이 저자에서 비단을 파는데
아침 해가 비추니 자줏빛 연기가 피어나듯 곱구나.

아름다운 여인이 가져다가 치마끈을 만들고 싶다는데

손으로 주머니를 뒤져 봐도 돈이 없구나.

평상시 이달을 무척 아끼던 최경창은 시를 읽자마자 빙그레 웃

으며 답장을 썼다.

〈그대의 시를 값으로 따진다면야 어찌 천금만 되겠는가? 허나 이곳

은 피폐한 현이라서 넉넉한 형편이 되지 못하니 뜻대로 줄 수가 없다

네.〉

최경창은 이런 글과 함께 한 구에 백미 열 석씩 총 마흔 석을 보

내 주었다 한다.

조선조의 여성시관詩觀과 기녀들의 수준 높은 시작詩作 ●

대학자와 기생의 인연

퇴계와 단양의 관기 두향

〈杜陽丹妓也 能琴善歌舞 二十而夭 遺囑葬降仙臺對麓 蓋其平生隨
客遊宴之地 死不能忘云

두양단기야 능금선가무 이십이요 유촉장강선대대록 개기평생수객
유연지지 사불능망운

두양은 단양의 기녀이다. 거문고에 능하고 가무를 잘하였으나 스무
살에 요절하였다. 강선대 맞은편 산기슭에 묻어달라고 유언하였다.
이는 평소에 객을 따라 연회를 베풀고 놀던 곳인데, 죽어서도 잊지
못하였다고 한다.〉

杜陽墓 두양묘

一點孤墳是杜秋 일점고분시두추
降仙臺下楚江頭 강선대하초강두

芳魂償得風流債 방혼상득풍유채

絶勝眞娘葬虎丘 절승진낭장호구

한 점의 외로운 무덤은 두추랑이고

강선대 아래 흐르는 초강 머리에 있네.

꽃다운 혼백의 풍류 빚을 갚아주고자 하여

절경에다 참다운 아가씨를 호구에 안장했네.

임방의 『수촌집水村集』 권3에 실린 두향杜香에 관한 기록이다. 두양杜陽은 두향의 미칭이다.

전하는 말에 두향은 세조 때 금성錦城 대군이 순흥順興에 내려와 단종의 복위를 도모할 때 함께 참여했던 사대부가의 후손이라고 한다. 거사가 실패로 돌아가면서 집안이 퇴락한 것이다. 어머니로부터 글을 배운 두향은 시와 학문에 능하여 퇴계 이황과 시를 대작對作하는 수준에 이르렀으며 또한 거문고에 능하고 매화와 난초를 잘 길렀다고 한다.

매년 4월이면 두향을 추보

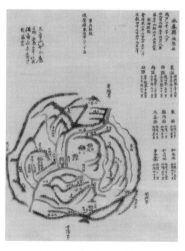

영춘현 단양 해동지도. 서울대학교 규장각

231

단양팔경. 단양팔경은 단양의 산수 경관 중 특히 빼어난 경승지 8곳을 엄선한 것으로 모두 단양군청 소재지를 중심으로 3~20킬로미터 이내에 위치해 있다.

❶ 도담삼봉 ❷ 사인암 ❸ 석문
❹ 구담봉 ❺ 옥순봉 ❻ 상선암
❼ 중선암 ❽ 하선암

하는 축제가 단양군 단성면을 중심으로 해서 단성향토문화연구회 주관으로 개최된다. 1986년 두향제란 이름으로 시작하여 1999년 단양팔경축제로 확대되었다가 2004년 '두향제'로 환원되었다. 단양문화보존회 주관으로 시작되었으나 7회 때부터 단성향토문화연구회가 줄곧 행사를 주관하고 있다. 축제의 목적은 두향과 퇴계 이황에 대한 추모와 함께 주민 화합의 성격을 함께 가지고 있다.

위에 임방의 시에 나온 두추랑杜秋娘은 당나라 금릉金陵 지방의 여인으로 15세에 이기李錡의 첩이 되었는데, 그의 추천으로 황자皇子인 장왕漳王의 부모傅母(보모保姆)가 되었다. 그녀는 시에 매우 능하였는데『당시삼백수』에 실린 두추랑의 「금누의金縷衣」에

勸君莫惜金縷衣 권군막석김루의
勸君惜取少年時 권군석취소년시
花開堪折直須折 화개감절직수절
莫待無花空折枝 막대무화공절지

권하노니, 수놓은 비단 옷 아끼지 마세요.
또 권하니, 젊음을 아끼세요.
꽃이 피어 꺾을 수 있으면 바로 꺾어야 되고,
꽃 질 때 기다려 빈 가지일랑 꺾지 마세요.

는 시가 실려 있다.

초강楚江은 초楚나라의 상수湘水를 말
하는데 그곳에서 반죽斑竹이 생산된다.
순임금이 죽자 아황娥皇과 여영女英이 초
나라의 상수에 몸을 던져 죽었는데 그
눈물이 대나무에 얼룩져서 반죽이 되었
고, 호구虎丘는 중국 오현吳縣에 있는 산

단양 팔경 석문

이름으로 오나라 임금 합려闔廬를 장사지낸 지 3일 만에 범이 무
덤가를 지키고 있었기 때문에 호구라 이름하였다 한다. 호구 동서
쪽에 각각 절이 있는데 동의 것은 동사東寺, 서의 것은 서사西寺라
고 이른다.

위의 호구虎丘라는 전고는 『사기史記』「월왕구천세가越王勾踐世
家」에 나오는 월왕 구천의 참모 범려와 서시의 애정담에 퇴계와
두향의 사건을 대응시킨 것인 듯하다. 야담에 특장이 있는 임방이
그것을 시적으로 형상화했는데 두 사건에 대한 이해가 온전하지
못했는지 설명이 부족하다.

1640년(인조 18) 태어난 임방은 일찍 진사에 합격하고 우암尤庵
송시열宋時烈, 송준길宋浚吉의 문하에서 학문 연구를 꾸준히 하였
다. 1671년(현종 12)에 창릉昌陵 참봉으로 내외직을 거쳐 호조 정랑
에 이르렀을 때 송시열이 귀양가고 또한 인현仁顯 왕후가 폐위되
자 벼슬을 버렸다. 1694년(숙종 20) 다시 의금부 도사가 되어 군자

감정, 단양丹陽 군수, 사옹원 첨정司饔院僉正을 역임하고 1702년(숙종 28) 63세로 문과에 급제하였으며 공조판서, 의정부 우참찬에 이르렀다. 1721년(경종 1) 건저健儲의 책을 찬정할 때 유봉휘劉鳳輝가 무소誣疏를 올리고 김일경金一鏡이 급서急書를 올려 정세가 일변한 데다가 이듬해 봄에 목호룡睦虎龍의 고변까지 있게 되자 여러 대신들은 물론이고 구신舊臣들까지도 화를 입는 큰 옥사가 일어났다. 당시 임방은 이에 관련되어 함종咸從에 귀양갔다 금천金川에 옮겨져 1724(경종 4) 병사하였다. 임방은 청렴 정직하고 의분을 참지 못하는 성격으로 남의 원망을 쌓은 일도 있어서 늙은 나이에 귀양까지 가게 된 것이다. 그는 임의백任義伯의 아들로 본관은 풍천豊川, 자는 대중大仲, 호는 수촌水村이며 평소『주역周易』과『논어論語』를 탐독하고 시를 읊으며 살았다.

단양에 부임한 이황의 민생 시찰

답청이 가까운 계절 볕은 차고 맑았다. 벽공碧空에는 나그네 같은 구름 한 점이 있을 뿐이었다. 단양은 이황에게 미지의 땅으로 조금은 근심스러운 마음으로 고을에 당도하였다.

학자가 새 고을 수령으로 부임한다는 풍문에 관속들은 입가에 알지 못할 웃음을 흘렸고 낮은 자들은 고개를 절레절레 저었다. 큰 소리 치며 달려오던 두려운 바람들이 얼마나 흔했던가. 수레 채 흔들며 야단스레 온 자는 많았으되 백성들의 가슴속에 길을 남기고 떠나간 자는 드물었다. 송덕비頌德碑는 즐비했으되 물레 소리는 달라지지 않았으며 불망비不忘碑는 흔했으되 이별을 슬퍼하는 강물은 없었다. 다만 오십보백보의 하늘이 갈아들었을 뿐이었다. 이처럼 당시 새 고을 수령으로 부임을 하게 된 이들은 민생 점고가 아니라 기녀 점고點考가 초미의 관심사로 관례처럼 기녀들에 신경을 쓰는 일이 일반적이었다.

그러나 새로 부임한 이황은 달랐다. 그가 보기에 동헌은 높았으되 구휼미救恤米는 넉넉하지 못했으며 빛은 고왔으되 뜰은 옹색하였다. 선임 관속인 이방이 물었다.

"기녀 점고는 어찌하오리까?"

"단양丹陽이란 무슨 뜻인가?"

못 들은 듯이 퇴계가 되물었다.

"붉을 단, 볕 양으로 붉은 볕 곧 빛이 곱다는 뜻이옵니다."

"밝은 빛만큼 고운 기녀가 있는가?"

"… …."

이방은 좀 뜻밖이라는 듯이 상전의 얼굴을 바라보았다.

"고을을 두루 찾아서 대령하오리까?"

"그만 두라, 숨은

단양에 있는 불망비. 맨 우측 비에는 「단양 군수 지공종원 영세 불망비」라 쓰여 있다.

빚은 불러도 나오지 않을 것이요, 이미 있는 빚은 내가 찾지 않아도 드러날 것이라."

이황은 관속들에게 기녀는 잔심부름하는 아이 하나만 붙이라 이른 다음 민생들의 생활상에 관심을 두었다. 관속에 대한 점고는 천천히 진행되었다. 민정 시찰은 의당한 일이지만 이황이 고을을 둘러보러 나서려 하자 이방이 말하였다.

"그저 어제 삶이 오늘이고 오늘 삶이 내일인 이들로 무지렁이들이야 다만 지나가다 스러지는 한갓 바람이옵니다."

가뭄에는 백성의 원성이 높으므로 자제하는 것이 어떠냐는 것이었다. 다른 관속이 끼어들었다.

"부스럼은 헤아리면 늘고 근심은 버려두면 준다고 했습니다. 부디 나리께서는 심려를 놓으시고 물소리 맑은 곳에서 다만 귀를 즐겁게 하시고 보는 눈을 기쁘게 하시옵소서."

또 다른 관속이 곁에서 말을 보태었다.

"아랫것들이야 그저 채찍을 보이면 강아지가 되고 떡을 주면 벌떼처럼 일어나 달려오지요. 그러기에 홍시가 많은 감나무 아래로는 데리고 가지 말라 이르지 않습니까? 하나를 던져 주면 둘을 달라고 구걸하는 것이 상것들의 생리이옵니다."

"물렀거라, 내가 다만 종자 하나만을 데리고 고을과 들을 둘러보리라. 관계치 말라."

당시 민생들의 삶이 어떠했던 것일까. 우선 이황은 미복을 한

237

채로 민생 현장을 둘러보기 시작했다. 단양 고을은 매우 아름다워 이른 봄의 전원은 고적 속에 누워 있었다. 지난 계절의 가난들은 여전히 남았으되 만물을 어루만지는 손길은 새 생명을 일으켜 고통의 땅에서도 송가頌歌의 아침을 맞이하게 했다. 바야흐로 빛이 내려 만상을 지배하는 계절이 시작된 것이다.

차오르는 봄볕 아래 들길에서 퇴계는 어떤 향로鄕老를 만나 이야기를 나누었다. 오시午時에 가까운 때라 두엄을 져 나르던 촌로는 빛 바른 마른 잔디 위에 앉아 자신의 늙은 아내와 함께 잠시 쉬고 있었다. 자식들은 어디 있고 나이 든 둘이 일을 하냐는 이황의 물음에 노인은 큰놈은 앓아눕고, 가운데 놈은 처가에 살고 막내 녀석은 살림이 구차하여 남의집살이를 하는 중이라 답하였다. 또

새로 발견된 퇴계 이황 진영

한 그들은 점심으로 고작 감자 2개를 먹던 중으로 봄 가뭄을 걱정하고 있었다. 물이 흔한 단양에 가뭄이 심하게 든다는 말을 들은 이황이 깜짝 놀라 되물었다. 한참 만에 노인은 넋두리처럼 대답하였다.

"단양은 산이 높고 수림이 울창하여 물은 흔하나 돌이 많고 기슭이 급하여 오는 대로 쉬

이 흘러가버리지요. 이 지방 어느 시인이 말했지요. 소낙비처럼 돈은 별이 이슬처럼 스러진다고. 흡사 그 모양이지요. 이 지역은 경사가 심하여 백성들이 기다릴 물이 없습니다."

곰방대에 말린 풀잎을 피워 문 촌로를 뒤에 남겨두고 떠나는 이황의 마음은 허전하고 무거웠다.

그는 궁리 끝에 보洑를 쌓으리라 마음먹었으며 혼잣말처럼 중얼거렸다.

'산간의 물이 옥돌처럼 맑은데 물이 부족하여 기근이 들다니…. 가래로 물을 막아 보습 대일 땅을 구하리라. 아비가 질화로 가에서 마음 놓고 자식을 가르치고 자식이 아비 대신에 강가에서 살찐 갯무를 가꾸도록 하리라. 물이 마르면 민심도 마르려니 물이 흔하고서야 사방에서 떡방아 찧는 소리가 들리리라.'

이황은 더 깊은 골짜기로 들어섰다. 곧이어 인가가 끊어지고 물소리가 들렸다. 그곳은 경사가 그리 급한 곳이 아니어서인지 벼랑이 솟고 병풍을 이룬 바위 아래 고인 물이 질펀했다. 그 맑음은 고향의 이름만큼이나 깨끗했다. 이황은 물을 보면 언제나 심장이 뛰었다.

세상을 등지고 따로 사는 물은 사람 발자취 오지 않는 곳에서 은자의 길을 가르치며 사는 자연이었다. 가장 멀리 떠나 온 곳에서도 가장 깨끗이 보이는 세상이었다. 어둠 속에서 길은 어디로 통하는지, 바람 많은 땅에서 지녀야할 것은 무엇이고 버려야 할 것은 무엇인지 이황은 물을 만나면 비로소 삶의 소리가 귓가에 들려왔다.

그는 물가로 다가앉아 갓을 벗었다. 문득 옛 선인의 시구가 떠올랐다.

물이 맑으면 갓끈을 씻고
물이 흐리면 발을 씻는다.

그러나 이황은 이날 스스로에게 고쳐 말했다.

물이 맑으면 나를 씻고
물이 흐리면 길을 떠난다.

탁오대

이황은 버선을 벗어놓고 손처럼 발을 씻으면 중얼거렸다.

'이곳을 탁오대濯吾臺라 부르리라.'

그는 종인에게 일러 즉시 지필을 준비하게 하고 벗 홍섬洪暹에게 전하는 시를 지었다.

나는 씻다 지치면 구름을 보네.
이마에 주름 늘수록 산은 더욱 그립고

물소리 따로 듣고 귀가 밝아졌네.

머루 다래 피던 골에 물안개 피니

길이 끝난 곳에서도 사람이 그리워라.

보리피리 들릴 적엔 또 어디로 떠날고

천 길 낭떠러지 가팔라도 꿈은 깃들고

꽃 피는 소리 시끄러워 마음 설레네.

이황은 백성이 주리는 것을 보았다. 허기를 무처럼 씹으며 주림을 여물통처럼 머리맡에 두고 사는 이들이 사뭇 많았다.

얼마 후 이황은 매포창買浦倉을 풀어 구휼미를 나누어 기민들의 곤궁을 덜게 하는 한편 주야로 민생 문제에 힘썼다. 그러나 빈궁은 하루아침에 해결될 수 있는 일이 아니었다. 곳간은 적되 주린 이는 흔하고 못 가진 자는 흔하되 가진 자는 적어서 동으로 채우면 서에서 원망하고 북으로 달리면 남에게 나무랐다.

한편 수령과 현령들은 잘 따라주지 않았다. 아침이 되고 저녁이 되기 몇 주야를 거듭해도 이 정도면 족하리란 아침은 끝내 오지 않았다. 달려가 구해야 할 땅은 많고 손 내밀어 건져야 할 백성은 흔했으되 하나를 헤아리면 둘이 부족해서 이황은 곤고하기 이를 데 없었다. 그는 목민牧民의 길이 얼마나 힘들고 어려운 일인지를 새삼스레 깨달았다.

이 차茶는 아무에게나 주는 차가 아니옵니다

움 돋는 파란 들녘에서 이황은 절망했다. 이황의 부임으로 고을의 풍속은 조금씩 달라졌으나 몸은 하루에 칠십 리를 달려도 구원의 땅은 밝아오지 아니하고 밤새워 궁리를 일으켜도 샛강 하나를 감당하지 못했다.

'손닿기만 하면 천하의 파도가 물러가는 지혜의 손은 어디 있나. 베풀면 미물도 기꺼워하고 거두어도 입방아에 오르내리지 않으며, 타이르면 겸손한 덕이 더욱 겸손해지고 다스려도 이름이 분칠하여 들리지 않는 위대한 덕은 어디서 배워 오나.'

이황은 시름에 잠겼다. 환부를 건드리자 잠자던 화농化膿들이 일제히 깨어나 악귀가 되어 자신의 정신을 괴롭히는 듯했다. 하늘에 닿을 듯하던 반궁泮宮의 궁리도 소용없고 천둥처럼 울리던 성인들의 경전도 쓸모가 없었다.

단양은 피폐한 고을이었다. 적빈赤貧의 땅에서 백성들은 곤궁하고 빗소리만 사나워도 왕성王城을 원망했다. 예악禮樂으로 민생을 교화시키는 것은 강 건너 불이었으며 산 빛을 닮으라는 것은 드러내 놓은 모욕이었다. 진휼미는 밑 빠진 독에 붓는 물이었고 가내家內의 소식은 자주 들을 수 없었으며 그 좋아하는 학문의 창을 열어 볼 날은 기약이 없었다. 아침저녁으로 읽던 책을 못 본 지도 며칠이나 되었다.

저녁놀로 물든 하늘을 등에 지고 시름에 잠겨 관부로 돌아오는 말 등에서 이황은 지친 듯이 중얼거렸다.

> 호수에 고기 떼 흔한데 땅 위에는 주린 백성 흔하네.
>
> 깃발은 찬란해도 목민의 길은 고달픈 것.
>
> 마음에 궁리窮理 있어도 도움의 손길은 어설프고
>
> 굴뚝의 저녁연기 한가로워도 근심의 곳간은 늘어나네.
>
> 가을 단풍 아래서는 마음의 샘물 달에 솟더니
>
> 움 돋는 계절에는 백 길 장대 끝에 서서 백성을 보네.
>
> 눈 녹은 물 몸을 바꿔 바다로 흐르는데
>
> 돌아가는 기러기 소리 땅에 연기처럼 퍼지네.

'견마의 수고로 종일 일했으되, 마음이 가을 갈대처럼 허전한 것일까. 마음은 있으되 손이 닿으면 벼랑이 되듯 길이 보이지 않으니 무슨 연유일까.'

관아로 돌아온 이황이 마음 없는 저녁상을 건성으로 한 술 떠서 물리고 동헌 마루의 기둥에 기대어 앉아 곤한 몸을 추스르고 있는 중이었다. 자책하며 시름에 잠겨 있는 그에게 한 여인이 다가와 고씨차를 권했다. 관기 두향이었다. 이황과 두향과의 운명적인 인연은 그렇게 시작되었다.

이황은 호기심 어린 눈으로 여인을 바라보았다. 갓 스무 살을 채우지 못한 듯 앳된 얼굴과 세속에 섞이지 않은 표정에는 어둠을 지우고 평온을 전하는 힘이 있었다. 이황은 무슨 영문인지 마음이 밝아지는 것을 느꼈다.

"방금 고씨차라 했느냐? 여태 내가 듣지 못한 차로구나. 그래 어떤 차이기에 그리 부르느냐?"

"옛적, 몽골족이 이 땅을 자주 들락거리던 때에 마음 착한 고씨 부부가 난을 피하여 동굴 속에 살면서 아내가 만들어 주는 차를 조석으로 마시고 또 맹인인 지아비의 눈에 바르고 하여 지아비의 눈도 뜨게 했다는 전설이 있는 차로, 후세인들이 그것을 고씨차라 이릅니다."

"대체 무엇으로 만들었길래 그리 영험하던고?"

"그 비방은 아무도 모릅니다. 그러나 지금은 아무도 알지 못하게 만든 차를 그냥 고씨차라 부르고 있습니다."

"그 아무도 모르는 차를 내가 지금 마시는 구나."

말하며 이황은 조금 맛을 본 뒤에

"웬일로, 그윽하다."

하고 한마디 하였다.

"그 비방을 아무도 모르는 고씨차를 너는 어찌 만들었느냐?"

"저만 아는 비밀이라 그것까지는 말씀드릴 수 없습니다."

"향기롭고 그윽하다."

이황은 놀랍다는 듯이 거듭 맛을 보고 말했다.

"이 차는 아무에게나 주는 차가 아니옵니다."

두향이 수줍은 듯이 말했다.

"그건 또 무슨 말인고?"

"밝은 빛만큼 고운 이에게만 드리는 차입니다."

두향의 말에 이황은 깜짝 놀라며 말했다. '밝은 빛만큼 고운
이'에게만 드리는 차라는 말은 기녀 점고 때 자신이 이방에게 반
장난삼아 한 말이지 않은가 말이다.

"이 차는 제가 나리에게 처음 드리는 차입니다."

이황은 다시 한 번 놀란 얼굴로 두향을 바라보았다.

"네 말이 귀하다. 산 빛이 곱고, 물빛이 맑으면 미색이 그 사는
여인네의 안색에 먼저 비치나니 내가 이제부터 이 차를 '두향차'
라 고쳐 부르리라."

"숨은 빛은 불러도 나오지 않을 것이요 이미 있는 빛은 내가 찾
지 않아도 드러날 것이라. 멀리 두고 사모하던 이께서 부른 듯이 오
셨으니 소녀가 어찌 이 귀한 차를 바치지 않을 수가 있겠습니까."

"참으로 네 말이 차보다 그윽하구나."

"곁에 두고 잔심부름하는 아이로나 써 주옵소서."

격무에 시달리면서도 이황은 두향의 은근한 위로에 마음의 근
심을 덜었다.

깊은 거문고 소리로 이황의 마음을 빼앗다

단양의 산수가 빚어 낸 드맑은 옥돌, 청자 빛 하늘이 내려와 사

람이 된 것일까. 이황은 운명의 여인 두향을 그렇게 만났다. 여인을 앞에 두고 마음을 움직인 적이 없는 그였으나 어린 기녀 두향은 달랐다. 바라볼수록 드높이 차오르는 초승달처럼 마음을 흔들었다.

옛 조상이 전해 주는 아름다운 말 중에 이팔청춘이란 말이 있다. 꽃도 시샘한다는 열여섯 나이, 맺은 꽃봉오리 아직 다 피지 못한 나이 그래서 이팔청춘이란 하늘과 사람 사이에 있는 목숨이었다. 불면 하늘이 되고 건드리면 여인이 되는 중간자로 두향이 그리하였다.

이황은 두향을 밝은 빛만큼 고운 여인, 흡사 땅 위를 걷는 달빛 같다고 생각했다. 사람 중에 숨은 향기이자 사람을 끄는 힘을 가진 여인, 저자거리에서 소문 내지 않고 은자의 산굽이에서 가을볕 속에 사는 야생화였다. 두향이라는 봉오리는 비록 작아도 멀리 가는 향기였다. 땅에 고운 미색은 많으나 고운 향기는 아무 데나 있지 않는 법이다.

어느 비가 내리는 날 이별한 홍섬이 편지를 보내왔기에 이황은 함께 부친 시를 읽어 보며 마음을 달래었다. 관아에 뜨악하지 않은 날이 드물 만큼 목민에 대한 근심은 그를 밤중까지 괴롭혔다.

다음날도 두향차를 가지고 온 두향은 이황의 근심어린 낯빛을 보고 말하였다.

"이 며칠 사이 무척 고적해 보이십니다. 한꺼번에 마음 너무 쓰지 마소서. 제가 바라옵니다. 부디 낮의 근심은 낮에 내려놓고 밤에는 평안만을 누리소서."

"몸을 부지런히 일으키고자 하나 궁리가 부족하다."

"그렇지 않사옵니다. 세월은 짧으나 사또 나리가 이곳에 부임한 이후로는 어느새 개 짖는 소리도 전과 달라졌다고들 하옵니다. 전에는 행인을 보고 짖던 개조차 지금은 달빛을 짖는다고 하옵니다. 나리의 은덕이 미물에게까지 미치어 그 성정을 바꾸어 놓는다는 말이옵니다."

이황은 달빛에 잠겨든 먼 산 빛을 이윽히 바라보았다. 그때였다. 울 밖의 여염에서 가야금 소리가 울려 퍼졌다. 이황이 말하였다.

"호롱불에 그을린 채 바람결에 실려 오는 소리로군."

"다만 손끝에서 나오는 소리이옵니다."

"손끝에서 나는 소리라…, 네가 그걸 어찌 아느냐?"

"기교는 있으되 혼이 아직 담기지 아니한 연유이옵니다."

이황의 벗 홍섬의 묘소. 경기도 화성시

두향의 말에 이황은 깜짝 놀랐다. 일찍이 지음知音이란 말은 들은 적이 있어도 거문고의 명인 종자기鍾子期가 죽고 없는 지금에도 소리를 아는 귀가 남아 있단 말인가. 백아伯牙의 끊어진 거문고 줄을 이어줄 이는 누구란 말인가.

"정녕 네가 혼이 담긴 소리를 듣는 귀가 있단 말이렷다."

"소리는 사람을 속이지 아니하옵니다. 몸은 언제나 마음이 울리는 것을 밖으로 드러내는 까닭이옵니다."

"귀한 말이로다. 헌데 너도 가야금을 탈 줄 아느냐?"

"예, 하지만 거문고 소리를 더 아끼옵니다. 가야금이 만일 밝아오는 아침이라면 거문고는 지는 저녁노을입니다. 아침은 어둠을 깨고 나와 지껄이는 밝음이요 저녁은 혀를 감추는 침묵이옵니다."

여인의 말을 듣고 있는 동안 이황에게는 마음의 고요함이 가슴속에 살아왔다. 소리를 듣는 귀를 지닌 자를 만나는 일은 흔한 일이 아니기 때문이다.

두향은 어느새 거문고를 내어와 말없이 줄을 고르기 시작했다. 거문고는 가야금, 비파와 함께 삼현三絃의 한 가지로 줄 수는 가야금의 절반이로되 음역은 우리 악기 중 가장 넓어 정악正樂에서나 산조散調에서나 다같이 3음정에 이르는 악기였다.

하기에 거문고는 천둥이 치기에도 부족하지 아니하고 학이 와서 놀기에도 불편하지 않으며, 떡방아 찧는 소리는 정격正格으로 얹기에 넉넉하고 달빛 우는 소리를 담아내기에도 모자람이 없었다. 악성樂聖 왕산악王山岳이 한번 줄을 퉁기자 현학玄鶴이 날아와 춤을 추고 구름이 그 빛을 바꾸어 노을로 빛났다고 하여 후세인들이 거문고를 가리켜 현학금玄鶴琴이라 이른 것이 어찌 우연이겠는가.

술대를 잡고 조용히 줄을 고르는 두향의 모습을 바라보며 이황은 밀물처럼 밀려드는 가슴속의 감개를 이기지 못하고 한 수를 읊었다.

현학의 습결 고른 날개 소리여

보드라운 구름장이 몰려와 그 날개를 시중들도다.

청현淸絃을 스치면 호수 위로 지는 안개

무현에 이르면 겨울밤의 한가로운 다듬이소리

어느 가을볕에 수국이 피나.

새들도 돌아앉는 자장가 소리

질펀한 달빛 아래 조으는 듯.

두향의 왼손은 줄 위를 유영하는 양 때로는 잔잔히 가다가 거칠게 감싸고돌았다. 얼마나 오랫동안 잊은 달빛이던가. 천석泉石은 고황膏肓 [3]이 되어 핏줄 속을 녹아 흐르는데 이황은 이와 같은 거

---

3) 천석고황 泉石膏肓 : 샘과 돌이 심장과 횡격막 사이에 들었다는 뜻으로, 자연의 아름다운 경치를 몹시 사랑하고 즐기는 성벽性癖을 이른다.

두향의 묘소

문고 소리를 들어본 것이 몇 해나 흘렀는지 모를 정도였다.

몸은 아직 피지 못한 봄철이로되 술대를 잡은 두향의 손은 천 길 벼랑을 거슬러 오르는 안개꽃이었다. 이황은 삭풍에 죽어 잊힌 소리를 오늘밤에 비로소 듣는 듯했다.

이황은 여전히 내면에서 올라오는 번민의 소리를 들어야 했으나, 번뇌에서 돌아와 휴식을 얻으니 소리가 있고 진애塵埃에서 돌아와 달빛에 기대니 여인이 있었다.

이황은 두향에게 말하였다.

"너는 나를 기쁘게 하는 여인이구나. 두향아, 내가 너에게 이르노니 태초에 말이 있기 전에 노래가 있었다. 세계를 가락 속에 얹을 수 있는 이는 세계를 말 속에 담을 수 있는 이보다 위대하나니 말이 있기 전에 먼저 음악이 있었느니라. 내 왕산악을 흠모하는 것은 그가 새로운 악기를 만들어 소리로 우주를 넓힌 까닭이었다. 너는 아름다운 여인이다. 아름다운 마음에서 고운 소리가 울려 나

오나니 네 작은 손이 이 거친 세계를 이토록 부드럽게 감쌀 수 있을 줄 이전에는 배우지 못했노라. 마음을 기쁘게 하는 어여쁜 여인이여 청하노니 나를 위해 한 곡조 더 들려 다오."

이황은 두향의 거문고 소리에 감동어린 눈빛으로 건너다보며 말했다. 두향은 다시 한 번 손을 얹어 줄을 골랐다. 염주 알을 굴리듯 소리의 구슬이 손끝에서 굴렀다. 호젓하고 아늑한 밤 청현淸絃에서 유현遊絃으로 유현에서 대현大絃으로 그녀의 손길은 느리게 움직였다.

멀리서 피는 아득한 봄날은 서두르지 않았다. 빛나는 계절은 따로 없었으되 봄이 와서 피고, 가을이 와서 저물었다. 밤공기를 뚫고 나간 두향의 거문고 소리는 수목을 흔들다가 타인의 집 창가에 앉아 불을 밝히게 했다. 듣는 이 드물어도 호롱불은 밝고 조용히 번져가도 가슴을 여는 소리였다.

뜨거운 노래 가슴 속에 지닌 시인 두향

이황은 지긋이 눈감고 말없이 듣고 있다가 두향이 거문고를 놓고 일어났을 때 얼굴을 빛내며 말했다.

"말 없는 강물은 천천히 흘러도 깊이 흐르는구나."

"듣는 귀가 깊으니 소리도 깊으옵니다."

"아니다, 천천히 지껄이는 뻐꾸기가 수다스러운 앵무새보다 더 깊이 노래한다 들었네."

"여름 뻐꾸기가 한번 울면 그 여운이 가을까지 남는다 들었사옵니다만…."

"그런데 명랑함 위에다 슬픔의 꽃 이파리를 수놓은 연유가 무엇인가?"

"나리는 저의 종자기이시옵니다. 소녀가 한 귀퉁이를 들어 말하면 나리께서는 그 속내까지 읽어 내시는군요."

"두향아, 참으로 울리는 백아를 만나지 못했기에 그 동안 종자기의 귀가 녹슬었더니 오늘 비로소 내 귀가 소리를 보는구나."

이황은 입가에 흐뭇이 미소를 담은 채 말했다.

"두향아, 그대가 있어 이 단양 땅은 고을 중에 결코 작지 아니하리라."

이황은 감격했다. 두향은 고운 눈빛으로 소리 없이 속삭였다.

밤이 이슥하고 첫닭이 울었다. 두향이 퇴계에게 시조 한 수를 읊었다.

서러운 달빛 밟고 조약돌 헤아리네.
한 뼘 건너 계신 임은 천 리 같아
강물을 열 번 건너도 언제쯤 닿을까.

이황이 화답하였다.

맨발로 달빛 밟고 걸어온 꽃잎 하나
잎새 위에 고여 있는 이 어둠을 걷어내는
눈부신 너의 아침은 언제쯤 밝아오나.

두향의 가슴은 물결쳤다. 이처럼 자신의 재능과 내면을 알아주는 이가 있었던가. 그녀는 혼자 속삭였다.

종자기를 얻지 못해 외로운 영혼이여.
꽃 한 포기 보기를 돌부처로 여기며
샛강을 억눌러서 별빛만을 우러르되
눈보라에도 조용히 씻겨 온 조약돌은 빛나도다.
임의 옷자락 삼가 받들고

임의 잔잔한 물가에 앉기를 바라노니

봄부터 익혀 온 그 따스한 가을볕 아래

나로 하여 깃들게 하소서, 깃들게 하소서.

내 몸이 땅에 내린 후로

사람을 만나지 못하여 방황했더니

고우신 어느 혼이 봄볕을 몰고 오도다.

아, 밤은 천천히 밝아도 좋아라.

잎새에 묻힌 개울물은 소리 내어 흘러도 좋아라.

비오리 놀라 달아나는 강가에

그분이 기다리시는 새 아침은 언제 밝아오나.

두향의 말없는 마음을 읽은 것인지 이황이 두향의 어깨를 조용히 안으며 말했다.

새 아침에는 너를 새로 보리라.

아직 한번도 본 적 없는 새 아침이 오면

네가 내 뜰 위에 새로 밝아 오리니

그때 그 빛 가운데서

새로 눈뜬 내 눈이 너를 새로 보리라.

닭이 다섯 홰를 울었다. 어느덧 먼동이 터 오고 있었다.

신선이 내려앉는 강선대에서 시를 주고받다

강선대降仙臺는 제비봉 맞은편 봉우리를 가리키며 행정구역으로는 현재 충청북도 단양군 적성면赤城面에 속한다. 1백여 미터의 층암절벽이 계단을 이루고 있는데 하늘에서 신선과 선녀들이 남한강 맑은 물에 목욕을 하기 위해 이 계단을 따라 내려온다고 하여 강선대라 한 것이다.

강선대 아래에는 퇴계 이황의 단양 군수 재임 시절 그를 모셨던 단양의 명기 두향의 무덤이 있다. 이것이 충주댐 완공 후 담수로 수몰될 위기에 놓이자 향토 사학자와 유림들이 원래의 자리에서 50여 미터 올려 이장하였다.

강선대에 앉아 이황과 대작한 시가 많이 전하는데 그중 이황이 풍기 군수로 전직하게 되었을 때 두향과 서로 화답한 시를 소설가

강선대

정비석이 번역 소개하였다.

　　青山橫北郭 청산횡북곽

　　白水遶東城 백수요동성

　　此地一爲別 차지일위별

　　孤蓬萬里征 고봉만리정

　　푸른 산은 북쪽에 가로막히고

　　맑은 물은 동쪽 성을 감도는데

　　오늘밤 여기서 한번 헤어지면

　　외로운 나그네 만리를 가리.

　　浮雲遊子意 부운유자의

　　落日故人情 낙일고인정

　　揮手自茲去 휘수자자거

　　蕭蕭班馬鳴 소소반마명

　　떠도는 구름은 임의 마음이요

　　서산에 지는 해는 나의 정일레.

　　손 흔들며 그대는 떠나가니

　　가는 말 울음소리 못내 서럽다.

두향은 이황에게 자신을 기적부에서 빼어달라고 청원하여 관기를 면하였다고 한다.

후세에 이르러 수많은 선비들은 두향의 묘 앞을 지날 때면 술 한 잔 올려 주고 시를 읊었는데 수촌 임방과 월암月巖 이광려李匡呂도 아래와 같은 시를 읊어 두향의 원혼을 달래주었다.

一點孤墳是杜秋 일점고분시두추
降仙臺下楚江頭 강선대하초강두
芳魂償得風流債 방혼상득풍류채
絶勝眞娘葬虎丘 절승진낭장호구

외로운 무덤 하나 두향이라네.
강 언덕 강선대 그 아래 있네.
어여쁜 이 멋지게 놀던 값으로
경치도 좋은 곳에 묻어주었네.

孤墳臨官道 고분임관도
頹沙映紅蕚 퇴사영홍악
杜香名盡時 두향명진시
仙臺石應落 선대석응락

외로운 무덤이 국도변에 있어
거친 모래에 꽃이 붉게 비치네.
두향의 이름이 사라질 때면

강선대의 바위도 없어지리라.

이광려는 문장이 뛰어난 영조 때의 학자로 학행 또한 높아 당시 사림土林의 제1위를 차지하였다. 천거를 받아 참봉이 되었으며, 이만수李晩秀는 그의 문집에서

〈국조國朝 3백년의 문교文教를 받아 이광려 선생을 낳았다.〉

고 평하였으며, 제자로 완구宛丘 신대우申大羽를 비롯한 많은 이들이 있다. 이광려는 서간西澗 이진수李眞洙의 아들로 본관은 전주全州이며 자는 성재聖載, 호는 월암이다.

강선대와 두향을 읊은 선비들

● 강선대에는 조선 숙종 때의 충청도 관찰사 윤헌주尹憲柱의 친필 각자가 현재까지 전하고 있는데, 글자 한 자의 폭이 5자쯤 되고 음각 상태가 좋아 물이 빠지면 쉽게 확인할 수 있다. 동지중추부사 윤택尹澤의 아들로 1661년(현종 2) 태어난 윤헌주는 23세 때 사마시에 합격하고 1698년(숙종 24) 문과에 장원급제하였다. 전적으로부터 여러 내외직을 역임하였으며 함경 감사로 지방에 내려가서 진지를 증설하고 무술을 연마시켜 국방에 힘을 기울였으며 윤관尹瓘의 사당을 개수하였다. 돌아와 한성판윤으로 복직되어 평안 감사로 나갔다가 형조판서, 호

조판서를 지내고 물러나서 양산楊山에 있는 선묘 곁에 돌아가 살다가 박필현朴弼顯 등이 군사를 일으켜 반란하자 북로를 담당하여 안무하였다. 돌아온 지 얼마 되지 않은 1729년(영조 5) 죽었으며 분무원종奮武原從공신에 추록되고 좌찬성이 추증되었으며 익헌翼獻의 시호를 받았다. 자는 길보吉甫, 호는 이지당二知堂, 본관은 파평坡平이다.

降仙臺 강선대

不怪丹丘峽 불괴단구협
群峯一色靑 군봉일색청
女娘芳草墓 여랑방초묘
居士白茅亭 거사백모정
春晚鳥相語 춘만조상어
江虛雲不停 강허운불정
神仙可坐俟 신선가좌사
臺下且橫舲 대하차횡령

단구협은 괴이하지 않으나
여러 봉우리는 하나같이 푸른빛이네.
여랑의 묘에서 꽃다운 풀이 자랐고

거사의 저자에 흰 띠가 덮였네.

봄이 무르익으니 새들은 서로 지저귀고

강은 텅 비어 구름은 멈추지 않네.

신선을 앉아서 기다리고 있으니

누대 앞에는 또 배가 빗겨 가네.

　남유용南有容의 「강선대」로 시에서 나타난 여랑女娘은 단양의 명기 두향의 무덤을 말한다. 그녀는 살아 생전 자신이 노닐던 강선대 위에 묻어 달라고 하였다.

　남유용은 고문古文을 잘하여 당나라의 한유韓愈와 송나라의 구양수歐陽脩를 따랐고, 시詩 또한 고체古體에 뛰어났으며 서법書法에도 일가를 이루었다. 단양의 「우화교비羽化橋碑」, 「해백윤세수비海伯尹世綏碑」 등의 유필이 있으며 저서로 『뇌연집雷淵集』 30권이 전한다. 1698년(숙종 24) 동지돈녕부사 남한기南漢記의 아들로 태어났으며 영조 때 대제학을 지냈다. 1773년(영조 49) 사망하였으며 본관은 의령宜寧, 자는 덕재德哉, 호는 뇌연雷淵, 시호는 문청文淸이다.

● 降仙臺 강선대

　　香魂終古降仙臺 향혼종고강선대
　　三尺古墳水上隈 삼척고분수상외
　　南浦春愁草自黯 남포춘수초자암

緱山月色鶴應來 구산월색학응래

芳名不沒登歌詠 방명불몰등가영
異事相傳薦酒盃 이사상전천주배
寄語村民須善護 기어촌민수선호
歸舟日暮却低回 귀주일모각저회

그윽한 옛 혼 강선대에 향기로운데

석 자 외로운 무덤에 물결이 굽이치네.

갯가의 봄 시름에 풀빛조차 어두우니

달이 뜨면 학들도 응당 날아오리라.

꽃다운 이름은 시와 노래에 실려 오고

옛일을 서로 전하며 술잔을 올린다.

마을 사람에게 잘 지켜주기 부탁은 했건만

해는 져도 돌아오는 뱃길이 마냥 더디네.

이휘재李彙載가 지은 「강선대」이다. 그의 문집으로『운산문집雲山文集』6책이 있는데 그곳에 단양의 두향 묘를 찾아 술을 드리고 무덤을 돌보게 한 기록이 보인다. 퇴계 이황의 10세손인 이휘재는 1795년(정조 19) 태어났으며 생원시에 장원하고 호조 참의를 지냈다. 그는 1827년(순조 27) 증광 생원시에 장원하고, 선릉 참봉, 장악원 주부, 사헌부 감찰 등을 역임하였으며 1842년(헌종 8) 경산 현령으로 있으면서 문회재文會齋를 창건하여 문풍文風을 진작시켰다. 그 외에도 안성 군수와 청풍 부사를 지내며 많은 업적을 남겼으며 또 홍주(홍성) 목사로 있을 때 선정을 하였으므로 홍주 백성들이 비를 세워 그의 공덕을 기렸다.

1853년(철종 4) 벼슬에서 물러나 학문에 전념하여 성리학을 많이 연구하였고, 의례疑禮 변절變節을 정선하였으며 후진을 양성하였다. 그러다 1866년(고종 3) 병인양요丙寅洋擾 때에 임금의 부름을 받고 나가 많은 공을 세웠으며 호조 참의, 한성부 우윤 등을 역임하였다. 1875년(고종 12) 세상을 떠난 이휘재의 자는 덕여德輿, 호는 운산雲山이며 본관은 진성眞城(진보眞寶)이다. 아버지는 이조참판에 추증된 이임순李林淳이며, 어머니는 안동安東 권權씨로 권희權熙의 딸이다.

● 杜香墓 두향묘

不有退翁詩 불유퇴옹시
誰識杜娘名 수식두낭명
娘亦女流秀 낭역여류수
得知君子榮 득지군자영
幸踰龍門登 행유용문등
行因驥尾成 행인기미성

檀唇一浩唱 단진일호창

栢心難終更 백심난종경

靑山去何限 청산거하한

身後占最靑 신후점최청

淡淡長江護 담담장강호

屹屹仙臺擎 흘흘선대경

貞魂詎冥漠 정혼거명막

勝地要將迎 승지요장영

芳草羅裙色 방초라군색

冷風環珮聲 냉풍환패성

荒墳旣蕪沒 황분기무몰

芳蹟彌彰明 방적미창명

怊悵獨歸舟 초창독귀주

風流見高情 풍류견고정

퇴옹의 시가 없었더라면
뉘라서 두씨 낭자의 이름을 알겠는가.
낭자 또한 빼어난 여류이니
군자의 영화를 알았다네.
다행히 용문에 올라서
행적이 기미로 이루어졌네.

단단한 입술로 한바탕 창 소리 유창하고
굳은 심정은 끝내 바꾸기 어려웠다네.
푸른 산은 가보면 어찌 끝이 있으랴.
죽은 뒤에는 가장 푸른 곳에 머무르네.
맑디맑은 긴 강이 보호하고
우뚝 솟은 선대가 떠받드네.
곧은 넋이 어찌 어둡고 희미하랴.
승지가 장차 맞기를 바라고 있으니
꽃다운 풀은 비단 치마색이요
차가운 바람에 패옥 소리 들리네.
거친 무덤이 이미 묵었으나
아름다운 자취는 더욱 밝게 빛나리.
실망 속에 외로이 배를 돌리니
풍류의 고상한 뜻이 드러나네.

    조두순趙斗淳의 「두향묘杜香墓」로 시에서 말하는 기미驥尾는 부기미附驥尾의 준말로 준마駿馬의 꼬리에 붙어 천 리를 갈 수 있듯이 고명한 사람의 덕으로 공명을 이루게 된다는 뜻이다. 『후한서後漢書』「외효전隗囂傳」주注에

    〈파리는 10보 이상을 날지 못하지만 준마의 꼬리에 붙으면 천 리를 갈 수 있다.〉

하였다. 이는 곧 훌륭한 사람의 덕으로 공명을 이루게 되는 것을 비유한 것이다.

조두순은 역량을 인정받고 일찍이 『동문고략同文考略』을 편수하였으며 1865년(고종 2) 영의정이 되어 『대전회통大典會通』을 편집하였다. 저서로 『심암집心菴集』이 있다. 1796년(정조 20) 우의정 조태채趙泰采의 5대손이자 목사 조진익趙鎭翼의 아들로 태어난 그는 1826년(순조 26) 문과에 급제하고 여러 벼슬을 거쳐 1850년(철종 1) 대제학이 되었다. 1853년(철종 4) 우의정이 되고 좌의정을 거쳐 영의정에 이르렀으며 1866년(고종 3) 은퇴하여 1870년(고종 7) 기사耆社에 들어가서 죽었다. 우의정으로 각 항구에서 세금 늑징의 폐를 패하게 하였고, 일본으로부터 동철銅鐵의 유입을 금하였다. 또 좌의정으로 수령들의 행동을 살펴 부정 사실이 적발되면 파직시키고 엄벌에 처하도록 조치하였다. 그의 본관은 양주楊州, 자는 원칠元七, 호는 심암心菴, 시호는 문헌文獻이다.

● 두향

두향아, 어린 여인아 박명하다 원망치마라.
네 고향 네 놀던 터에 조용히 묻혔구나.
지난날 애국 투사들 못 돌아온 이가 얼마인데
강선대 노는 이들 네 무덤 찾아내면
술잔도 기울이고 꽃송이도 바친다기에

오늘은 가을 나그네 시詩 한 수 주고 간다.

　유명한 시조 시인 이은상李殷相 또한 두향의 묘소에 들러 「두향」
이라는 시 한 수를 남겼다. 1903년 태어난 그는 1931년 이화여자
전문학교 교수가 되고 1945년 호남신문사의 사장을 지냈으며 이
후 청구대학(현 영남대학교), 서울대학교 문리과대학 등에서 교수를
역임하였다. 『노산 시조집』을 비롯하여 많은 저술을 남긴 이은상
은 1982년 사망하였으며 그의 호는 노산鷺山으로 경상남도 마산馬
山 출신이다.

단양에 세워진 최초의 서원

　단양에 세워진 최초의 서원은 우탁禹倬과 이황을 배향하는 단암
서원丹巖書院이다. 1662년(현종 3) 세
워진 이곳은 숙종 연간에 국가로부
터 '단암丹巖'이라는 현판이 내려져
사액賜額 서원으로 인정받았고 집
권 세력이라고 할 수 있는 노론老論
의 명사들을 원장院長으로 추대하
였다. 또 단양 고을에서는 화속전火
粟田 148결 중에서 7결의 수입을 서
원에 지급하여 뒷바라지하도록 했

우탁 묘비. 경북 안동시

다.

단암서원에 배향된 우탁은 단양 우씨의 대표적 인물이자 고려 말의 대학자로서 주역에 밝아 역동易東 선생이라 일컬어졌다. 단암은 우탁이 머물렀던 곳이며, 그의 벼슬 이름을 본딴 사인암舍人巖에 아직도 그의 발자취가 남아 있을 만큼 우탁은 단양의 상징적 인물이었다.

또 다른 배향자인 이황은 48세 되던 해인 1548년(명종 3) 정월에 단양에 부임하여 10월에 풍기 군수로 옮겨 갈 때까지 재직하였다. 단양은 조선의 대표적인 성리학자인 이황이 수령으로 근무한 첫 번째 근무지였고 명기 단향과 한순간 정을 나눈 특별한 곳이다. 이황이 1년도 채 되지 않는 짧은 재임 기간 안에 구체적으로 어떠한 정사를 펼쳤는지에 대한 구체적인 기록은 많지 않다. 그러나 그의 정사는 청렴하고 간결하여 백성들이 편히 여겼다고 한다.

한편 단양에서 1년 남짓 부임하고 떠난 이황은 죽을 때까지 두향을 다시 만나지 않았지만 헤어지면서 두향에게서 받은 매화를 아끼며 평생을 돌보았다. 이황 또한 두향을 그의 생에 있어 중요한 여인이자 소중한 존재로 여겼던 것이다. 훗날 이황을 사모하는 많은 시인 묵객들이 그의 발자취를 좇아 단양을 찾게 되었기 때문에 이황의 존재는 단양에서 특별한 것이 되었다.

반평생의 귀양살이 윤선도와 관기

1638년(인조 16) 3월 하순 고산孤山 윤선도尹善道의 배소配所가 경상도 영덕현 고불봉 아래 있는 우곡리에 정해지고 윤선도는 6월이 되어서야 유배지 영덕에 도착할 수 있었다. 이때부터 윤선도는 1639년(인조 17) 2월 초순 석방될 때까지 약 8개월 동안을 영덕에서 지냈는데 그 시간 동안 역시 이곳으로 유배를 와 있던 이해창李海昌(이계하李季夏)과 늘 만나

윤선도 초상

시도 짓고 회포도 풀며 교류하였다. 또한 윤선도는 영덕에 살고 있던 신퇴지, 진사 신이겸, 생원 최현, 도사 임효백, 조군헌, 김종일 등 10여 명의 문하생과 내방인을 가르쳤으며 영덕과 가까운 임경대臨鏡臺와 적벽까지 걷거나 배편으로 내왕하며 시간을 소요하였다.

당시 영덕 현령은 조형趙珩이었고, 관할 영해 부사는 조문수曺文秀였으며, 다음 해인 1639년부터는 정광성鄭廣城이었다.

윤선도가 유배지에서 교류한 벼슬관들

윤선도가 영덕에 도착한 해의 현령 조형은 감찰 조기趙磯의 손

자이자 승지 조희보趙希輔의 아들이다. 1606년(선조 39)에 태어나 1626년(인조 4) 별시문과에 병과로 급제하였으나 아쉽게도 파방罷榜되고, 1630년 식년문과에 병과로 급제하여 예문관대교를 거쳐 사국史局으로 옮겼다.

1632년(인조 10)에는 인조의 아버지 정원군定遠君을 추존하자는 박지계朴知誡의 발의에 반대한 이유로 인조의 미움을 받고 부여로 유배되었으나, 이듬해 풀려났다. 조형 또한 인조에게서 유배를 당한 일이 있었으니 윤선도가 영덕으로 왔을 때, 적잖게 심적인 교류가 있지는 않았을까 추측해 본다.

1636년(인조 14) 병자호란 때는 임금을 따라 남한산성에 들어가 독전어사가 되고, 이듬해 환도하여 병조좌랑이 되었으며 여러 관직을 거쳐 1646년(인조 24) 헌납이 되었으나 1636년의 중시별과가 파방되는 사건이 발생하자 당시의 참시관으로서 책임을 물어 파직되었다.

인조의 아버지 정원군 묘소. 경기도 김포시

그러나 이듬해 복직되어 집의가 되고 뒤에 춘추관 편수관으로 『인조실록』 편찬에 참여하였으며 1651년(효종 2)에는 사은사의 서장 관으로 북경에 다녀와 보덕을 거쳐 승지가 되었다. 이듬해 충청 감 사를 거쳐 1653년 선조의 딸인 정신貞愼 옹주의 예장禮葬 때 역군가 役軍價 문제로 정배定配되었다가 이듬해 풀려나 승지가 되었다.

다시 여러 관직을 거쳐 1661년(현종 2) 공조판서, 대사헌, 예조판 서가 되었다. 이때 형조판서 재직시 이갑남李甲男의 죄를 잘못 처 리하였다 하여 평산 금암역으로 귀양가는 등 그의 정치 역정도 순 탄하지만은 않았다. 1663년(현종 4) 동지사로 청나라에 갔다가 이 듬해 돌아와 판윤이 되었으나 동대문 밖 금산의 소나무 남벌 사건 에 관련되어 고신告身을 박탈당하였다. 1665년(현종 6) 지의금부사, 우참찬 등을 거쳐 1673년 예조판서에 이르렀으나 1674년(현종 15) 인선仁宣 왕후의 상을 9개월로 하자는 대공설大功說을 주장하여 양 주로 귀양갔다. 이듬해 풀려나 기로소耆老所에 들었으며 1679년(숙 종 5) 하세하였다. 본관은 풍양豊壤, 자는 군헌君獻, 호는 취병翠屛, 시호는 충정忠貞이다.

관할 영해 부사였던 조문수는 주부 조경인曹景仁의 아들이자 좌 상 심수경沈守慶(심정의 증손자)의 외손이다. 1590년(선조 23) 태어나 1609년(광해 1) 진사가 되고 1624년(인조 2) 현감으로 문과에 급제하 여 동부승지가 되었으며 특진관을 겸하였다. 1645년(인조 23) 좌승 지에 이어 호조판서로 승진하고 하령군에 봉해졌다. 1647년(인조

25) 강원도 관찰사로 부임하여 임지에
서 죽었다.

조문수는 특히 글씨를 잘 썼는데 증
손 조하망曹夏望의 「하령군행장夏寧君
行狀」에 〈처음에는 송설松雪을 좋아하
였으나 외형미에 치우친 점이 싫어 왕
희지의 법을 참작하니 체기體氣가 농
수濃粹하였다.〉라고 전한다. 필적으로
해행楷行의 「이군산방기李君山房記」와

조문수가 쓴 「좌상유홍비」.
경기도 하남시

『근역서휘槿域書彙』에 실린 행초行草의 오언절구 등을 보면 해서는
대체로 송설을 따랐고 행초는 법을 달리하였음을 알 수 있다. 금
석으로 영변의 「보현사편양당대사비普賢寺鞭羊堂大師碑」, 고양의
「좌상유홍비左相兪泓碑」 등을 썼다. 『대동서법大東書法』 등에 그의
필적이 모각되어 있으며, 그림과 시도 잘 하였다. 저서로 『설정시
집』 6권이 있다. 조문수의 본관은 창녕昌寧, 자는 자실子實, 호는
설정雪汀이다.

정광성은 좌의정 정창연鄭昌衍의 아들이며 참판 정광경鄭廣敬의
형이자, 영의정 정태화鄭太和의 아버지이다. 1576년(선조 9) 태어나
1601년(선조 34) 사마시에 합격하여 진사가 되고 1603년 식년문과
에 병과로 급제하여 검열, 대교 등을 거쳤다. 1605년(선조 38) 이후
정자, 수찬, 교리, 지평 등 초년에 주로 삼사의 현직顯職을 역임하

정광성 신도비각. 서울시 동작구 사당동

였다. 1618년(광해 10) 대비大妃 삭호削號 문제와 아울러 재차 폐모론이 일어났을 때 부친 정창연의 정청庭請 불참 문제로 인해 탄핵을 받았으나 계속 등용되었다. 형조참의, 우승지, 남양 부사, 경기도 관찰사 등을 지낸 다음 병자호란 후 벼슬에 뜻을 버리고 향리로 물러났다. 그러나 1649년 효종이 즉위하자 형조판서에 오른 뒤 부호군을 거쳐 1654년(효종 5) 지돈녕부사가 되어 죽었다. 정광성의 본관은 동래東萊, 자는 수백壽伯, 호는 제곡濟谷이다.

윤선도의 제2차 유배지 영덕에서의 행적

사람의 이름과 별호別號는 그 사람의 일생 행로와 결코 무관하지 않은 듯하다. 탄탄대로의 앞날을 보장받을 수 있었던 윤선도는 왜 스스로 호를 고산孤山, 외로운 산이라 하고 그 호의 뜻과 같이 생의 절반을 유배와 질병, 정치적 탄핵 등으로 괴로운 삶을 살다 갔으니 말이다. 그러나 역사는 윤선도의 업적을 높이 평가하며 지금까지 수많은 학자들의 존경을 받음과 불후의 명작을 남긴 후세의 큰 스승임에 누구도 반문하지 못할 것이다.

윤선도에 대한 평을 살펴보면 윤선도의 시가詩歌에 대해 위당爲堂 정인보鄭寅普는 〈호남 산수 간의 야경을 귀신같이 그려 놓았다〉라고 했으며 이강춘은 〈국문학의 독보로써 민족 문학의 아성이다〉라고 했다. 윤선도의 작품은 모양과 색깔과 향기가 3박자로 갖추어진 값진 꽃으로, 찬탄할 수 있는 어휘는 모두 동원되어 이제는 새로운 언어를 창조해야 할 것 같다. 윤선도의 시가는 평면의 하얀 지면 위에 문자로서 역사와 현실, 우주와 자연 경관을 오묘한 언어의 배열로 화려한 색상과 짙고 그윽한 향기들로 은폐하고 계시하는 데 살아서 웅장한 파노라마를 이루어 낸다. 그의 이런 시가 작품들은 교육적, 철학적, 문화적, 예술적 가치가 지극히 높다 할 것이다.

윤선도가 서거한 지 339년이 되었다. 자신의 이상과 현실에 대한 연민과 갈등 속에서, 또 질병으로부터의 시달림과 정치적 야망에 대한 좌절 등을 겪어야 했다. 그렇지만 윤선도는 강직한 성품으로 파란만장한 일생을 보냈으면서도 한 시대의 사류士類를 주름잡았으며 타인의 추종을 불허하는 불후의 명작들을 남기고 떠나갔다. 오늘날 윤선도의 시가는 물론 정치에 대한 식견과 원림園林 조경에 대한 연구, 대규모 간척 사업으로 농토 확장을 한 행적 연구 등 윤선도에 대한 새로운 조명이 계속 요구되고 있다.

반평생의 삶을 유배지에서 보낸 윤선도의 유적지는 ① 한성, ② 안변, ③ 고산, ④ 해남, ⑤ 보길도, ⑥ 진도, ⑦ 강서, ⑧ 성산, ⑨ 홍원, ⑩ 경원, ⑪ 기장, ⑫ 영덕, ⑬ 삼수, ⑭ 광양, ⑮ 고흥, ⑯ 수원, ⑰ 수성水星 등 무려 열일곱 곳이 넘는다.

그중 영덕은 윤선도의 2차 유배지로서 그가 여덟 달을 보낸 곳이다. 윤선도가 30대의 나이에 겪었던 1차 유배와 70대에 이르러 겪은 3차 유배는 스스로가 확실한 소신을 갖고 자진하여 상소하고 택한 길이었지만 영덕으로의 유배는 비록 8개월의 짧은 기간이었지만 억울하고 유치한 유배였다.

병자호란 이후 대동찰방大同察訪과 사도시정司導寺正에 제수되었으나 윤선도가 부임하지 않자 반대당파인 서인들의 무고가 심하였고, 대궐로 돌아온 임금을 문안하지 않았다는 이유로 본의와 다르게 영덕으로 유배된 것이다. 영덕으로 오는 길 윤선도는 단양에서 한시漢詩 「헐마공암」을 지었고, 죽령을 넘으면서 「죽령도중」을 지었다.

歇馬孔巖 헐마공암

休鞍靜臥錄江湄 휴안정와록강미
江上明沙分外奇 강상명사분외기
千疊錦屛生色畫 천첩금병생색화
世間供帳孰如斯 세간공장숙여사

공암에서 말을 쉬며

푸른 강가에 말을 멈추고 조용히 누웠는데
강가에 흰 모래 참으로 기이하구나.
천 첩 비단 병풍은 살아 있는 그림이라
세상에 어떤 무대막이 이처럼 고을까.

공암은 단양의 잔도棧道로 공암에서 말을 쉬게 하면서 그곳의
빼어난 경치를 노래한 시이다.

竹嶺道中 죽령도중

昔歲曾從鳥嶺去 석세증종조령거
今來竹嶺問前程 금래죽령문전정
如何回避經行處 여하회피경행처
愧殺明時有此行 괴살명시유차행

죽령을 넘는 도중에

작년에 일찍이 조령을 따라 지나갔는데
금년에는 죽령에 와서 앞길을 물어보네.
어찌해야 이미 지나간 길을 피할 수 있으랴.
태평한 시절에 이런 일이 부끄럽도다.

1구에서 작년에 조령을 지나갔다는 말은 윤선도가 경원에서 기장으로 이송될 때를 말하며 2구의 죽령에 온 이유는 영덕으로 가는 길을 물어보기 위함이다. 마지막 구의 태평한 시절은 병자호란이 끝났음을 그와 같이 말한 것이다.

유배지에 도착하여 사람들과 교류를 하는데 한번은 신퇴지, 평산 신씨 신이겸, 최현, 김광우가 술을 갖고 찾아오니 그때 이해창도 찾아와 차운次韻하므로 윤선도가 시를 지었다. 먼저 이해창이 차운하여 읊은 「적벽가」를 살피고 넘어가자.

적벽가

야성(영덕)에 묻혀 사는 신 선생(신퇴지)을
지난밤 뜻밖에 만나 즐거웠다.
내게 말하길 고을 서쪽에 적벽이 있고
그 아래 맑은 물 비단결 같다나.
소동파 신선된 지 이미 천년인데
이 세상 어느 누가 돌아볼 것인가.
강 위에는 가을빛이 벌써 짙어져
강의 신은 이 아름다움을 볼 수 있도록
나의 벗 이공(이계하)은 이때에 왔으니
하늘이 내린 두건과 신발의 만남이랄까.
검푸른 산들은 늘어서서 다투어 나를 맞고

수많은 기녀들이 자리에서 춤을 춘다.

이공의 성품은 아름다운 시구를 좋아해

읊을 않거나 술이 없으면 시를 안 지어

하늘이 아직은 큰일을 허락하지 않아

적벽에서 놀도록 이미 분부하였네.

신선이나 노니는 덧없는 세월을

언제 뗏목을 타고 은포에 오를까.

저녁에는 온 골짜기에 생황과 종소리 들려

나는 오래 전부터 담담한 생활을 한다네.

담장 안에는 제자들이 있고

착한 제자들이 빙 둘러서 반걸음씩 따라가며 춤을 추고

그대와 주고받은 즐거운 술잔

돌아갈 때는 찬 이슬에 젖는 것도 잊고

지팡이 짚고 물가 모래 위를 앞서거나 뒤따라.

바라보는 은하수 너무나 밝지만

서촌에 물 긷고 밥 짓는 연기 희미하게 오르는 곳

외로운 나무 아래 노옹을 손가락으로 가리키며

그대는 못 보았지 소동파가 퉁소 부는 사람과 동반한 걸.

오늘의 흥취는 그때에 못 미치니

그대는 몰라라 멀리 계신 임 그리는 나를.

오늘의 산보가 그때의 걸음과 흡사하나

이곳의 누가 다음에 오는 자를 생각할까.

훗날 보는 오늘이 오늘 보는 옛날과 같으리니.

시에 나오는 야성野城은 영덕의 옛 이름이다. 이해창은 1638년 지평으로 있을 때에 전쟁을 주장하던 파의 우두머리 김상헌金尚憲을 신구伸救하다가 인조의 노여움을 사 영덕에 유배되었다. 이로 인해 이해창은 윤선도와 교류를 할 수 있었으니 한편으로 그의 인생에 큰 자양분이 되지 않았을까.

이해창은 아버지 이인후李仁後의 아들이자 어머니 신영申泳의 딸 사이에서 1599년(선조 32) 태어났다. 그는 또 이규李圭의 손자이자 임숙영任叔英의 문인이기도 하다. 1624년(인조 2) 사마시에 합격하여 진사가 되고, 1630년(인조 8)에 식년문과에 병과로 급제하였다. 검열, 정자, 봉교, 정언 등을 역임하고 1638년 영덕으로 유배되었다. 1644년(인조 22) 부수찬에 복직되고 1650년(효종 1)에 춘추관 편수관으로서 『인조실록』의 편찬에 참여하고 그 해에 응교, 시독관, 교수를 겸직하였으며 이듬해에 사간이 되었다.

시문에 능하였으며 저서로 『송파집』이 있다. 1651(효종 2) 사망하였으며 이해창의 본관은 한산韓山, 자는 계하季夏, 호는 송파松坡이다.

아래는 이해창의 「적벽가」를 차운한 윤선도의 작품이다.

今夜會此堂 금야회차당

月無前夜白 월무전야백

前夜會此堂 전야회차당

座無今夜客 좌무금야객

人事古難諧 인사고난해

如絲竹金石 여사죽금석

有酒胡不飲 유주호불음

直到天河落 직도천하락

오늘 밤 이 집에 모여

달은 없지만 밤새도록 놀아 보자.

어젯밤에도 이 집에 모였었지

앉지 않은 이 밤의 객들이여.

사람의 일이란 예부터 성취하기 어렵거니.

가야금에 퉁소와 악기가 있고

술이 있는데 어찌 마시지 않고

은하수 흘러내리는 것을 지키고 있겠는고.

마지막 밤 관기들과 나눈 시

1639년 2월 3일 53세가 된 윤선도가 유배에서 풀려나기 전날 저녁, 이해창이 우곡리에 와서 밤이 늦도록 같이 술을 마셨다.

이때 이해창은 영덕현에 소속된 기녀 월선月仙과 애옥愛玉을 데려왔는데, 이해창이 취중에 벽에 있는 글로 제목을 하므로 그 운을 따서 윤선도는 또 시를 지었다. 아래는 월선과 애옥을 상대하여 읊은 시 한 수이다. 당시 자신이 처해 있던 울분과 유배지에서의 따분한 일상을 은근히 관기 월선과 애옥을 끌어들여 지은 작품이다. 옥과 달도 자기 자리가 있는데 윤선도 자신은 어찌하여 이곳에 머물게 되었는가 하는 한탄조의 시인 듯하다.

世棄我實愚 세기아실우
我笑谷名愚 아소곡명우
君獨愛兩愚 군독애량우
來此谷而娛 내차곡이오
玉胡不衒市 옥호불현시
月胡圓朔曙 월호원삭서
細酌永今夕 세작영금석
四人成一迂 사인성일우
爲問谷中神 위문곡중신
曾見此事無 증견차사무

세상이 버린 나는 어리석기 때문인데
골짜기 이름이 어리석을 우 자라 내가 웃었지.

그대는 홀로 어리석음을 짝하여 사랑하고

이 골짜기(영덕)에 온 것을 즐겨하는가.

옥(애옥)은 어찌하여 시장에서 자랑하지 않고

달(월선)은 어찌하여 초하루 밤인데 둥글꼬.

조금씩 마시며 이 밤이 깊도록

네 사람이 빙 둘러 앉았는데

이윽고 골짜기에 신선처럼 되었으니

일찍이 이처럼 한가한 사람을 보았는가.

정철의 속마음은 알 수가 없구나

임진왜란이 한창이던 때 정철은 기생 강아가 아니면 못살겠다고 하면서 헤어진 이후 임금이 계신 곳을 찾아 갔지만 이미 선조로부터도 불신하는 신하가 되어 있었다. 절박한 사정에서도 정철이 거리낌 없이 기녀와 술, 시를 나누면서 행동하였다는 기록이 있고 선조도 정철의 됨됨이를 알았을 터였다.

그러나 강아와 헤어진 이후 정철은 자신을 위해 평생을 바친 그녀를 냉정하게 잊었으며, 그녀의 기다림을 알면서도 자유분방하게 살다간 흔적만이 있다. 그럼에도 심성 고운 강아는 한평생 정철을 가슴에 안고 살다가 사후까지 그의 곁을 지켰으나 그마저도

정철의 연인이었던 강아 묘소, 경기도 고양시(좌)와 충북 진천의 송강 정철 묘소

정철은 멀리 충청도 진천으로 유택을 옮겼으니 홀로 남은 강아의 무덤을 보고 그 누가 가엾다 하지 않겠는가.

1592년(선조 25) 『선조실록』의 기록에 보면

〈밤 2경에 평양으로부터 급보가 왔다. 임금이 여러 대신들을 불러다 빈청에 모여 의논하라고 지시하였는데 중추부영사 정철은 술에 취해서 오지 못하였다.〉

라는 기록이 보인다. 선조는 정철에게 말하기를

"경은 잘 갈 것이다. 나라가 회복되는 것은 전적으로 경에게 달렸다. 종사관과 군관들은 경이 마음대로 임명할 것이다. 하지만 이곳에는 사람이 없기 때문에 떠나보낼 수 없다."

라고 하니 정철이 말하기를

"변변치 못한 신이 제대로 조치를 취하지 못할가 걱정됩니다."

라고 하였다. 정철은 길을 떠난 지 열흘이 지나서 영유(평안남도 평원군 내 지명)에 이르렀는데 그 긴박한 와중에도 고을 여종을 보고 끌어당겨 눌러 앉히고는 시를 지어 주었다고 한다.

아름다운 여인이 청강 일을 물으려나
청강 일을 말하자니 눈물 절로 흐르누나.
밤 깊으면 꿈속에 천리 밖의 임 그려도
북쪽으로 가는 길 산이 첩첩 막혔어라.

청강은 정철이 전날에 귀양가 있던 강계의 별명이다. 임금이 수도를 버린 채 떠다니고 종묘, 사직이 폐허로 되었는데 시를 읊고 글귀를 찾는 그였다.

대신의 몸으로 삼도 도체찰사로 되었으면 그 임무가 역시 중대한 도리임에도 한낱 기생을 붙잡고 앉아 술과 시를 나누었다. 이런 때를 당하여 자신이 배척받았던 때의 일을 떠올리며 눈물을 흘리고 있으니, 정철이 나라를 회복하는 큰일을 해내리라고 바라기는 어려운 것이었다. 세상을 원망하는 말이 그의 시 마디에 표현되었으니 정철이 한평생 품고 있는 마음이 무엇이었는지도 알만하다.

전란에서
빛을 발한 기생들

논개의 열아홉 청춘

이 땅의 기생들 가운데 가장 대접받는 이는 아마 의암에서 순절한 주논개朱論介일 것이다. 반만 년의 역사 속에서, 특히 여성으로 후세 사람에 의해 사당까지 지어 받은 사람이 과연 몇 명이나 될까? 물론 자기 조상을 내세우기 위해 사재를 털어 사당을 세운 것은 많을 것이나 진심에서 우러나와 사당을 짓고 제사를 지내는 경우는 매우 드물며 여성의 경우는 더욱 귀하다.

의기사

조선조의 여성시관詩觀과 기녀들의 수준 높은 시작詩作 •

육십령 고개

현재 사당을 지어 그 뜻을 기리는 여성은 전라북도 남원의 춘향과 경상남도 진주의 논개뿐이다. 실존 인물이 아닌 춘향을 제외하면 논개의 사당이 유일하다. 논개는 진주 촉석루 옆 의기사와 그녀가 태어나고 자란 전라북도 장수長水에 사당이 있으며 또한 경남 함양의 방지 마을에는 잘 정비된 논개의 묘가 있다.

주논개는 풍천 마을(속칭 주촌)에서 주달문朱達文과 밀양 박씨 사이에서 외동딸로 태어났다. 주촌은 육십령 아래쪽에 위치한 벽촌으로 전라북도 장수군 계남면溪南面에 있는 마을이다.

현재 논개의 생가를 가려면 전라북도 장수에서 19번 도로를 따

복원해 놓은 논개 생가(좌)와 논개 영정(우)

라 무주로 가다가 장계리로 접어든다. 그곳에서 다시 26번 도로를 타고 경상남도 함양 방면으로 향하면 육십령 고개 아래에 '논개 생가'라는 푯말이 보인다. 그리고 4킬로미터쯤을 더 들어가면 저수지가에 잘 정비된 초가집이 바로 논개 생가이다.

「의암 주논개낭 생장지 사적불망비」

이곳은 장수군 계내면 주촌朱村으로 본래 논개가 살던 집은 지금의 주촌초등학교 자리였으나 저수지가 생기면서 현재의 위치로 옮겨와 성역화하였다. 넓은 저수지 한가운데 섬이 있는데 마치 남강의 의암을 보는 듯하며, 뜰에는 주논개상이 똬리 머리에 옷고름을 잡고 서 있다.

담쟁이덩굴로 휘감긴 사립문을 들어서면 3개의 방과 부엌이 딸린 초가집이 먼저 눈에 들어오는데, 마당에는 장독대와 샘물이 있고 방 안에는 영정이 걸려 있다. 그리고 안방에는 화로와 다듬이가 놓여 있으며 논개가 공부하던 윗방에는 책상이 놓여 있어 마치 그녀가 잠시 집을 비운 것처럼 보인다.

생가 아래에 위치한 뜰에는 정면 2칸의 비각에

義岩 朱論介娘 生長地 事蹟不忘碑

> 의암 주논개낭 생장지 사적불망비

라고 쓴 비석이 세워져 있다. 장수에 있는 사적지를 돌아보면 논개는 장수 마을뿐 아니라 우리 민족 모두의 연인이었음을 새삼 깨닫게 된다.

한편 논개의 사주는 특이해 모두 '개술戌' 자가 들어가 그녀의 아버지는 '개를 낳았다'는 뜻으로 '논개'라고 이름지었다 한다.

아버지 주달문은 서당 훈장을 하며 생계를 이어갔으며 논개는 어렸을 때 아버지에게서 글을 배웠는데 머리가 영특해 남달리 뛰어난 재능을 보였다고 한다.

논개는 어려서 아버지가 죽게 되자 집이 가난한 이유로 성질이 포악하고 술을 좋아하는 숙부인 주달무朱達武에게 얹혀 살게 되었다. 그러다 숙부가 논개論介를 남의 집에다 파니 기생이 된 것이다.

그때 가까운 마을에 살던 김 풍헌風憲(지금의 면장)에게는 병신 아들이 하나 있었는데, 그는 논개를 자신의 며느리로 삼기 위해서 계략을 꾸몄다. 논개의 나이가 아직 어렸기에 민며느리로 맞아들이려고 작정한 풍헌은 논개의 작은아버지 주달무에게 많은 돈을 주고 혼인을 약속하는 문서까지 받았고 이 사실을 전혀 몰랐던 논개 모녀에게는 청천벽력 같은 일이었다. 결국 김 풍헌이 사주단자를 보내자 논개 모녀는 육십령의 험준한 고개를 넘어 논개 어머니의 함양 친정집으로 도망을 가고 말았다. 그러나 주달무와 약속한 문서를 근거로 김 풍헌은 두 모녀를 관가에 고발하였고, 두 모녀는 다시 장수로 붙잡혀 와서 문초를 받았다.

당시 장수의 현감은 나이 육십을 바라보는 무관 출신의 최경회崔慶會였다. 풍헌이 준 재물은 주달무가 중간에서 가로채 모두 탕진했고 두 모녀는 풍헌을 만난 적도 없음이 낱낱이 드러나 무죄로 풀려났지만, 아무 데도 의지할 곳이 없었다. 이를 불쌍히 여긴 최경회는 사또 댁에서 하인으로 일을 할 수 있도록 배려했고 논개는 해수병으로 앓아 누워 있는 사또 부인을 정성껏 보살피고 집안일을 빈틈없이 처리해 최경회의 신임을 얻었다.

최경회와의 인연

논개가 18세가 되었을 때 사또 부인은 자식이 없음을 탓하며 논개를 최경회의 부실로 맞아들였다. 그러나 임진왜란이 일어나 안정되는 듯한 그 시절도 1년을 채 넘기지 못했다.

나라가 위기에 몰리자 최경회는 진안鎭安, 무주茂朱, 금산錦山 등지를 돌아다니며 의병을 모집하였고 나아가 김천일金千鎰 등의 의병 대장과도 긴밀히 연락하면서 호남에서 일본군을 물리치는 전공을 세웠다. 의병들은 비록 정규 훈련을 받지는 못했지만 의병장의 지휘 아래 죽음을 무릅쓰고 싸우니 곳곳에서 승리를 거두었다. 그러자 조정은 최경회를 경상우도 병마절도사로 임명하여 진주성을 지키라는 어명을 내렸다.

당시 일본군은 진주성을 함락시키려고 혈안이 되어 있었는데,

진주 목사 김시민이 경상우도의 요충지 진주성을 지키다 죽게 되었다. 후임자로 서예원徐禮元이 부임하였으나 진주성은 일시에 위기에 몰렸고, 이에 조정은 김천일과 최경회를 응원군으로 파견해 사수토록 한 것이다.

최경회 영정

최경회가 진주로 떠나자 논개는 최경회를 만나기 위해 소백산맥의 준령을 넘어 진주성으로 찾아갔다. 도중에 일본군을 만나 변을 당할 뻔하기도 했으나 논개는 다행히 충청 병사 황진의 도움으로 무사히 진주에 도착할 수 있었다.

제2차 진주성 전투.
『동국신속삼강행실도
東國新續三綱行實圖』 중

일본군은 집요하고 끈질기게 진주성을 함락시키고자 했는데 그렇게만 되면 영남 일대가 저절로 손 안에 들어오기 때문이었다. 그러나 진주성은 용맹스런 명장들과 5천의 의병들이 죽음을 각오하고 지키던 곳으로 일본군으로서는 난공불락이었다. 그러자 적장 모곡촌육조毛谷村六助(게다니무라 로크스케)는 1593년(선조 26) 6월 2만 명의 일본군을 이끌고 일시에 진주성을 공략했다.

조선군은 미리 준비했던 바위와 돌로 남강을 건너 성벽을 기어오르는 적을 모조리 섬멸시켰으나 계속되는 기습으로 아군의 피

논개가 자신의 목숨을 바쳐 적장을 죽인 의암(위)과 진주성의 촉석루(아래) .

해도 적지 않았다. 그러자 일본군은 풍신수길豐臣秀吉 (도요토미 히데요시)의 명령에 따라 전국에 흩어져 있던 일본군을 진주로 모두 집결시킨 뒤, 진주성을 몇 겹으로 포위하면서 외부와 차단시켰다.

장마가 계속되고 군량미가 부족하여 조선군이 일대 혼란에 빠지자 일본군들은 그 틈을 이용해 조총으로 무장하여 일시에 공략하였다. 조선의 의병과 관군은 고군분투했으나 갈수록 패색이 짙어만 갔고, 최경회는 마지막까지 최선을 다해 싸웠지만 결국 전의를 상실한 채 김천일과 함께 북쪽을 향해 두 번 절하고 남강에 투신하여 순절하였다.

진주성은 순식간에 함락되었고 낭군을 잃은 논개는 부끄러움을 씻고 남편의 원수를 앙갚음할 기회를 엿보고 있었다. 일본군은 6월 29일 성을 함락시키고 7월 7일 촉석루矗石樓에서 승전 축하 잔치를

의기사에서 논개 추모제를
지내는 모습.

벌였는데, 이때 논개는 기생임을 자청하여 연회에 참석하였다. 복수의 칼날을 품은 논개는 적장 모곡촌육조에게 접근한 뒤 온갖 애교로 그를 몹시 취하게 만든 다음 곧 남강 기슭으로 유인하였다.

적장은 논개가 이끄는 대로 남강에 우뚝 솟은 의암義巖으로 올라갔다. 논개는 음탕한 웃음을 흘리는 적장의 허리를 껴안은 채 남강에 몸을 던져 순절하였다. 논개의 나이 불과 19세였다. 의암은 임진왜란 전까지는 위험한 바위라 하여 위암危巖이라 불리던 것이 논개의 죽음 이후 의로운 바위라는 뜻의 의암이 되었다.

논개의 의로운 충절이 세상에 알려지자 조정에서는 의암義岩이란 호를 임금이 직접 내리고 촉석루 곁에 의기사義妓祠라는 사당을 지어 그 넋을 추모하였다. 또 일제강점기에 활약한 시인이자 영문학자 변영로卞榮魯는 「논개」라는 시를 지어 그녀를 추모하였다.

논개

아리땁던 그 아미 높게 흔들리우며
그 석류 속 같은 입술 죽음을 입 맞추었네.
아, 강낭콩 꽃보다도 더 푸른 그 물결 위에
양귀비 꽃보다도 더 붉은 그 마음 흘러라.

연꽃. 일명 만다라화

실존 여성 중 유일한 논개의 사당

우리나라 사찰 어느 곳에 가도 쉽게 볼 수 있는 것은 만다라화 (연꽃)이다. 이 꽃은 진흙 속에 살지만 더러움에 물들지 않고, 맑은 물에 씻는다 해도 결코 요염하게 보이지 않고, 꽃대는 속을 비우고 줄기는 곧아 화통하지만 소신이 뚜렷하며, 덩굴져 있어도 엉킴이 없고 가지가 없어 의견의 나누어짐이 없으며 향기는 멀수록 맑아 꽃 가운데 으뜸이다. 논개가 바로 그런 여인이 아니었을까.

1629년(인조 7) 진주의 선비들은 논개가 순국한 바위에 의암義巖이라는 글자를 전각하였고 1722년(경종 2)에는 그 위쪽에 의암사적비를 세웠다. 누각 촉석루는 남강이 발 아래로 굽어보이고, 정면 5칸의 팔작 처마는 푸른 하늘을 향해 금방이라도 날아오를 듯 벼랑 위에 웅장하게 솟아 있다. 촉석루는 고려 때 세워진 진양성의 주장대主將臺로 임진왜란 때 전사한 충혼들의 피가 배어 있는 곳이다.

촉석루 서쪽으로 지수문指水門이 나 있고 그 안쪽에 논개의 사당인 의기사가 있다. 지수문을 들어서면 담장가로 오죽烏竹이 싱그럽게 뻗어있지만 논개의 핏자국 같은 붉은 반점이 있어 섬뜩하다.

이 사당은 1721년(경종 1) 경상우병사로 부임한 최진한崔鎭漢이 진주 지역민 등의 요구와 유몽인柳夢寅의 『어우야담於于野談』을 근거로 논개에 대한 포상을 조정에 건의하였고, 1740년(영조 16) 경상우병사 남덕하南德夏의 건의가 받아들여져 건립된 것이다. 이후 몇 차례의 중수와 중건이 있었으며 한국전쟁 때 불탄 것을 1960년에 복원하여 지금에 이르고 있다.

사당 안에는 김은호金殷鎬가 그린 논개의 영정이 있는데 19세의 꽃다운 자태와 앵두보다 붉은 입술, 그리고 반달 같은 눈썹의 논개가 연분홍 저고리에 자주색 고름을 매고 남색 치마를 입고 있다. 그 논개의 모습은 의로운 기개가 넘쳐 보인다.

또 장수의 두산리에 위치한 사당 의암사義岩祠는 장안산長安山을 배경으로 서 있는데, 멀리는 팔공산이 구름 속에 마주 보이고 가까이는 두산 저수지가 굽어보이는 전망 좋은 곳이다. 입구에는 변영로가 지은 「논개」 시비가 오석으로 서 있고 파란 잔디가 넓게 깔려 있다.

사당은 기념관을 포함해 3개의 문을 통과한 곳에 위치하고 있으며, 정면 3칸의 사당은 위엄스런 팔작지붕이고 안에는 진주 사당에 있는 영정의 사진 본이 있다.

논개는 장수 마을의 자랑으로 해마다 논개가 왜장을 끌어안고 남강에 몸을 던진 7월 7일을 기려 제사를 지내다가, 몇 년 전부터 '장수 군민의 날'을 9월 9일로 바꿔 제사를 올리고 있다.

논개는 비록 꽃다운 나이에 죽었지만 그 충절을 흠모하는 강호 제현의 크나큰 보살핌으로 사당이 2개나 있다. 꺼지지 않는 논개의 순국 정신은 민족정기가 살아 있는 한 청사靑史에 더 큰 광채를 보탤 것이다.

논개의 묘가 함양에 있게 된 연유

본관이 신안新安인 논개의 묘는 경상남도 함양에 있다. 그녀의 묘를 가기 위해서는 함양 26번 도로를 타고 험한 육십령을 넘으면 곧바로 함양의 서상면이 나타나는데 그곳에서 우체국 옆으로 난 길을 따라 1킬로미터쯤을 더 들어가면 금당리 방지 마을에 도착하게 된다. 논개의 묘는 마을 오른쪽에 위치하고 있는데 산자락 아래를 모두 정비하여 상당히 규모가 크다.

멀리서 그 묘를 보니 마치 왕릉처럼 위엄 있게 보이는데, 묘를 오르는 길옆으로 오석의 추모비가 막돌 기단 위에 서 있다. 의암 논개 반장 의병 추모비 뒷면에는

「의암 논개 반장 의병 추모비」와 필자

〈남강의 사원인 여기 함양군 서상면 금당리 탑시기골에 남강과 함께 푸르게 흐르는 찬란한 역사의 꽃 의암 논개 묘 있나니 진주성 무너져 흩어졌던 의병들이 진주벌 지수智水목의 남강 기슭에서 이제 막 원수 갚아 햇살같이 웃음 번진 열아홉 청춘의 의암義岩 논개 죽음 건져 한여름 3백 리 길 낮에는 왜병 피해 사흘 밤 이슬 속에 총총히 반장返葬하여 가신 임의 고향 길목 의병들의 창의지倡義地인 덕유산德裕山의 영봉靈峯 아래 양지바르게 묻었구려. 이곳 함양은 천령天嶺의 옛 땅 어질고 착한 사람들이 대대로 살았거니 그날 반장에 목숨 건 의병 선인들이시여! 오늘 이 고을 군민들이 비碑 하나 세우고 거룩한 충의를 삼가 추모하옵나니 민족의 애인으로 영원할 의암 혼이 충효와 정절의 그때 그 모습 그대로 천령 사곡숨谷 터전에서 전하시게 하소서.〉

상단의 최경창 묘와 하단의 주논개 묘소.

라고 되어 있다.

논개의 묘는 계단을 한참 올라가야 한다. 양쪽으로는 망주석이 서 있고 큰 봉분 앞에는 작은 상석에 향로석이 잔디에 파묻혀 있다. 아래로는 방지 마을과 텃논이 마치 연못처럼 고요하고 아늑하게 보인다. 묘 뒤쪽에 논개의 묘보다 약간 작은 묘가 있는데 그것은 바로 논개의 남편이었던 최경회의 묘이다.

훗날 명나라 장수 오종도吳宗道는 죽어서도 진주성의 수호신이 된 최경회를 이렇게 높이 평가했다.

〈최경회의 충성과 절개는 저 해, 달과 더불어 영원히 빛난다.〉

비석은 없으나 낮은 상석 정면에 새겨진 명문으로 최경회의 묘임을 알 수 있었는데 본부인 전田씨에 관해서는 아무런 언급을 하지 않고 있다. 혹시 다른 어딘가에 본부인 혼자 묻혀 있을지도 모

최경회 묘전 상석에 적힌 「충의공 증 좌찬성 행 경상 우 병사 해주최공경회지묘」

주논개 묘전 상석에 적힌 「유인 신안주씨 논개지묘」

를 일이다.

논개는 남편인 최경회가 죽자 촉석루에서 모곡촌육조를 죽음으로 이끌며 자신도 순절하였다. 논개의 시신을 찾아 고향인 장주로 가던 도중 집안사람들은 기생이 된 논개의 시신을 받을 수 없다고 하여 함양에 묻은 것이라고 전한다.

고성 기생 월이의 지혜

일본은 15세기 후반 서구의 세력들이 차차 동쪽으로 확장함에 따라 유럽 상인들이 들어와 신흥 상업 도시가 발전되면서 종래의 봉건적인 지배 형태를 위협하기 시작했다. 마침 이때 풍신수길이라는 영웅이 나와 혼란기를 수습하고 전국시대를 통일하면서 봉건적인 지배권을 강화하기 위해 노력하였다.

일본 내 통일에 성공한 그는 오랫동안의 싸움에서 얻은 제후들의 강력한 무력을 해외로 방출시킴으로서 국내의 통일과 안전을 도모하고 신흥 산업 세력의 억제를 위해 대륙 침략을 꿈꾸게 되었다. 그리하여 그는 대마도對馬島(쓰시마섬)의 도주島主 종의조宗義調(소요시시게)에게 명하여 조선이 사신을 일본으로 보내어 수호하도록 하라고 일렀다. 그 의도는 조선과 동맹을 맺고 명明나라를 침공하자는 데 있었다. 이에 대마도는 조선에 일본과 수호를 하고 통신사를 일본에 보낼 것을 요구하였다. 조선은 이때에야 비로소 일본 국내 정세의 변천을 알게 되었으나 종의조의 서신에 오만무례한 구절이 있자 그들의 요구를 거절하였다.

풍신수길은 재차 대마도를 통해 교섭을 청하는 동시에 교섭이 뜻대로 안 되면 침략할 뜻을 품고서 사전에 밀사를 보냈다. 그 밀사의 의미는 해변의 지도와 육로로 침략할 수 있는 전략과 조선 내의 정사와 민심을 탐지하려는 의무였다.

밀사는 우선 접근하기 쉬운 울산의 해변으로 상륙하여 남쪽으로 해변을 따라 지도를 작성하면서 때로는 정사와 민심을 탐색하였다. 밀사는 동래, 부산, 김해, 낙동강, 진해, 마산을 탐색하고 고성固城에 발을 딛게 되었다. 밀사가 당항포의 해변과 당동, 통영을 둘러 무학동에 이르니 이미 해는 서산으로 기울고 땅거미가 내리고 있었다.

그때 밀사는 수남동 해변을 따라 삼천포 쪽으로 빠지려고 하다가 해가 저물자 잠자리를 찾아 주막집이 많은 무기정舞妓亭 곱세의 집에서 하룻밤을 기숙하게 되었다. 곱세는 술집 주인의 이름으로 곱세 집에는 사교성이 능하고 재치가 있고 용모가 아름다운 기녀 몇몇이 있었다. 밀사는 몇 달간의 홀몸으로 의무 수행에만 골몰하였기에 조선 기생들의 다정한 말과 행동에 마음이 동하였지만 맡은 임무가 임무인지라 우선 일을 마치고 즐거움을 만끽하고자 다음날 아침 다시 돌아올 것을 약속하고 무기정을 나섰다. 성문이 열리자 밀사는 삼천포 쪽으로 해서 남해의 노량진, 하동, 여수, 목포를 거쳐 평양으로 향한 다음 육로로 해서 다시 남쪽으로 내려왔다.

전날 기생들의 모습이 아른거려 아쉽던 밀사는 일도 끝마쳤겠다 무학정 곱세네 집으로 다시 찾아들었다. 때는 한해가 바뀌어 늦가을에 접어들고 있었다. 밀사가 무기정에 오자 기녀들은 그의 얼굴을 기억하고는 요란을 떨며 반갑게 맞아들였다. 밀사는 아리따운 기생들이 옆자리에 앉아 비위를 맞춰 주자 그동안의 긴장이 풀리며 곧 취하기 시작했다.

무기정의 기생 중 월(이)라는 기생은 그 밀사가 그냥 보통 일본 인이 아니라는 느낌에 밀사를 놓아주지 않고 오래도록 술을 마시 도록 아양을 부렸다. 결국 사경이 될 무렵 밀사는 오랜만의 술에 취해 그만 월이의 품에 녹아 떨어졌다.

밀사가 깊이 잠에 빠진 것을 확인한 월이는 밀사의 몸을 뒤져 보 기 시작했다. 예상했던 대로 그 밀사의 품에서 무명 비단보에 겹겹 이 싼 보자기가 나왔다. 보자기에는 한눈에 봐도 조선의 해로와 육 로가 상세히 기록된 지도가 있었다. 일본이 비밀리에 조선의 경로 를 이토록 상세히 기록해 나가는 이유는 머지않아 우리나라를 침 범하기 위한 준비임에 분명하다는 생각이 월이의 뇌리를 스쳤다.

월이는 깊이 생각에 잠겼다. 비록 자신은 기생의 몸이지만 조선 은 자신이 태어난 나라였고 부모와 형제들이 살고 있는 땅이었다. 월이는 정신을 가다듬으며 밀사가 지도를 그릴 때 사용하던 붓을 찾아 조심스럽게 수남동과 지소강只所江(현 경남 고성군 마암면 삼락리 간척지)을 연결하고 통영군과 동해면, 거류면을 섬으로 만들어 놓 았다. 기생 월이가 조용히 원래대로 정리해 놓고 있는데, 밀사가 몸을 뒤척이며 잠결에 하는 말이

"일 년 후면 이 고을의 군주가 될 것이다."

하는 것이었다. 월이는 그 소리에 그만 심장이 멎는 듯하였다. 밀

사가 눈치채지 못하게 겨우 짐을 전과 같이 꾸려 놓은 월이는 조용히 자신의 방으로 돌아왔다.

날이 새도록 곰곰이 생각해 봐도 만족할 만한 해결책이 떠오르지 않았다. 기녀의 몸으로 현령에 알린다고 해도 오히려 웃음거리가 될 것이라 두려웠다. 잘못하면 목숨이 위태로울지도 몰랐다. 월이는 어떻게 할 줄을 모른 채 전전긍긍하며 몇 달을 보내고 말았다.

그렇게 시간이 흐르던 어느 날 일본군이 부산성을 무너뜨리고 고성 쪽으로 쳐들어오고 있다는 소문이 파다했다. 1592년(선조 25) 임진년 6월 5일이 되자 당항포 앞바다에는 집채 만한 2층짜리 커다란 배 한 척과 크고 작은 배 30여 척이 지소강으로 다가왔다. 소소포召所浦(마암면 두호리) 앞에 이른 일본군은 통로가 없음을 알자 서너 번 원을 그리더니 북과 징을 울리기 시작했다. 전쟁이 시작됐다고 생각한 고성 현민들은 뒷산으로 피난가기에 바빴다.

사시巳時쯤 되자 아자음포阿自音浦(현 동해면) 쪽에서 조그만 범선 한 채가 나타났는데 일본 전함은 원을 그리며 맴을 돌다가 조선의 범선임을 확인하고 쫓아가기 시작했다. 이에 범선은 다시 뱃머리를 돌려 아자음포 쪽으로 달아났고, 일본 전선戰船은 당항포 앞바다에서 진열을 정비하고 북과 징을 치며 기세를 올리기 시작했다.

그런데 갑자기 아군의 범선이 돌아간 아자음포 쪽에서 거북선을 앞세운 범선 15, 16척이 일본군의 진영을 향해 비호같이 돌진하여 순식간에 당항포에서는 해전이 벌어졌다.

일본 전선은 예상 못한 조선 함대의 공격에 산산조각이 되었고, 목숨이 붙어 있는 일본군들은 뭍 위로 기어올라 도망치기 바빴다. 물 위에 떠오른 적군의 시체는 수백이었고, 그 수백 명의 머리가 썰물에 밀려 소소포쪽으로 밀려오니 이후부터 소소포를 '머리두 頭 자를 써서 두호頭湖라 부르게 되었다 한다.

일본군이 패전한 이유는 일본의 밀사가 그린 지도에만 의존하여 조선을 침범하려고 했기 때문이었다. 지도에 그려진 대로 좁은 해로를 따라 소소포에 이르니 해로가 막혀 있어 자신들이 패전할 경우 바다가 좁아 도망칠 수 없는 상황이 된 것이다. 또한 아군의 동정을 살피기 위해 소소포 앞에서 원을 그리며 북과 징을 울리다 조선의 범선을 발견한 일본 전선은 소소포 보다 넓은 당항포에 내려와 진을 치고 기세를 올리려다 조선의 수군에 의해 일망타진된 것이다.

이 해전의 승리는 조선 수군들의 전공戰功이라고 하지만 만약 기생 월이가 일본 밀사의 지도를 몰래 꾸며 놓지 않았더라면 고성 일대는 일본군의 손에 쉽사리 점령되어 아비규환이 되었을지도 모른다.

월이는 나라를 위해 큰 공을 세웠으나 기녀의 몸이기에 아쉽게도 남아있는 기록은 없다. 다만 옛날에 무학동이 기생촌이었으며 그곳에 월이라는 기생이 있었다는 전설이 있을 뿐이다. 한편 이후 당항포 앞바다에서 일본군들이 속았다고 하여 일대를 속싯게라 불렀다고 하며 최근까지도 이 이야기는 노인들에 의해 구전되어 왔다.

월이는 기생 신분으로 천한 대접을 받으며 자신이 알게 된 나라를 위한 구체적인 사실도 조정에 제대로 전하지 못했다. 당시 조정 대신들의 한 일은 무엇이었는지 살펴보자.

임진강 전경

1592년 4월 13일은 그 유래를 찾아 볼 수 없을 만큼 잔인하고 혹독했던 임진왜란이 일어났던 해이다. 형세가 다급해진 조정은 백성과 궁궐을 포기했고 선조의 파천播遷 일행은 북으로 쫓겨 가며 4월 30일 저녁 임진강에 도달하였다. 이날은 하루종일 큰비가 내렸고 칠흑같이 어두웠기 때문에 강을 건너기가 어려웠다고 한다. 이때의 장면을『선조실록』과 유성룡의『징비록懲毖錄』, 박동량朴東亮의『기재잡기寄齋雜記』, 오윤상吳允常의『영재유고寧齋遺稿』, 윤선각尹先覺의『문소만록聞韶漫錄』 등의 기록을 통해 살펴보면 다음과 같다.

박동량 묘비. 경기도 시흥시

● 『선조실록』의 기록

새벽에 임금이 이미 인정전에 납시고 백관이 전정에 모였다. 이
날 큰 비가 종일 왔다. 왕과 동궁은 말을 타고 중전은 가마를 탔
다. 숙의淑儀 이하가 홍제원에 당도하니 비는 더욱 심하여 가마를
버리고 말을 타고 궁인은 모두 통곡하면서 걸어서 따랐다. 종친과
문무 호위하는 자 불과 1백 명이었다. 왕이 시신을 대하니 통곡하
기를 오래하여 좌우가 모두 눈물을 흘리고 우러러 바라보지를 못
했다. 칠흑같이 어두운 밤에 하나의 등불도 없이 밤이 깊어서 겨
우 동파에 이르렀다. 왕이 배를 타고 건너려 하다가 굶주리며 촌
가에 흩어져 유숙하고 도망을 못한 자가 반이 넘었다.

● 『징비록』의 기록

돈의문을 지나 사현沙峴에 다다르니 동녘 하늘이 겨우 밝아오고
있었다. 머리를 돌려 성중을 바라보니 남대문 안 큰 창고에 불이
일어나서 연기와 불꽃이 하늘에 뻗쳤다. 이때 왜적은 아직 서울에
침입하지 않았을 때이니 불은 난민들의 소행일 것이다. 사현을 넘
어서 석교石橋에 도착하니 비가 내리기 시작했다. 경기 감사 권징
이 달려왔다. 벽제역에 도착하니 빗줄기가 커져서 일행의 옷이 모
두 젖었다. 이에 임금은 할 수 없이 역에 들려 잠시 쉬었다가 다시
길을 떠나니 이때부터 전송 나왔던 중관衆官이 성안으로 되돌아가
는 자가 많았다. 시종과 대간까지도 왕왕 뒤떨어지고 오지 않는

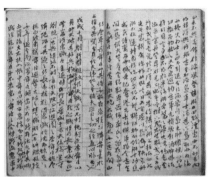

『징비록』(좌)과 『징비록』 초고 『난후잡록』(우)

자가 많아졌다. 혜음령을 지나자 비는 점점 세차게 퍼부었다. 궁
인들은 약한 말 뒤에서 얼굴을 가리고 울면서 따라가고 있었다.
마산역馬山驛을 지날 때 밭에서 일하던 한 사람이 이쪽을 바라보
며 통곡하였다. "나랏님이 우리를 버리고 가니 이제 누구를 믿고
산단 말이냐" 라고 하였다.

● 『문소만록』의 기록

임진년 4월 그믐날 대가가 서울 도성을 나섰다. 하루 종일 비가
오는데 임진강 선상에 이르렀다.

『선조실록』, 『징비록』, 『문소만록』 등을 살펴보면 그 당시 대신
들이 무엇을 했는지에 대해 잘 기록되어 있다. 선조 임금이 수행
한 신하들을 불러 모은 자리에서, 유성룡에게 이르기를

"경이 항시 비상시에 대비할 것을 경계하였는데 듣지 않아서
마침내 이 지경에 이르렀다."

고 하면서 눈물을 흘리니 군신들이 모두 울었다고 적혀 있으니, 그 당시 고관 대신들의 행적을 가늠할 수 있는 대목이다.

서애 유성룡 초상

평소 같았으면 고성 기생 월이와 같은 천한 사람 천여 명하고도 바꾸지 않았을 고귀한 대신들이 전쟁에 직면해 보인 모습이다. 충신이니 뛰어난 정치가이니 하는 유성룡을 비롯한 고관 대신들은 전쟁 직전까지 도대체 무슨 일을 했단 말인가. 오히려 미천한 출신의 어린 기생 월이를 비롯한 이름 없는 민중들의 공도 그만큼 인정을 해주어야 하는 것 아닐까. 예로부터 무지렁이 백성들보다 모자라는 공신, 귀족, 고관 대신들이 있었다고 하는 말

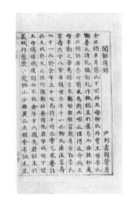

문소만록

은 헛말이 아니다. 고성 기생 월이의 명복을 진심으로 기원해야 할 것이다.

임진왜란이 낳은 또 다른 의기 계월향

임진왜란 때 절개를 지키기 위해서 자결한 부인들과 규수는 무수히 많았다. 경상도 함안에 사는 신씨 부인은 이희지의 아내로 일본군을 만나자 가슴에 품었던 장도로 자결했고, 서울의 조씨 부인은 남편이 일본군과 싸우다가 죽자 장도를 들고 적진에 들어가 가슴을 찢으며 스스로 목숨을 끊었다.

여인들이 목숨을 바치면서까지 정절을 지키는 것은 우리나라에만 전해오는 슬프고도 극단적인 이야기로 강인한 절개와 지조 정신의 표상으로 여겨졌다. 그만큼 여성의 정절과 순결을 중요시하고 높이 평가하는 유교적 분위기가 강하였다.

그런 분위기는 남자들을 상대로 자신들의 끼를 펼쳐야 하는 기생들에게도 마찬가지로 전이가 되었던 것인지 기생 출신으로 한 사람에게 몸과 마음을 평생을 다해 바친 여인에 대한 이야기나 의기義妓에 대해 숭앙하는 이야기가 많이 전해 온다.

평양의 의기 계월향桂月香도 임진왜란 때 나라를 위해 목숨을 초개草芥처럼 던진 여인이다. 그녀의 애인이었던 김경서金景瑞(김응서金應瑞)는 용강에서 살았는데, 어릴 적부터 칼 쓰기를 좋아했으며 몸이 유연하고 가벼워 높은 나뭇가지를 새처럼 건너다녔다.

그는 1564년(명종 19) 태어나 1583년(선조 16) 무과에 장원으로 급제하고 1588년(선조 21) 감찰이 되었으나 신분이 미천하다는 이유로 파직되었다. 그러나 1592년 임진왜란이 일어나자 조정에서는 김경서에게 왜적들이 대동강을 건너지 못하도록 방어하는 임무를 맡겼다. 임진왜란을 승리로 이끌어 그해 8월 조방장助防將으로 승진한 김경서는 빼앗긴 평양성을 탈환하기 위해 이원익과 함께 평양의 성문 밖에서 진을 치고 있었다.

그때 성 안에는 기생 계월향이 일본의 적장 소서행장小西行長(고니시 유키나가)의 술시중을 들고 있었다. 그녀는 소서행장에게 몸을 더럽히게 되자 적장을 죽일 계책으로 김경서를 오빠라고 속인 뒤 술자리로 불러들였고, 김경서는 깊은 잠에 빠진 적장의 목을 보기 좋게 베었다.

그러나 그들은 적장의 머리를 숨겨 가지고 성을 빠져나오다가 일본군에게 발각되었다. 위기에 몰린 두 사람은 살아 나갈 수 없음을 깨닫자 계월향은 김경서에게 먼저 떠나라고 재촉하였다.

진퇴양난의 위기에 몰린 김경서는 사랑하는 계월향을 적진에 남겨둘 수밖에 없었다. 그리고 대의를 위해 사랑하는 사람을 떠나보낸 계월향은 자신의 목숨을 대신 내어 놓았고 적장을 잃은 일본군은 힘없이 평양성을 물러나고 말았다. 계월향은 임진왜란이 낳은 또 다른 의기의 붉은 충절이다.

김경서는 이를 비롯한 여러 차례의 공으로 평안도 방어사에 승진되고, 다음해 1월 명나라 이여송李如松의 원군과 함께 평양성을 탈환하는데 성공한다. 이후 전라도 병마절도사가 되어 도원수 권율權慄의 지시로 남원 등지에서 날뛰는 토적을 소탕하였으며, 1595년(선조 28) 경상우도 병마절도사가 되었다. 그때 선조가 임진 왜란이 일어난 지 이틀 만에 동래부에서 장렬하게 전사한 송상현 宋象賢의 관을 적진에서 찾아오라 명하였고 김경서는 이를 성사시 켰다.

1597년 도원수 권율로부터 의령의 남산성南山城을 수비하라는 명을 받고 불복하여 강등되었으며, 1603년(선조 36)에는 충청도 병 마절도사로 군졸을 학대하고 녹훈祿勳에 부정이 있으므로 파직되 었다. 그러나 이듬해 전공을 인정받아 포도대장 겸 도정都正이 되 었다. 김경서는 이어 1609년(광해 1) 정주 목사를 지냈으며 이어 만 포진滿浦鎭 첨절제사와 북로 방어사를 역임하고 1615년(광해 7) 길 주 목사, 1616년 함경북도 병마절도사, 2년 뒤인 1618년(광해 10)에

강홍립 묘소

김응하 영정

는 평안도 병마절도사가 되었다.

그때 임진왜란 이후 세력이 강성해진 건주위建州衛의 후금 정벌을 위해 명나라의 원병 요청이 있자, 부원수가 되어 원수 강홍립姜弘立과 함께 출전하였다. 이듬해 심하深河 지방에서 전공을 세웠으나 살이호薩爾滸의 전투에서 명나라 군사가 대패하고 선천 군수 김응하金應河, 운산 군수 이계종李繼宗 등이 전사하자 강홍립과 함께 적진에 통하여 출병의 부득이함을 말하고 잔여병과 함께 후금에 투항하였다. 김경서는 포로가 된 뒤 비밀리에 적정을 탐지한 기록을 고국에 보내려 했으나 강홍립의 고발로 탄로 나서 1624년(인조 2) 처형되었다. 우의정에 추증되고 향리에 정문이 세워졌으며 훗날 경상 병마절도사로 승진하였다.

김경서의 본관은 김해金海, 자는 성보聖甫, 초명은 응서應瑞, 시호는 양의襄毅이다.

매국적의 천금을 거부한 진주 기생 산홍

　조선국이 문을 연지 517년 27대 왕맥이 서서히 멈추어 갈 무렵인 고종 말엽의 일이다. 이리와 같은 왜놈들의 침략이 극에 다다를 때쯤 침략자인 일본인들보다 한 단계 높은 악행을 자행하던 무수한 친일파親日派들이 벌떼같이 일어났다. 그중에서도 백성들의 원성과 욕을 가장 많이 얻어먹은 이들이 소위 오적이다.

　일명 을사오적이라 불린 그들은 을사 보호조약 체결 당시 조약에 찬성한 다섯 대신들로 내부대신 이지용李址鎔, 군부대신 이근택李根澤, 법부대신 이하영李夏榮, 학부대신 이완용李完用, 농상공부대신 권중현權重顯의 다섯 사람을 가리킨다.

　반대로 그 당시의 대신으로서 참정대신 한규설韓圭卨과 탁지부度支대신 민영기閔泳綺는 조약에 반대하였고 궁내부대신 이재극李

한규설의 집, 현 정릉 국민대학교 내(좌)와 한규설 묘비(우).

載克은 조약 체결과는 직접 관계가 없었다. 보호조약이 체결되자 여기에 반대한 한규설은 일본의 강압에 못 이겨 물러 나가고, 조약에 조인한 외무대신 박제순朴齊純이 참정대신이 되었다. 이 때문에 박제순을 을사오적에 포함하는 사람도 있다.

강제로 을사 보호조약이 이루어질 때 일본의 앞잡이가 되어 나라를 팔아넘긴 그들이었다. 당시 을사오적은 일본의 앞잡이가 되어주는 대가로 힘없는 백성들의 고혈을 빨아먹었는데 그들 중 내부대신을 지낸 이지용 또한 비굴하게 얻은 권력을 십분 활용하며 다녔다. 그는 완영군完永君 이재긍李載兢의 아들로 1870년(고종 7) 태어나 1887년(고종 24) 정시문과에 병과로 급제하여 여러 관직을 역임하였으며 1900년(고종 37)에 궁내부협판이 되었다. 이듬해 주일 전권공사로 의정부 찬정에 올랐으며 1903년(고종 40)에 다시 주일 전권공사를 지낸 뒤 이듬해 2월 23일에는 외부대신 서리로서 주한일본공사 임권조林權助(하야시 곤스케)와 한일의정서韓日議定書를 조인하였다.

산홍 초상화

이에 온 국민의 비난이 높아 의정서 체결의 당사자인 이지용과 참사관인 통역 구완희具完喜를 매국노로 규탄하고, 그들의 집에 폭탄을 던지는 일도 발생하였다. 이에 당황한 일본은 그 대책으로 추밀원의장인 이등박문伊藤博文(이토 히로부미)을 특파대

사로 우리나라에 보내어 친선을 강조하면서 무력으로 시위를 진압하였고, 우리나라에서도 3월 26일 그를 일본국 보빙대사報聘大使로 특파하였다.

이후 귀국한 이지용은 법부대신, 규장각 학사, 판돈녕부사, 교육부 총감 등을 거쳐 1905년 농상공부대신, 내부대신을 역임하게 되는데 이때 을사오적의 한 사람으로서 규탄을 받고 격앙된 군중에 의하여 집이 방화되기도 하였다. 1907년(고종 44) 5월 중추원 의장에 임명되고, 1910년(순종 3) 일본 정부로부터 백작의 작위를 받고 조선총독부 중추원고문에 임명되었다. 이지용의 본관은 전주全州, 자는 경천景川, 호는 향운響雲이며 초명은 은용垠鎔이다.

이렇듯 당대 조선의 국력이 힘없이 일본의 손아귀에 들어간 상황에서 이지용은 주권을 일본에 넘기는 조약에 서명하는 등 조선의 실세로서 안하무인이 되어 조선이 자신의 왕국인 양 행세하고 있었다.

그러던 이지용은 당시 진주 기생 산홍山紅의 미모가 아름답다는 파다한 소문에 그녀를 보러 갔다가 소문 이상의 절세미인인지라 한눈에 반하였다. 그러나 산홍은 아무리 기생의 몸이나 매국노인 이지용과의 만남을 거부하였고 이에 마음이 급해진 이지용은 현금 1천 냥을 내놓으며 산홍에게 첩이 되어 주기를 간절히 원하였다. 그때 1천 냥의 가치는 일반 백성들은 듣지도 구경할 수도 없는 큰돈이었고, 가령 실수로 사람을 죽였다 해도 그 돈으로 충분히 대신할 수 있을 정도였다. 그 금액은 조선 최고의 기생이라고 해도 절대 상상하지 못할 만큼 큰 몸값인 것이었다.

그러나 산홍은 그 돈을 받지 않았다. 당시 사회는 인권 문제에 있어 점차 귀천이 없어지게 되고 신분이 허물어져 가는 기세였고, 자유국가의 기본인 만민 평등을 부르짖기 시작한 때였기에 산홍은 이미 천인은 아니었다. 따라서 대신大臣의 권도權道를 가지고도 어찌할 수 없어 그렇게 큰돈을 내놓은 것인데 그래도 산홍은 현혹되지 않았고 정중히 거절하였다. 체면이 짓밟힌 이지용이 왜 안받는 것이냐고 물으니 그 대답이 역으로 추상같은 태도였다.

"세상에서 모두들 대감을 가리켜 매국적賣國賊이니 오적이니 욕을 퍼붓는데 아무리 천금 돈이 귀하기로니 어찌 역적의 첩 노릇을 하겠나이까?"

산홍의 대답에 크게 분노한 이지용은 산홍을 욕하고 때리기까지 하였으나 어찌할 수 없었다. 제아무리 최고의 권력을 갖고 있던 이지용이 상상을 뛰어넘는 돈으로 유혹했음에도 산홍의 마음은 사로잡을 수 없었다. 당시 기녀들 사이에서는 말할 것 없었고 일반 백성들까지 참으로 잘한 일이었다고 입을 모았다 한다.

산홍은 진주의 의기 논개, 평양 기생 계월향과 같이 높이 평가받는 마지막 기생이다. 산홍은 비록 힘없고 돈 없는 천민 기생이라 해도 나라를 통째로 팔어넘긴 고관들보다 오히려 애국을 하는 진정한 충심의 여인이라 하겠다. 남자들에게 웃음과 가무를 팔고 몸도 팔아야 했던 기생들이지만 그들의 매우 깊은 일심一心에도 불구하고 매어 있는 신분의 한계로 인해 속박당하고 아픈 사랑을 해야만 했던 여인들이 많았다. 그러나 권력에 기생寄生하며 같은 동족의 삶을 짓밟고 약한 자들을 이용하는 인간들이 멸시의 대상이 되어야 할 것이다.

논개의 공덕을 기리는 사당인 의기사 한편에는 산홍의 시가 현판에 적혀 걸려있다.

天秋汾晉義 천추분진의
雙廟又高樓 쌍묘우고루
羞生無事日 수생무사일
笳鼓汗漫遊 가고한만유

역사에 길이 남을 진주의 의로움
두 사당에 또 높은 다락 있네.
일 없는 세상에 태어난 것이 부끄러워
피리와 북소리 따라 아무렇게 놀고 있네.

기생 화선의 혼이 남긴 화몽정

　강원도 횡성읍橫城邑 입석리立石里 앞 횡성천변에는 화몽정花夢亭
이라는 정자가 있었는데 화몽정이란 이름으로 불렸던 데는 다음
과 같은 사연이 전한다.

　조선 명종 때 좌승지를 지낸 진오기陳五紀가 벼슬을 그만두고
이곳에 내려와 있을 때의 일이었다. 진오기는 지조가 대쪽 같았으
며 학문을 일으키고 문화를 장려하는 등 괄목할 만한 업적을 남겼
던 분이다. 그가 낙향하여 며칠째 같은 꿈을 꾸는데 언제나 같은
장소에서 꽃 같은 미녀와 만나 술을 마시고 춤을 추고 시를 읊곤
하였다. 진오기는 꿈에 여자를 보면 상서롭지 못하다고 하던데 참
이상한 일이라고 생각했다.

　꿈에서 그녀는 말하기를 대감을 사모했던 화선花仙이라는 기생
이라고 말했지만 진오기는 그런 기생과 일찍이 사귄 적도 만난 적
도 없었으니 실로 기이한 일이었다. 하지만 그는 반갑고 기쁜 생
각도 들었다. 벼슬자리에서 쫓겨난 자신을 이렇게 밤마다 찾아와
꿈속에서나마 돌봐주는 화선은 어쩌면 하늘이 맺어준 애인인지도

몰랐다. 진오기는 비록 꿈속에서나마 다음과 같은 말을 주고받았다.

"그대는 어디 사는고."

"천기는 한양 화방골 화선이라 하옵니다."

"그런데 나를 밤마다 찾아오는 까닭은 무엇인가?"

"천기는 대감을 항상 짝사랑하고 있었는데, 억울한 누명을 쓰시고 낙향하셨다는 소식을 듣고 마음으로나마 위로해 드리고자 찾아 온 것입니다."

진오기는 화선의 말을 들으니 참으로 고마운 인연이라고 생각하고 한양 화방골에 화선이라는 기생이 정말 있는지 한번 생시에 찾아가 보려고 벼르고 있었다.

그런데 어느 날 꿈에서부터 며칠간 계속 화선이 보이지 않자 이상하게 생각된 진오기는 한양으로 떠났다. 화방골에 이르러 화선이라는 기생을 찾으니 그는 1년 전에 죽은 유명한 기생이란 것이었다.

"그럼 화선이의 혼이 나를 찾아 준 것이 아닌가? 이 무슨 괴변일까?"

하고 생각하며 허무하고 쓸쓸한 마음으로 다시 집에 돌아왔다. 진오기는 꿈에서나마 계속 만났으면 했으나 그후부터 다시는 나타나지 않았다고 한다.

진오기는 그 인연을 생각하여 이름에서 '화花' 자와 꿈속에서 인연을 맺었으므로 '꿈몽夢' 자를 넣어 화몽정花夢亭이란 정자를 짓고 그 곳에서 여생을 보냈다고 한다.

　현재 화몽정의 흔적은 찾아 볼 수 없으며 다만 정자가 있었다는 터만이 횡성천변에 남아 옛 이야기를 전하고 있다.

알려지지 않은
명기들의 발자취

소춘풍의 기지로 대신들의 희로喜怒가 바뀌다

성종 대에 들어서며 평화로운 세상이 계속되었다. 태평성대에 더욱 민심을 보살펴야 하는 법이거늘 갈수록 임금의 술은 늘어갔고 근신들과의 놀음은 심해졌다.

"경들이 취하도록 마시지 않으면 연회는 안 하겠노라."

하며 밤중에 궁중 뒷방에서 연회가 벌어지면 성종은 큰 잔을 골라 근신들에게 권하였고, 승지 이하 여러 사람들이 성종을 모시고 주연을 베풀 때면 모두 취하여 곯아떨어질 때까지 계속되었다. 매일 밤과 같이 계속되는 연회였고, 이 연회에는 각지에서 불러들인 기녀들이 흥을 돋우었다. 기녀들은 물론 뽑혀온 자들인 만큼 최소한 각각 한 가지씩의 독특한 재주는 가지고 있는 이들이었다.

그중 소춘풍笑春風은 영흥의 명기로서 당대 제1인이라고 이름을 날리었는데 성종은 연회 때마다 소춘풍을 불러들였다. 한창 연회가 어울려 들어갈 때 소춘풍이 금잔에 술을 부어 임금께 가지고 가서 한 잔 올리며 태평성대를 구가하는 노래를 읊었다. 성종은 기분 좋게 한 잔 마시고는 말했다.

"여기 모인 여러 대신들에게 일일이 권하면서 노래를 불러라."

소춘풍은 곱게 절하고 어전에서 나와 여러 대신이 있는 곳으로 가 먼저 영의정 앞에 술잔을 부어 올렸다.

"순舜도 계시건마는 요임금도 내 임인가 하노라."

옆에서 보고 있던 무신인 병조판서가 다음은 당연히 자기 차례이려니 하고 기다렸다. 그러나 소춘풍은 예조판서 앞으로 먼저 가는 것이었다.

"고금의 것을 널리 아는 명철하옵신 군자를 어찌 멀다고 버리고 무지한 무부武夫에게로 먼저 가오리까."

그러고는 노래를 부르며 술을 부어 올렸다.

당우唐虞를 어제 본 듯, 한漢, 당唐, 송宋 오늘 본 듯
통고금通古今 달사리達事理하는 명철사明哲士를 어떻다고
저 설 데 역력히 모르는 무부를 어이 좇으리.

당우는 덕으로 백성을 다스리던 요순堯舜시대를 가리키는 말로 요순시대를 어제 본 듯이 훤히 알 뿐더러 문화의 바탕이 이루어진

한, 당, 송 시대를 오늘 보는 듯이 자세히 앎으로써 어제와 오늘을 통하여 모든 사물의 이치와 세상이 돌아가는 형편을 꿰뚫어 보는 총명한 선비들을, 무엇이 어떻다고 꺼리거나 물리칠 것이랴? 오직 그들을 존경하여 마지않을 따름이다.

그러나 이와는 달리 자기의 처지나 지위를 뚜렷이 헤아리지 못하는 무사 따위를 어떻게 따를 수가 있으랴 하고 노래를 부르니 무신인 병조판서는 불쾌하여 노려보았고 자리의 무관들은 분노하였다. 분위기를 눈치챈 소춘풍은 상글상글 웃으며 병조판서에게로 향했다.

전언前言은 희지이戱之耳라 내 말씀 허물마오.

문무文武 일체一體인줄 나도 잠간 아옵거니

두어라 규규무부赳赳武夫를 아니 좇고 어이리.

먼젓번에 한 말은 농담으로 해보았을 따름이니 내가 한 말을 큰 허물로 삼지는 마옵소서. 나라를 다스리는 데는 문관과 무관이 한 덩어리가 되어야 하는 줄을 나도 조금은 알고 있나이다. 그러니 더 말 할 것도 없이 용감한 모습의 무사를 따르지 않고서야 어떻게 하겠나이까.

이렇게 소춘풍이 한 곡조를 올리니 병조판서는 그제야 노여움이 풀려 술을 받아 마셨다. 소춘풍은 그 다음에 다시 무명의 관원에게까지 가면서 일일이 술을 부어 올렸다.

성종은 눈치 있고 재치 있는 소춘풍의 민첩한 행동을 감탄하며 밤이 이슥하도록 연회를 계속하였다. 연회가 끝날 무렵 내리는 상품은 점점 많아져 연약한 소춘풍 한 사람의 힘으로는 모두 가져갈 수가 없었다. 임금이 입시해 있는 병정을 불러 갖다 주라 이를 정도였다.

이렇게 사람의 마음을 들끓게 할 수 있는 능란한 수완은 누구에게나 주어진 신의 선물이 아니다. 강한 사람에게는 권력과 힘을 주었지만, 약하고 연약한 기생이란 그들에게는 아름다운 외양과 강철 같은 권세를 녹일 수 있는 지혜와 수완을 갖게 해 준 듯하다.

소춘풍이랑 여인은 당시 사회에서는 힘 있는 무인들을 안절부절하게 만들었다가 격분했던 마음을 풀도록 하였으니, 정말 말의 힘이란 때로는 이 세상 어떤 무기보다 무서운 역할을 하는 것이다.

이때부터 소춘풍의 명성은 더욱 높아졌으며 임금의 유흥도 널리 알려지게 되었다.

그러나 소춘풍은 절개를 중요시하던 여인으로 절개를 지키기 위해 전계심全桂心의 묘를 일부러 참배했다고 전한다.

전계심은 춘천의 기생으로 묘비만이 전해 오고 있는데, 절개를 지키려다 자결하였기 때문에 나라에서는 정문旌門을 내려주고 부사가 묘비까지 세워주었다고 한다. 묘비에는

春妓桂心殉節之墳

춘기 계심 순절지분

이라고 씌어 있다.

소백주와 백년 동포同抱 하시이다

　소백주小栢舟는 조선 제15대 임금 광해군 때의 평양 명기로서
당시의 평안도 관찰사 박엽이朴燁 손님과 장기를 두다가 〈상象 -
상相, 궁宮 - 공사사公士事, 졸卒 - 졸拙, 병兵 - 병病, 마馬 - 차車,
포包 - 포抱〉를 넣어 노래를 부르라 했더니 즉석에서 다음과 같이
불렀다고 한다.

　　상공相公을 보온 후에 사사事事를 믿자오매
　　졸직拙直한 마음에 멍들까 염려-러니
　　이리마 저리차 하시니 백년동포百年同抱 하리이다.

　상공(박엽)을 뵈온 후로는 모든 일을 맡고 지내오므로 옹졸하고
곧은 성질이오라 '혹시 마음을 주지 않으시면 어찌할꼬?' 하여 병
이 될까 걱정이옵더니 상공께서 "이렇게 하마. 저렇게 하자!"하시
니 부부가 되어 반년을 함께 살고자 하나이다.

소백주는 대단히 명철한 기지를 가진 여인이 아닌가.

박엽은 참봉 박동호朴東豪의 아들로 1570년(선조 3) 태어났다. 1597년(선조 30) 별시문과에 병과로 급제하여 1601년 정언正言이 되고 이어 병조정랑과 직강直講을 역임하였으며 해남 현감 등을 지냈다. 그 뒤 광해군 때 함경도 병마절도사가 되어 광해군의 뜻에 따라 성지城池를 수축하여 북변의 방비를 공고히 하고, 평안도 관찰사가 되어 6년 동안에 규율을 확립하고 여진족의 동정을 잘 살펴 국방을 튼튼히 하였으므로 외침을 당하지 아니하였다. 소백주와의 인연은 이때의 일이다.

박엽은 당시의 권신 이이첨李爾瞻을 모욕하고도 무사할 만큼 명망이 있었으나, 1623년 인조반정 뒤 광해군 아래에서 심하深河 지역의 전쟁에 협력하고, 부인이 세자빈의 인척임을 믿고 그를 두려워하는 훈신들에게 학정을 저지른 죄로 평양 임지에서 처형되었다.

『응천일록凝川日錄』에는

〈1613년(광해 5) 박엽이 의주 부윤으로 있을 때, 형장을 남용하여 가는 곳마다 사람을 죽이고 백성들의 고혈을 짜내어 작상爵賞을 받으려 하였으며, 사사로이 부비府婢를 범하여 음탕하고 더러운 짓을 마음대로 하였다.〉

하였고 『속잡록續雜錄』에는

〈1613년(광해 5) 겨울 호조판서 황신黃愼의 계청에 따라 양전量田 관서를 설치하고 8도의 좌우 균전사를 정하였는데, 그는 호남우도의

균전사가 되어 혹독한 형벌로 폐해가 컸다.〉

고 되어 있다. 또한 평안 감사 재임 때에는 음탕하고 포학하며 방자하여 거리낌이 없어 새로 익랑翼廊 70여 칸을 지어 연달아 장방을 만들고 도내 명창 1백여 명을 모아 날마다 함께 거처하며 주야로 오락과 음탕을 일삼았으며, 수를 배로 늘려 결미結米를 독촉하여 이행하지 않으면 참혹한 형을 가하였다고 한다.

이와 같은 관계로 1623년(인조 1) 박엽이 처형을 당하자 군중이 모여들어 관을 부수고 시체를 끌어내어 마디마디 끊었다고 한다. 그의 본관은 반남潘南, 자는 숙야叔夜, 호는 약창若窓이다.

색향 평양의 명기 구지

구지求之는 기녀라고만 전할 뿐 그 생애에 관해서는 아무런 증빙이 없다. 그러나 구지는 자신의 고향으로 대동을 표현한 것으로 보아 평양이라고 추측이 되며 그가 남긴 노래의 내용으로 보아 색향 평양의 명기였으리라 짐작된다.

장송長松으로 배를 무어 대동강에 흘리띄워
유일지柳一枝 휘어다가 굳이 굳이 매었으니
어디서 망령엣 것은 소沼에 들라 하나니.

'무어'는 무어내다의 어간으로 배를 지어내다는 옛말이며 '굳이'는 굳게라는 뜻으로 구지라는 말소리는 작자의 이름과도 통하는 단어이다.

크게 자란 소나무를 베어다 배를 만들어 대동강 맑은 물에 물결 따라 흘러가게 띄워 놓고서 강가에 늘어진 버들가지를 휘어잡아 굳게 굳게 배를 매어 놓았다. 그런데 어디서 나타난 요사스러운 것이기에, 우리더러 물살이 사나운 소로 들어오라고 자꾸자꾸 손짓을 하느냐는 뜻의 시조이다.

작품의 내용이나 구지라는 이름을 봤을 때 그녀는 사대부 가정의 부인이 아니라 기녀라고 할 수 있겠다.

경기도 화성 기녀 명왕

경기도 화성 기녀 명왕明王이라고만 전하는데 그가 남겼다는 시조는 『춘향전』에도 인용되어 있는 점으로 미루어 기원妓苑에서는 널리 불린던 노래로 보인다.

> 꿈에 뵈는 임이 연분緣分 없다 하건마는
> 답답이 그리온 제 꿈 아니면 어이 뵈리.
> 저 임아 꿈이라 말고 매양 보고 하소서.

예부터 일러 오는 말에 꿈에 보이는 임과는 부부로 맺어질 인연이 없다고는 하오나, 만나 뵙지를 못하여 답답한 나머지 그리워 못 견딜 적에 꿈에서라도 뵙지 않고서야 어떻게 뵈올 수 있겠나이까. 멀리가신 저 임이시여! 꿈이라 탓하지 마시고, 꿈을 꿀 적마다 뵙게 해 주옵소서. 임을 사모하는 마음이 극에 달하고 있는 여인의 간절한 호소의 가사이다.

노래와 시조는 그 시대에 따라 그 표현도 조금씩 달라진다고 본다. 가령, 1950년 전 국토가 초토화되었던 한국전쟁 후 〈이별의 부산정거장〉, 〈굳세어라 금순아〉 등의 노래가 사람의 가슴을 파고들었고, 조선조 숙종 대에 인현仁顯 왕후와 장희빈張禧嬪이 팽팽한 사랑싸움을 할 적엔 〈장다리는 한철이요, 미나리는 사철이다〉라고 하는 노래가사가 유행했다 한다.

장다리(무꽃)는 장희빈을 칭한 것인데 노란색의 꽃을 피우는 장다리는 꽃은 곱고 보기 좋지만 오래피어 있지 못하고 곧 지고 마는 꽃이다. 뜻을 보면 장희빈의 세력은 오래가지 않는다는 민심의 표현이라 하겠다. 반대로 미나리라는 말은 미나리와 음이 비슷하다고 하여 민閔씨를 칭한 것이다. 또한 사철 동안 항상 푸른빛을 변치 않고 있으니 인현 왕후 민씨는 멀지 않아 곧 본자리를 찾아가게 될 것이며 또한 그렇게 되어주길 기원하는 백성들의 마음을 거짓 없이 표출한 보기 좋은 예로 남고 있다.

위의 노래를 부른 명왕이란 기녀는 신분이 낮아 상대하는 사람

을 본인이 정하는 것은 불가능하였다. 때문에 상대인 남성의 사랑
이 찾아와주길 바라는 간절한 심정을 꿈이란 제2의 세상을 통해
서라도 현실로 이루고 싶어 하는 한 여인의 피눈물 고인 사연이
아닐까 생각한다.

소나무 같은 푸른 절개를 다짐하는 송이

솔이 솔이라 하니 무슨 솔만 여기는다.
천심千尋 절벽에 낙락장송 내 긔로다.
길 아래 초동樵童의 접낫이야 걸어볼 줄 이으랴.

송이松伊라는 기녀의 시이다. 그녀 또한 평양 기녀라고만 전할
뿐 아무런 행적을 알 수 없다.

첫 구의 '솔이 솔이라'에서 솔은 소나무를 말하는 것이나 송이
松伊라는 이름과도 통한다. '긔로다'는 그것이로다의 옛 표현이다.

소나무다 소나무다 하니 어떤 소나무 인줄만 여기는가. 천 길이
나 높은 절벽 위에 솟아 있는 굵고 큰 소나무, 그것이 바로 내로
다! 아무리 신세가 사나워서 기생 노릇을 하고는 있다마는 사철
푸르러 절개를 자랑하는 낙락장송과도 같은 뜻을 지녔으니. 어찌
길 아래로 지나가는 나무꾼 아이들의 풀 베는 작은 낫 따위를 함

부로 이런 나무에다 걸어볼 도리가 있겠느냐?

인간은 자신의 존재를 가급적이면 좋은 방향으로 많이 알리고 싶어 할 것이다. 여기 송이라는 기녀가 본인의 이름을 인용하여 남긴 노래인데 자신의 신분이 어쩌다보니 기생이 되긴 하였지만, 보통 기녀와는 차별이 된다는 높은 뜻을 표현하고 있다.

아무리 보잘 것 없어 술과 노래를 팔고, 때로는 정情도 팔지만 아무나 상대해 주는 자신은 아니라고 강조하고 있는 것이다.

● 주색酒色을 삼간 후에 일정一定 백 년 살자시면
　서시西施를 관계關係하며, 천일주千日酒를 마실소냐.
　아마도 참고 참다가 양실兩失한가 하노라.

● 옥玉 가튼 한漢 궁녀도 호지胡地에 진토塵土되고
　해어화解語花 양귀비楊貴妃도 역노驛奴에 바렷나니
　민씨내 일시 화객花客을 앗겨 무삼하리오.

● 내 사랑思郞 남 주지 말고 남의 사랑思郞 탐내지 말라.
　우리 두 사랑思郞에 행여 잡사랑雜思郞 섯길 세라.
　일생一生에 이 사랑思郞 가지고 괴야 살려 하노라.

● 임은 다 쟈는 밤에 어이 홀러 깨여
　옥장玉張 깊픈 곳에 자는 임 생각는고.
　천 리에 외로운 꿈만 오락가락 하노라.

은하銀河에 물이거니 오작교烏鵲橋 뜨단 말가.

쇼 잇근 선녀仙女이 못 건너 오단 말가.

직녀織女의 촌寸 만한 간장肝腸이 봄눈 스듯 하여라.

　　위는 모두 기녀 송이의 작품으로 그녀는 조선 시대 여류시조 작가 중 시조를 가장 많이 창작했다고 하는데 사실상의 신원을 알 수 없는 것이 아쉽다. 다만 시조 작품을 통해 송이의 작품 골격을 유추해 봄으로써 기녀로서의 애정 행각을 짐작해 볼 수 있을 뿐이다. 위의 작품은 기녀로서의 본바탕을 드러내며 석별의 애정으로 또는 그리운 임에게 빨리 돌아오라는 정담으로 구성되어 있다.

황진이 못지않은 매화

　　황진이 못지않았다는 기녀 매화梅花의 시가는 어떠한지 보자.

매화梅花 넷 동결에 봄 절節이 도라오니

넷 퓌던 가지에 피염 즉도 하다마는

춘설春雪이 난분분亂紛紛 하니 필동 말동 하여라.

매화가 자라났던 해묵은 등거리에 새 봄을 맞게 되니, 그 전에 피던 가지에서 다시금 꽃이 필 만도 하다마는, 봄눈이 하도 어지러이 흩날리니 피게 될 지 어떨지를 모르겠구나.

매화가 피려는 모습을 임에 빗대어 해석하면 이와 같게 된다. 옛날 정을 나누며 지내던 임이었으니 지금이라도 옛 정을 잊지 않고 다시 찾아오련마는 세상이 어지럽고 험한지라 다시 돌아올 지 말지 알 길이 없구나.

아래 또한 매화가 남긴 시조이다.

● 야심夜深 오경五更토록 잠 못 일워 전전轉展헐 제

　구즌비 문령성聞鈴聲이 상사相思로 단장이라.

　뉘라서 이 행색行色 굴려다가 임의 앞헤.

● 죽어 니저야 하랴 살아 글여야 하랴.

　죽어 닛기도 얼엽고 살아 글익이도 얼여왜라.

　저 임아 한 말씀만 하소라 사생결단死生決斷 하리라.

이곡이 완계사에게 전한 시

완계사浣溪沙는 고려 시대 삼척부三陟府의 기생으로 가사歌詞를 잘 불렀다고 한다. 이색의 아버지 이곡이 삼척에 왔을 때 그녀에게 시를 선사하였다.

客路春風醉不歸 객로춘풍취불귀
笙歌緩緩夜遲遲 생가완완야지지
竹西樓逈月參差 죽서루형월참차
行樂雅宜無事住 행락아의무사주
尋常却恨未開時 심상각한미개시
他年誰折壯元枝 타연수절장원지

나그네 길 봄바람에 취하여 돌아가지 않고
피리 노래 은은히 밤도 더디더니
죽서루는 저 멀리 달은 아른아른
행락이 우아하여 일 없는 곳.
꽃 찾으나 아직 피지 않음이 안타까워
다음해는 누가 장원 가지를 꺾을 것인가.

완계사에 대한 기록 또한 전하는 것은 없으며 대신 그녀와 인연을 맺고 시까지 선물한 이곡에 대해 좀 살펴보는 것으로 대신하고자 한다.

이곡은 한산韓山 이李씨의 시조인 이윤경李允卿의 6세손으로, 찬성사 이자성李自成의 아들이며 이색李穡의 아버지이다. 1298년(고려 충렬 24)에 태어나 1317년(고려 충숙 4) 거자과擧子科에 합격한 뒤 예문관 검열이 되었다. 원나라에 들어가 1332년(충숙 복위 1) 정동성征東省 향시에 수석으로 선발되었으며, 다시 전시殿試에 차석으로 급제하였는데, 이때 지은 대책을 독권관讀卷官이 보고 감탄하였다. 재상들의 건의로 한림국사원翰林國史院 검열관이 되어 그때부터 원나라 문사들과 교유하였다.

1334년 본국으로부터 학교를 진흥시키라는 조서를 받고 귀국하여 가선대부 시전의부령직보문각嘉善大夫試典儀副令直寶文閣을 제수받았으며 이듬해 다시 원나라에 들어갔으며 그 뒤 본국에서 도첨의 찬성사가 되고 뒤에 한산군韓山君에 봉해졌다.

이제현李齊賢 등과 함께 민지閔漬가 편찬한 『편년강목編年綱目』을 증수하고 충렬·충선·충숙 3조朝의 실록을 편수하였으며, 한때는 시관이 되었으나 사정으로 선발하였다는 탄핵을 받았다. 다시 원나라에 가서 중서성감창中書省監倉으로 있다가 귀국하였으나, 충정왕이 즉위하자 공민왕의 옹립을 주장하였으므로 신변에 불안을 느껴 관동 지방으로 주유하였다. 1350년(고려 충정 2) 원나라로부터 봉의대부 정동행중서성좌우사낭중征東行中書省左右司郎中을 제수 받았으며 그 이듬해인 1351년(충정 3) 죽었다.

이곡은 일찍이 원나라에서 문명을 떨쳤고 원나라의 조정에 고려로부터 동녀童女를 징발하지 말 것을 건의하기도 하였다. 또 그는 중소지주 출신의 신흥사대부로 원나라의 과거에 급제하여 실력을 인정받음으로써 고려에서의 관직 생활도 순탄하였다. 한편 이곡은 유학의 이념으로써 현실 문제에 적극적으로 대결하였으나 쇠망의 양상을 보인 고려 귀족 정권에서 그의 이상이 실현되지는 못하였다. 이러한 상황은 그의 여러 편의 시에 잘 반영되어 있다. 『동문선』에는 1백여 편에 가까운 작품들이 수록되어 있는데 「죽부인전竹夫人傳」은 가전체 문학으로 대나무를 의인화하였다. 그 밖의 많은 시편들은 고려 말기 중국과 문화 교류의 구체적인 단면을 보여주고 있다.

한산의 문헌서원文獻書院, 영해의 단산서원丹山書院 등에 배향되었으며 저서로 『가정집稼亭集』 4책 20권이 전한다. 이곡의 자는 중보仲父, 호는 가정稼亭, 시호는 문효文孝이다.

신광수가 농월선에게 선사한 시

농월선弄月仙은 삼척부에 소속되어 있던 예쁜 기생으로 황색 저고리에 긴소매를 입고 노래와 춤을 잘 추었다. 영월 부사 석북石北 신광수申光洙는 시詩를 잘하기로 유명하였는데 1746년(영조 22) 그가 강릉 경포와 삼척 죽서루竹西樓를 유상遊賞할 때 삼척에 와서 농월선을 만났다. 죽서루에서 놀고 영월로 돌아가는 길에 신광수는 중대사中臺寺 동구(무릉계武陵溪)에서 놀다가 헤어졌는데 그가 농월선에게 시를 지어 선사한 것이 전한다.

觀舞 관무

黃衫長袂舞垂垂 황삼장메무수수

裊裊東風弱柳枝 뇨뇨동풍약류지

誰使一身兼百態 수사일신겸백태

畵堂看到日斜時 화당간도일사시

누른 한삼 긴 소매로 하늘하늘 춤을 출 때
동풍에 나부끼는 양류楊柳 가지.
누가 네 한 몸에 백 가지 태를 지니게 했던가.
누각에 향내음 아득코 날이 저문다.

中臺洞口駐馬別竹西諸妓 중대동구주마별죽서제기

中臺洞外水東流 중대동외수동류

一半斜陽百嶺頭 일반사양백영두

聞唱送君千里曲 문창송군천리곡

不如初別竹西樓 불여초별죽서루

중대동 밖의 물은 동쪽으로 흐르고
반쯤 해가 비낀 백령 머리

임 보내는 천리곡은

차라리 처음 죽서루에서 작별한 것만 같지 못하네.

신광수는 1712년(숙종 38) 아버지 첨지중추부사 신호申濩와 어머니 통덕랑通德郞 이휘李徽의 딸 사이에서 태어났다. 신광수의 집안은 남인으로 초기에는 벼슬길이 막혀 향리에서 시작에 힘쓰며 채제공蔡濟恭, 이헌경李獻慶, 이동운李東運 등과 교유하였다. 또한 그는 윤두서尹斗緖의 딸과 혼인하여 실학파와 유대를 맺었으며 39세 때 진사에 올라 벼슬을 시작하였다. 49세에 영릉참봉이 되었으며, 53세에 금오랑金吾郞으로 제주도에 갔다가 표류하여 제주에 40여 일쯤 머무르게 됐었는데 그동안 「탐라록耽羅錄」을 지었다. 그 뒤 선공 봉사繕工奉事, 돈녕주부敦寧主簿, 연천漣川 현감을 지냈다.

채제공 영정

윤두서 초상

신광수는 1772년(영조 48) 61세 때 기로과耆老科에 장원하여 돈녕부도정敦寧府都正이 되었으며 이로부터 조정에서는 문장의 신하를 얻었고 영조의 대우 또한 대단하였는데, 이때 서울에 거주할 집이 없다는 사실이 알려져 왕으로부터 집과 노비를 하사받았다. 그 뒤 우승지, 영월 부사를 역임하였다.

신광수의 시명詩名은 세상에 떨쳤는데 특히 과시科詩에 능하였고 「등악양루탄관산융마登岳陽樓歎關山戎馬」(관산융마關山戎馬)는 창唱으로 널리 불렸다. 그는 사실적인 필치로 당시 사회의 모습을 보여주었는데 농촌의 피폐상, 관리의 부정과 횡포 및 하층민의 고난을 시의 소재로 택하였다. 악부체樂府體의 시로서는 「관서악부關西樂府」가 유명하다. 신광수의 시에 대해 교우의 한 사람이었던 채제공은 평하기를

〈득의작得意作은 삼당三唐을 따를 만하고, 그렇지 못한 것이라도 명나라의 이반룡李攀龍과 왕세정王世貞을 능가하며 동인東人의 누습을 벗어났다.〉

『석북집』

고 하였으며 동방의 백낙천白樂天이라는 칭을 받기도 하였다.

그의 시는 당시의 현실을 담고 있거나 우리나라의 신화나 역사를 소재로 하여 민요풍의 한시로 표현하여 한문학사상 의의가 매우 크다. 저서로 『석북집』 16권 8책과 『석

북과시집』1책이 전한다. 신광수는 1775년(영조 51) 세상을 떠났으며 본관은 고령高靈, 자는 성연聖淵, 호는 석북石北과 오악산인五嶽山人이다.

임제의 시에 한우가 화답하다

북천北天이 맑다 커늘 우장雨裝 없이 길을 나니
산에는 눈이 오고 들에는 찬비오다.
오늘은 찬비 맞았으니 얼어 잘까 하노라.

황진이로 인해 파직을 당한 임제가 평양의 명기 한우寒雨를 찾아가서 찬비라는 이름에 빗대어 부른 노래이다. 북녘 하늘이 맑다고 하기에 비옷도 안 가지고 길을 떠났더니 산에서는 눈이 내리고 들에서는 찬비가 내린다. 이래저래 오늘은 찬비를 맞았으니, 하는 수 없이 언 몸으로 잘 수밖에 도리가 없겠구나 하며 푸념이 섞인 듯 시조를 읊은 것이다. 이렇듯 읊으니 족히 임제의 풍류남아로서의 멋을 짐작할 수 있는 작품이다.

이에 대해서 한우가 화답하였다.

어이 얼어 자리 무삼 일 얼어 자리.

원앙침鴛鴦枕 비취금翡翠衾을 어디 두고 얼어 자리.

오늘은 찬비 맞았으니 녹아 잘까 하노라.

어찌 얼어 자겠나이까, 무슨 일로 얼어 자겠나이까. 원앙새 수놓은 베개와 비취색 이불을 어디다 버려두고서. 오늘은 서방님께서 찬비를 함빡 맞고 오셨으니 덥게 몸을 녹여 가며 자보려 하나이다. 한우의 답가에서도 한우寒雨와 찬비가 교묘히 사용되었다.

임제는 한문 소설인 『수성지愁城誌』의 작자로서 선조 초에 등제하여 벼슬이 예조정랑에 이르렀으나, 벼슬에는 그닥 뜻이 없어 명산대천을 두루 찾아다니며 짧은 일생을 풍류로서 보냈다. 1549년 (명종 4) 태어나 1587(선조 20) 39세의 나이로 세상을 떠났으며 자는 자순子順, 호는 백호白湖, 본관은 나주羅州이다.

오지 않는 임을 체념하는 다복

북두성北斗星 기울어지고 경오更五 접點 잦아간다.
십주 가기十洲佳期는 허랑虛浪타 하리로다.
두어라 범우煩友한 임이니 새워 무삼 하리요.

위는 다복多福의 시로 기녀라고만 할 뿐 아무런 행적을 알 수 없다. 북두칠성도 이미 기울어졌고 시각을 알리는 점 소리도 벌써 여러 번 거듭되었으니, 바야흐로 밤은 깊어만 가는구나. 그러나 여태껏 와주지 않으시니 언제인가, 신선이 산다는 십주에서 서로 반가이 만나자던 임의 굳은 언약도 허랑된 말이로다. 미덥기 어려우니 그만 두자! 하도 사귄 사람이 많으신 임이시라 나를 다시 찾지 않는다고 시기하여 본들 무엇하랴.

한번 정을 나눈 어느 양반과의 미련을 버리지 못하고 기다리는 여인의 간절한 심경을 쏟아놓은 시이다. 당시 기녀들이란 세상을 살아가면서 신분의 차별과 남녀 간의 애정 문제에 있어 이중으로 고통을 받아야 했던 것 같다.

떠나간 임이라는 이들은 주유천하는 풍류객으로, 동가식서가숙하며 바람따라 철따라 떠돌아다니는 책임 없는 사내들이었다. 청춘이 시들어 감을 이기지 못하고 능숙한 필체와 시문詩文으로 스스로를 자탄하면서 토해 놓은 다복의 심경이리라.

이름조차 전하지 않는 기생들의 작품

● 꽃이 진다 하고

꽃이 진다 하고 새들아 슬퍼마라.
바람에 흩날리는 꽃의 탓 아니로다.
가노라 휘젓는 봄을 시기하여 무엇 하리오.

● 창 내고자 창 내고자

창 내고자 창 내고자 이내 가슴에 창 내고자

고모 장지 세 살 장지 들장지 열장지 암돌쩌귀 수돌쩌귀

배목걸쇠 크나큰 장도리로 내 가슴에 창 내고자

이따금 하 답답할 제면 열고 닫아 볼까 하노라.

● 그리던 임 만날 날

그리던 임 만날 날은 저 닭아 부디 우지 마라.

네 소리 없기로서니 날샌 줄 뉘 모르리.

밤중만 네 울음소리 가슴 답답하여라.

● 간밤에 꿈

간밤에 꿈 좋더니 임에게서 편지 왔네.

그 편지 받아 백 번이나 보고 가슴 위에 얹고 잠이 드니

구태여 무겁지 아니해도 가슴 답답하여라.

● 꽃 보고 좋던 마음

꽃 보고 좋던 마음 낙화될 줄 알았으며

촛불 아래 다정한 임 이별될 줄 알았으랴.

어찌하여 건곤乾坤은 변치 않고 인심은 다른 것이냐.

● 타향에 임을 두고

타향에 임을 두고 주야로 그리면서
간장 썩은 물은 눈으로 솟아나고
첩첩한 수심은 여름 구름 되었으랴.
지금의 내 마음 절반을 임께 보내어
서로 그려 볼까 하노라.

● 꽃이면 다 고울까

꽃이면 다 고울까 무향無香이면 꽃 아니오.
벗이면 다 벗일까 무정無情이면 벗 아니라.
아마도 유향 유정有香有情키는 임뿐인가 하노라.

● 가더니 잊은 양

가더니 잊은 양하여 꿈에도 아니 뵈네.
내 아니 저를 잊었거든 저인들 설마 잊었을쏘냐.
얼마나 진장할 임이기에 타던 애를 끊는고.

● 창밖이 어른어른

창밖이 어른어른 하거늘 임만 여겨 펄쩍 뛰어 뚝 나서 보니
임은 아니 오고 으스름 달빛에 열 구름 날 속였구나.
맞초아 밤일세 망정 행여 낮이런들 남 우일 뻔하여라.

● 올까 올까 하여

올까 올까 하여 기다려도 아니 온다.
닭이 울거니 밤이 얼마 남았으리.
마음아 놀라지 마라 임 둔 임이 오더냐.

● 유유히 가는 구름

유유히 가는 구름 반갑고 부러워라.
만강 수회를 갖춰 들어 부치노니
가다가 그치는 곳이여든 임 계신 데 전하여라.

● 잊자 하니 정 아니요

잊자 하니 정 아니요 못 잊으니 병이로다.
장탄신 한 소리에 속 썩은 눈물이 가득
정녕코 나 혼자 이럴진대 썩어 무엇하리오.

이서구가 만든 기생들을 위한 노래

'홍도紅桃야 울지 마라. 오빠가 있다. 아내의 나갈 길을 너는 지
켜라 …' 라는 잘 알려진 노래가 있다. 이는 우리 민족의 수난기인
일제강점기에 고달파 하는 사람들의 마음을 달래주던 대표적인

노래로 오늘 날에도 기회 있을 때마다 불리우는 고범孤帆 이서구
李瑞求의 이름난 노래이다.

이서구는 일찍 1920년대에 개명하고 동아일보와 조선일보 등에
서 민원기자로 활동하였고 광복 후에도 활발한 활동을 하였는데
그가 만든 기생들의 심정이 담긴 노래 가사 몇 곡을 실어볼까 한다.

기생들은 생을 유지하기 위해 목숨과 같은 여자의 정조를 팔아가
며 밤길을 걸어야 했고 말도 통하지 않는 왜놈들에게 마음에도 없
는 사랑의 표현과 싸우다보니 독한 술과 담배에 기대어 한 시대를
고통으로 살다가야 했다. 기녀들은 오직 자기 자신을 위로하려고
쓰린 아픔을 엮어 노래로 태워버리며 살아야 했다.

● 사랑에 속고 돈에 울었다

거리에 핀 꽃이라 푸대접 마오.
마음은 푸른 하늘 흰 구름 같소.
짓궂은 비바람에 고달파 운다.
사랑에 속았다오 돈에 울었소.

열여덟 꽃봉오리 피기도 전에
낙화落花란 웬말이오 야속하구려.
꽃구름 가시며 달도 갔겠지.
내 어린 이 순정을 바칠 길 없소.

● 눈오는 네온가

이 등잔 저 등잔에 불은 꺼지고
넘어진 술잔마다 서리는 피눈물.
울다가 만져보는 치맛자락엔
그 누가 그 누가 쏟았는가 술이 어렸다.

이 들창 저 들창에 눈은 퍼붓고
쓰러진 테이블엔 휘도는 긴 한숨.
울다가 맺어보는 저고리 끈은
그 누가 그 누가 뜯었는가 험집이 졌다.

● 화류춘몽花柳春夢

꽃 같은 이팔청춘 눈물이 웬 말이며
알뜰한 첫사랑에 이별이 웬 말이냐.
얼룩진 분당장을 다듬는 얼굴 위에
모질게 짓밟히는 낙화落花 신세.
이름마저 기생이냐 누구의 죄드냐.

술 취한 사람에게 주정도 받았으며
돈 많은 사람에게 괄시도 받았다오.
밤늦은 자동차에 지친 몸 담아 싣고

뜨거운 두 뺨 위에 흘리는 눈물
천한 것이 기생이냐 직업이 원수다.

꽃다운 이팔 처녀 울려 보았으며
철없는 첫사랑에 울기도 했더란다.
연지와 분을 발라 다듬는 얼굴 위에
청춘이 바스러진 낙화 신세
마음마저 기생이란 이름이 원수다.

점잖은 사람한테 귀염도 받았으며
나 젊은 사람한테 사랑도 했더란다.
밤늦은 인력거에 취하는 몸을 실어
손수건 적신 적이 몇 번이뇨.
이름조차 기생이라 마음도 그러냐.

● 잘 있거라 황진이

나는 간다 나는 간다 황진이 너를 두고
이제 가면 언제 오나 머나먼 황천길을.
서담화 그리운 임 저승 간들 잊을쏘냐.
섬섬옥수 고운 손아
묵화치고 글을 짓든 황진이 내 사랑아.

이서구 묘소에 있는 이서구 노래비. 경기도 시흥시

나는 간다 나는 간다 황진이 너를 두고

살아생전 맺지 못할 기구한 운명이라.

꽃피고 새가 울면 임의 넋도 살아나서

내 무덤에 꽃은 피네.

눈감은들 잊을쏘냐 황진이 내 사랑아.

● 황진이

내가 부르면 내가 부르면

잔 잡아 권하실 서러운 임.

내가 부르면 내가 부르면

춘풍을 빼어 내실 임.

청산리 벽계수는 수이 가고요

서리서리 한 세월은 속절없지요.

이서구 묘소. 경기도 시흥시

왜 생겼소 인생 연분

왜 생겼소 세상 별리

어즈버, 어즈버 청초에 백골만 남은 임

그대는 황진이 내 사랑 황진이 내 사랑 황진이.

참고문헌

허경진, 『손곡이달시선』, 평민사, 1991.

최승순, 「강원도 누정고樓亭考」『강원문화연구 제5집』, 강원대문화연구소, 1985.

소재영蘇在英, 「임제론」『한국문학작가론』, 형설출판사, 1980.

이가원, 『한국한문학사』, 민중서관, 1976.

김지용, 「매창 문학 연구」『진주산업대학교논문집』, 수도여자사범대학, 1974.

심호택, 「임제의 초기 시에 대하여」『백강 서수생 박사 회갑기념논총 한국시가연구』, 형설출판사, 1971.

이은상, 『가을을 안고』, 아인각, 1966.

『시조문학사전』, 신구문화사, 1966.

이병기 · 백철, 『국문학전사國文學全史』, 신구문화사, 1965.

김동욱, 「사뇌가소고詞腦歌小稿」『한국 시가의 연구』, 을유문화사, 1961.

김동욱, 「증보문헌비고增補文獻備考」『한국 가요의 연구』, 을유문화사, 1961.

현상윤, 『조선유학사』, 민중서관, 1949.

김태준, 『조선소설사』, 학예사, 1939.

이정구李鼎九, 『속조야집요續朝野輯要』, 1932.

이능화, 『조선해어화사朝鮮解語花史』, 1927.

가쓰라기 스에하루葛城末治 엮음, 『조선금석총람朝鮮金石總覽』, 1913~1919.

이긍익, 『연려실기술燃藜室記述』, 1911년 간행/ 민족문화추진회, 1966.

정교鄭喬, 『대한계년사大韓季年史』, 1910(조선 순종 3).

어강석魚江石, 『문품안文品案』, 1910(조선 순종 3).

『일성록日省錄』, 1760(조선 영조 36)~1910(조선 순종 3).

유척기兪拓基, 『지수재집知守齋集』, 1878(조선 고종 15).

권두경, 『창설재 선생 문집』권3, 1860(조선 철종 11).

유재건 · 최경흠 등 편찬, 『풍요삼선』, 1857(조선 철종 8).

조희룡, 『호산외사壺山外史』, 1844(조선 헌종 10).

남공철南公轍, 『귀은당집歸恩堂集』, 1834(조선 순조 34).

정약용, 『목민심서牧民心書』, 1818(조선 순조 18).

천수경 등 편찬, 『풍요속선』, 1797(조선 정조 21).

저자 미상, 『조야집요朝野輯要』, 1784(조선 정조 8) 경.

남유용, 『뇌연집』권2, 운각芸閣(교서감) 편집 간행, 1782(조선 정조 6).

심진현 등 편저, 『인물고人物考』, 조선 정조.

채홍원 등 편찬, 『영남인물고嶺南人物考』, 조선 정조.

채팽윤, 『소대풍요』, 1737(조선 영조 13).

민우수, 『정암집』권1, 조선 영조.

홍세태 편찬, 『해동유주』, 1712(조선 숙종 38).

유희경, 『촌은집』, 1707년(조선 숙종 33).

홍만종, 『해동이적』, 조선 인조.

유몽인柳夢寅, 『어우야담於于野談』, 1622년(조선 광해 14)경.

임제, 『백호집』, 1621(조선 광해 13).

이수광 편찬 『지봉유설』, 1614년(조선 광해 6).

허균, 『성소부부고』, 1611년(조선 광해 3).

서경덕, 『화담집』, 1605년(조선 선조 38).

이행·홍언필 증보, 『신증동국여지승람新增東國輿地勝覽』, 1530(조선 중종 25).

서거정 편저, 『동인시화』, 1474(조선 성종 5).

노사신, 『동국여지승람東國輿地勝覽』, 조선 성종.

『조선왕조실록』, 조선

이휘재, 『운산문집』, 조선 후기.

이긍익, 『연려실기술燃藜室記述』, 조선 후기.

『여지도서輿地圖書』, 조선 후기.

『강릉읍지江陵邑誌』, 조선 후기.

『금계필담錦溪筆談』, 조선 후기.

『승정원개수일기承政院改修日記』, 조선

『승정원일기承政院日記』, 조선

저자 미상, 『국조인물고國朝人物考』, 조선

정인지·김종서 등 편찬, 『고려사』, 조선

이곡, 『가정집』, 1364(고려 공민 13).

엽정규葉廷珪, 『해록쇄사海錄碎事』권7, 1149.

원강袁康 편집, 『월절서越絶書』, 후한

서견徐堅 등 편찬, 『초학기初學記』권28, 중국 당.

임방任昉, 『술이기述異記』, 양나라